丁静 著

二程教化思想研究

南京大学出版社

图书在版编目(CIP)数据

二程教化思想研究 / 丁静著. — 南京：南京
大学出版社，2018.12(2019.5 重印)
ISBN 978-7-305-21406-6

Ⅰ.①二… Ⅱ.①丁… Ⅲ.①程颢(1032—1085)—
教育思想—研究 ②程颐(1033—1107)—教育思想—研究
Ⅳ.①B244.65

中国版本图书馆 CIP 数据核字(2019)第 003900 号

出版发行　南京大学出版社
社　　址　南京市汉口路 22 号　　　　邮　编　210093
出 版 人　金鑫荣
书　　名　**二程教化思想研究**
作　　者　丁　静
责任编辑　郭　欣　　　　　　　编辑热线　025-83594058
照　　排　南京南琳图文制作有限公司
印　　刷　江苏凤凰数码印务有限公司
开　　本　880×1230　1/32　印张 8.125　字数 210 千
版　　次　2018 年 12 月第 1 版　2019 年 5 月第 2 次印刷
ISBN 978-7-305-21406-6
定　　价　38.00 元

网址：http://www.njupco.com
官方微博：http://weibo.com/njupco
官方微信号：njupress
销售咨询热线：(025)83594756

目　录

绪　论

　　宋代学术文化的发展，被认为是中国封建社会的文化高峰，在中国文化发展史上具有重要地位。宋代理学是以儒家经学为基础，兼收佛、道家思想的新儒学，其中以程颢、程颐及朱熹为代表的学派，被称为"程朱理学"。北宋时期著名的思想家、教育家程颢、程颐兄弟，世称"二程"，是理学的奠基人，在理学的发展中起到承上启下的作用，朱熹对二程非常推崇。

　　二程教化思想根植于中国优秀传统文化中，是珍贵的文化资源和精神财富，产生了广泛而深刻的影响。二程教化思想推广于官方、普及于民间，在教育内容、教育方法上有所创新，有着不同于其他大儒的独特性，在中国社会思想史上有重要的地位。本书以"教化"思想为主线，研究二程对皇帝、官吏、庶民的分类分层教化，剖析二程的"教育"与"化成"方法的综合运用效果，挖掘二程教化思想的理论价值。二程追求理想化的人格、走向民间的多样化教化途径，其道德教化思想中与现代性、民族性相适应的教化功能，完全可以上升到理论的普遍原则高度，塑造出民族成员共同的本质存在、价值观念、精神追求，为当代的思想政治教育和社会教化提供实践意义。

第一节　二程教化思想研究的价值与意义

一、理论价值

当前,国内学界比较关注研究封建儒家知识分子的教化思想,这些知识分子大儒们为社会向善进步、民众道德水平提升做出了很大努力,这其中就包括了二程等人的理论贡献。二程教化思想是中国传统文化的主流思想,为儒家教化思想的完善奠定基础。从理论层面看,二程兄弟所提出的教化思想既是对孔孟时代儒家思想的继承发展,更融合自身的综合创新,经过后代思想家传承融汇。二程的教化思想在中国学术史上具有重要影响和较大突破,其实质内容就在于通过各种方法将外在的伦理规范、礼制风俗等内化为个体的思想观念和行为方式。

早在《易传》中就有"观乎人文,以化成天下"的记载,以诗、书、礼、乐等"人文""化成(教化)天下"。"教化"一词最早正式出现在《荀子》的《臣道》篇,"上则能尊君,下则能爱民,政令教化,刑下如影,应卒遇变,齐给如响,推类接誉,以待无方,曲成制象,是圣臣者也。"《礼记·中庸》有"修道之谓教",《汉书·艺文志》有"助人君顺阴阳明教化者也"等。许慎所著的《说文解字》云:"教,上所施下所效也";"化,教行也。"段玉裁注:"教行于上,则化成于下。"二程将"理"作为最高哲学范畴,强调理为本体,并对"道""气"等相关范畴进行了系统解读。二程丰富了"生之谓性""性即理"的学理性认识,深入探讨了心性学与修养论之间的关系,说明对人进行教化的必要性。二程"穷经以致用""格物致知"的认识论,使儒学以理学形式再度兴盛。二程核心命题"理欲之辨"的思考，"饿死事小，失节事大"的主张被朱熹继承和发展。二程通过官方教化、民间普及的方式，强调"教"是主体先知先觉的施教，而"化"则是潜移默化的感化状态。

目前学术界通过对程颢、程颐的有关论著和行为分析，多从哲学、史学、文学、文艺、法学、经济学等领域进行研究，内容涉及二程哲学范畴及具体概念的探究、二程文史考辨和思想内涵的挖掘、二程理学的文化应用价值等方面。但从二程教化思想的角度论述较少，对二程教化思想的研究尚属薄弱环节。本书将研究的主要视角放在宋代理学繁荣的大背景下，系统梳理二程教化思想产生的理论基础、主要内容、实施方法等，深入研究、重新认知二程教化思想的理论贡献，在中国思想史上的地位作用等，通过剖析二程积极入世、经世致用的担当精神，以及对民族心理、性格的影响，进一步继承和发扬中华民族优秀传统文化。

二、现实意义

二程的教化思想对中国哲学、经学、政治、教育、伦理、法律、宗教、文学等各个领域产生了深刻的影响。经后世理学家的发展和广泛传播，以及历代统治者的提倡，逐渐成为民族潜意识而积淀下来，转变成为国家意识形态，并在现代社会得到反映。二程的教化思想基于现实需要、联系当时的社会问题，对当代仍有借鉴价值。重点探讨时代问题视域下，对于二程教化思想的反思与比较研究，研究二程教化思想在政治、伦理道德等方面的合理因素，理解教化精神，发掘二程教化思想中与时代性、民族性相适应的内容，将文化传承与文化创新结合起来，从而弘扬中国传统教育文化的当代价值。

在研究中，发现儒家意识形态通过教化取得了成功，除了本身的科学性、合理性之外，传播手段的有效性也是关键。二程制度化的教化网络、以身传道,分层次育人,启发内省等都是提高传播有效性的应用手段。二程教化思想渊源较为复杂,具有安身立命、终极关怀的超越价值,虽历经时代的推移,却顽强地保持、延续着,二程的教化思想蕴含着浓厚的人文关怀,在一定程度上积极有效地消除社会对抗与冲突,缓和阶级矛盾与对立。具体来看,从教化主体而言,二程兄弟本身就具有君子修养、高尚品格、榜样示范,能够感化民众,自觉担当教化天下的历史职责。二程教化皇帝,通过成熟的教化思想治国理政,推广完备的教化体系,重视官吏的道德示范作用,建立起各级各类官学、私学。通过德法结合、礼乐综合的方法,达到引领社会良好风俗、提升民众道德素养水平的目的。二程认识到一味依靠愚民政策不足以维持封建统治,必须加强对庶民的伦理教化,二程突破了传统的历史偏见,认为民可明可顺,这是一个较大的历史进步,这种爱民、教民思想在当时是难能可贵的。二程也极力强调受教育者的主体作用,提出的内省的自我教育方法对当今德育仍具有可借鉴的价值。科学地评价二程的教化思想,对于当今批判地继承历史文化传统有着较强的实践意义。尽管对二程某些思想的评价上,人们至今存在着不同的见解,特别是但伴随西方各类思潮的涌入,中国的一批知识分子开始批判儒家教化学说的无力,儒家教化思想也终于在新文化运动的冲击下,伴随现代大学教育的兴起而衰落了。但大家普遍认识到,应该扬弃和继承传统文化中精华和合理倾向,因为只有在具体的历史条件下,才能更为深入地理解、掌握整个中国古代思想文化史的发展和规律,以重新呈现教化思想所承载的现代性价值。

当然,积极推进传统教化和现代思想政治教育的比较研究也是一个动向,具有强烈的现实意义。在深化理论建构的基础上,结合现代社会的结构转型和文化变迁,积极探讨二程教化思想的当代转化问题,有利于当代人有意识地增强民族文化的认同感和践行能力,从而促进中国文化由传统向现代的创造性转化,从而使中国文化走向未来、走向世界。二程的教化思想具有十分重要的当代启示意义,体现了中华民族传统文化所始终具有的胸怀家国、勇于担当、建功立业的人文情怀,表现出以天下为己任、公而忘私、廉洁正直、重操守、讲气节的积极因素和时代意义。二程的师道理论,从知入手、医材施教、循序渐进等教学方法论完全符合心理成长的特征与过程。这些德育方法不仅对中华民族优秀品德的形成起过推动作用,也对现代思想政治教育、构建新时期的道德教育内容等方面具有可借鉴的价值和探索意义。可以坚信:经过代际相承的教化思想,必将承载着成员的主体性自觉,顺利转化为对民族文化的认同,兴起社会主义文化建设新高潮,构建起有中国特色的社会主义和谐社会和精神文明。

第二节　二程教化思想研究的现状与综述

一、研究现状

在宋明理学的发展史上,北宋程颢(1032—1085)、程颐(1033—1107)的思想具有重要地位,它前承周敦颐、张载、邵雍,后启朱熹,是理学的真正奠基者,对中国哲学、中国文化产生了重大影响。就研究材料而言,《二程集》和《宋元学案》中保留了二程兄弟的思想实例,为后人的研究提供丰富的资料。1980 年中华书局编著了《二程集》,学术界对二程的研究更加深入到位。

1. 哲学史、思想史论著中关于二程思想的研究

现代新儒学是中国思想文化史上的一大思潮,是对宋明儒学的复归,意义深远,相关研究成果很多。1949 年前,以熊十力、张君劢、

梁漱溟、冯友兰等为代表的一批有影响力的哲学家、思想家,开始研究二程思想。从学术思想来看,有对二程义理思想的共同继承与发扬,深化了中国哲学、中国文化的研究,富有理论价值和创新意义。

熊十力,新儒家开山祖师,与其三弟子(唐君毅、牟宗三、徐复观)和张君劢、梁漱溟、冯友兰、方东美被称为"新儒学八大家"。熊十力的《新唯识论》、讲纯粹哲学,从宇宙论谈"心物不二",在理学上推崇陆、王,强调心性之学。

张君劢,政治家、哲学家。著有《新儒家思想史》《义理学十讲纲要》(中国人民大学出版社 2006 年版)。张君劢在《新儒家思想史》中认为"在哲学史上有一种现象,即哲学思想经过一个讨论宇宙问题的时期以后,往往会回到比较具体的人生问题上。……周敦颐、邵康节、张横渠的宇宙论思想之后,产生了二程子的学说。二程子之着力处主要是道德和知识问题。他们将中国思想的趋势从当时的宇宙论转变为人生问题的探讨。"①

梁漱溟有"中国最后一位儒家"之称,主要从文化立论讲哲学,认为情感、直觉重于理知。他的主要著作《东西文化及其哲学》《中国文化的命运》等都是从感性的人本层面谈文化哲学。梁漱溟宣讲孔子,继承和发展了儒学传统和宋明理学,认为儒学是世界文化的希望,反对西化主张。

冯友兰是著名哲学家、教育家,使中国儒学以逻辑的本体建立起理性的一面,为中国哲学史的学科建设做出重大贡献。其著作包括:人民出版社 1982、1986、1999 年出版《中国哲学史新编》;华东师范大学出版社 2000、2011 年出版《中国哲学史》等。在冯友兰的著作中都设有专门的程颢、程颐章节,研究理、气、性,形上与形下,以及程颢、程颐之修养方法。冯友兰先生指出:"程伊川为程朱,即理学一派之

---

① 张君劢. 新儒家思想史[M]. 北京:中国人民大学出版社,2006:124.

先驱,而程明道则陆王,即心学一派之先驱也。"①虽然他也说二程之学是"大同而小异",但实际上更注重二人之异,直到晚年仍认为二人的思想"根本上有所不同"。

钱穆,中国现代历史学家、思想家、教育家,国学大师,与吕思勉、陈垣、陈寅恪并称为"史学四大家"。著述颇丰,代表作有《国史大纲》(商务印书馆 1996 年版)、《中国学术思想史论丛》(生活·读书·新知三联书店 2009 年版)、《宋明理学概述》(九州出版社 2010 年版)、《中国学术通义》(九州出版社 2012 年版)等。钱穆在《宋明理学概述》②中认为周敦颐、张载、邵雍的特色是讲宇宙论,而程颢的最大贡献在于"被尊为中期宋学之正统,他的精彩处,在其讲人生修养与心理修养上。"钱穆在《讲堂遗录——中国思想史六讲、中国学术思想十八讲》③中强调,"尤其中国人讲政治,都要与教化问题相配合。……儒家重教化,其用意却能下达于民众。"在研究具体的教化方法时,钱穆强调,二程常以《大学》《西铭》等开示学者。

1949 年到改革开放前,现代新儒学转至香港、台湾两地,得到重要发展。主要代表人物有唐君毅、牟宗三等人。唐君毅,哲学家、哲学史家。从 60 年代中期开始,唐君毅全面考论和系统阐释中国哲学原典作,历经 10 年完成了《中国哲学原论》这部中国哲学范畴发展史巨著。这部巨著分为《导论篇》(1966 年)、《原性篇》(1968 年)、《原道篇》(1973 年)、《原教篇》(1975 年)四个分册。这部著作的地位不亚于冯友兰的《中国哲学史》,使"五四"以来的中国哲学史研究跃上了一个新的台阶。在《中国哲学原论》(原教篇)中,对程颢之"无内外、彻上下之无人不二之道"、程颐之"分性情、别理气、敬以直内、格物穷

---

①　冯友兰.中国哲学史[M].上海:华东师范大学出版社,2000:238.

②　钱穆.宋明理学概述[M].北京:九州出版社,2010:64.

③　钱穆.讲堂遗录——中国思想史六讲、中国学术思想十八讲[M].北京:九州出版社,2010:137.

理"都分别做了细致的阐述。

　　牟宗三,重视宋明理学的研究,着力于哲学理论方面的研究。牟宗三以《政道与治道》《中国哲学十九讲》《心体与性体》《中国哲学的特质》等一系列著作,创造性地建立起中国儒家的"道德的形上学"哲学体系。牟宗三在《心体与性体》一书中重点研究道德的本心与道德创造之性能,即道德实践之所以实现的先天根据,明确礼乐教化的道德意义。牟宗三在《政道与治道》一书中强调以礼乐代替刑法,"'德化的治道'本于礼乐,而礼乐本于人之性情,本于道德之心性(仁义礼智),本于人与人之间的伦常关系,如亲亲之杀、尊尊之等。"①刑法并不能在根本上改善道德状况,而"礼"则可以依据社会中的角色,确定个人在君臣、父子、夫妇、长幼、朋友五种基本伦常关系中的行为标准和规范。牟宗三在《中国哲学十九讲》中强调,从孔子的"为己"之学到程颢以"天理"为核心的"为道"之学,从孔子的随处指点以实例说仁到程颢的"道通天地有形外"的与人同体,与物同体的本体境界。这是一种由方向伦理向本质伦理的转向。② 牟宗三在《中国哲学的特质》中认为,"中国的圣人,必由德性的实践,以达政治理想的实践。"③

　　改革开放以来,儒学在这一时期开始"复兴",代表人物有张岱年、任继愈、余英时等人,是现代新儒家的第三代。张岱年,著名哲学家、哲学史家。出版《儒家经典》(团结出版社 1997 版)、《中国哲学史》(中国大百科全书出版社 2010 版)。张岱年强调宋元明清哲学是以理学为特征的,并从"理气、道器""心性、心物""闻见、知行""两一、变化"等方面展开对二程思想的研究。

---

① 　牟宗三. 政道与治道[M]. 台北:台湾学生书局,1995:27.
② 　牟宗三. 中国哲学十九讲[M]. 上海:上海古籍出版社,2005:315.
③ 　牟宗三. 中国哲学的特质[M]. 长春:吉林出版集团有限公司,2010:12.

任继愈,著名哲学家、历史学家,人民出版社分别于 1963 年、1979 年、2003 年出版了任继愈的《中国哲学史》。书中引用原文,说理清晰,任继愈用唯物、唯心之法来讨论哲学问题。设有《程颢、程颐以理为最高范畴的哲学》一章,提出"二程哲学的最高范畴—理""神秘主义的天人合一论""以体认天理为目的的格物致知论""宣扬僧侣主义的人性论"等相关内容。

李泽厚,著名哲学家,著有《中国古代思想史论》、《中国现代思想史论》(生活·读书·新知三联书店 2008 年版)。李泽厚在《宋明理学片论》中以张载、朱熹、王阳明三派为代表,以"气""理""心"为中心范畴,分析了理学奠基、成熟和瓦解时期。特别是在由宇宙论到伦理学的转变过程中,二程"要求确定并直接追求这个伦理本体(大程要求由心灵直接、迅速去领会;小程要求通过对事物的'理'的认识积累去把握)。"[①]

余英时,著名历史学者,曾师从钱穆,新儒家的代表人物之一。著有《学术思想文选》(上海古籍出版社 2010 版)。余英时论述"中国知识人的传统与使命""士的传统及其断裂""儒学的困境与中国人文研究的再出发"等主题。余英时赞同程颐关于"人皆可以为尧、舜"一语,对其社会涵义进行阐释,认为"内圣"不仅仅是人人都成圣成贤,更应该是在此基础上重建人间秩序。余英时在《学术思想文选》中认为,"中国历代的学术是靠少数学者以私人的身份来维持的。二程学术皆由深造而自得之,不但得不到朝廷的支持,而且还被斥为伪学、异端。二程都时时忧虑科举会妨害真学术。"[②]

陈来,师从张岱年先生、冯友兰先生。著有《宋元明哲学史教程》

① 李泽厚.中国古代思想史论[M].北京:生活·读书·新知三联书店,2008:240.
② 余英时.学术思想文选[M].上海:上海古籍出版社,2010:260.

（生活·读书·新知三联书店 2010 年版）、《宋明理学》（生活·读书·新知三联书店 2011 年版）。陈来认为程颢、程颐的"洛学"的出现和流传，代表理学的真正建立，并从"天理与道""浑然与物同体""定性说""生之谓性说"等方面介绍程颢思想，又从"道与阴阳""动静与变化""性即理""持敬""格物"等方面分析程颐思想。

张立文，著名哲学家。代表作有《宋明理学研究》（人民出版社 2002 年版），从"君尊民卑"的政治论、"性""心""情"论、"天理"与"人欲"、"饿死"与"失节"四方面论述二程的政治伦理学说，从对宋明理学逻辑结构的研究走向整个中国哲学逻辑转换生成的研究。

2. 以专著或学位论文对二程教化思想进行专门研究

对二程思想进行研究的专著和学位论文，是研究二程教化思想不可或缺的、重要的研究成果。但目前还没有专著是以《二程教化思想》为题的，只有在专门研究二程的著作中，对二程的政治思想、教育思想进行论述。潘富恩，徐余庆《程颢程颐理学思想研究》（复旦大学出版社 1988 年版）、蔡方鹿《程颢程颐与中国文化》（贵州人民出版社 1996 年版）、卢连章《程颢程颐评传》（南京大学出版社 2001 年版）、程德祥《中国的两位哲学家：二程兄弟的新儒学》（大象出版社 2000 年版）、裴高才《理学双凤——程颢程颐》（中国文史出版社 2007 年版）等。

在博士学位论文方面，目前还没有专门以《二程教化思想》为主题词的博士论文。从研究视角来看，一些博士学位论文在其研究内容中有涉及到二程，或有涉及到教化思想的。其学科领域涉及中国哲学、伦理学、教育学、历史学、马克思主义理论·思想政治教育学、文艺学等。如中国哲学方向的相关博士学位论文有：2002 年谢寒枫的《程颢哲学研究》，2007 年郑臣的《内圣外王之道——实践哲学视域内的二程》，2011 年申绪璐的《两宋之际道学思想研究——以杨龟山为中心》,2012 年洪梅的《二程生态伦理思想研究》,2012 年王绪琴的《气本与理本——张载与程颐易学哲学比较》,2013 年敦鹏的《二程政治哲学研究》,2017 年李永富的《易学视野下的二程理学构建》,2018 年李学卫的《张载与程颐易学比较研究》。伦理学方向的博士学位论文有:2011 年王晴的《从"教化"到"培育"——中国重教传统的演变及当代困境》,2013 年王司瑜的《中国古代教化思想及方式研究》,2014 年邢丽芳的《儒家教化及其有效性研究——先秦至西汉时期》,2016 年郑文宝的《中国传统政治伦理研究》。有关教育学、教育史方向的博士学位论文有:2004 年刘静的《走向民间生活的明代儒学教化研究》,2010 年张雪红的《传播与转型:走向生活世界的宋代社会教化研究》。历史学方向的论文有:2010 年郑建钟的《北宋仁学思想研究》。马克思主义理论·思想政治教育专业研究的论文有:2014 年刘华荣的《儒家教化思想研究》。文艺学方向的博士学位论文有:2009 年王鹏英的《二程理学美学思想研究》等。

3. 以专题性学术论文对二程教化思想进行专门研究

在《中国期刊全文数据库》(CNKI)上搜索,从 1980 年至 2018 年有关"教化"的论文约有 1 200 多篇,2000 年至今共发表相关论文 1 000 多篇,约占总数的 80% 以上,近年来"教化"逐渐成为学术界研究的一个重要话题,论文涉及的内容大多是儒家教化的特征、范围、功能、方法等方面。但以"二程教化"为篇名的论文很少,几乎没有。通过仔细研读相关论文,发现研究内容有涉及到二程教化思想的 CSSCI 论文如下:潘富恩,徐余庆《略论二程的教育思想》(中州学刊 1985 年第 4 期)、叶玉殿《二程的"德性之知"与"闻见之知"》(中州学刊 1986 年第 2 期)、潘富恩,徐余庆《论二程的刑治与教化思想》(复旦学报〔社会科学版〕1987 年第 1 期)、潘富恩,徐余庆《论二程的人才观》(兰州大学学报〔社会科学版〕1987 年第 1 期)、李景林《二程心

性论之异同与儒学精神》(中州学刊 1991 年第 3 期)、蔡方鹿《二程在
中国文化史上的地位》(孔子研究 1995 年第 1 期)、刘燕芸《以忧患之
心,思忧患之故——程氏易学的为政之道》(周易研究 2000 年第 2
期)、安国楼《嵩阳书院与二程理学》(郑州大学学报〔社会科学版〕
2000 年第 3 期)、蔡方鹿《朱熹对宋代易学的发展——兼论朱熹、程
颐易学思想之异同》(周易研究 2001 年第 4 期)、卢连章《洛学、新学、
蜀学异同论》(中州学刊 2002 年第 6 期)、向世陵《"生之谓性"与二程
的"复性之路"》(中州学刊 2005 年第 1 期)、姜海军《二程文道观及其
时代性分析》(北京大学研究生学志 2006 年第 86 期)、王黎芳,刘聪
《二程理学中的性格因素》(青海社会科学 2007 年第 3 期)、彭耀光
《近百年来二程哲学思想异同研究述评》(哲学动态 2007 年第 6 期)、
宋志明《二程与正统理学的奠基》(河南社会科学 2009 年第 3 期)、赵
中国《程颐易学诠释方法研究》(河南大学学报〔社会科学版〕2009 年
第 3 期)、姜海军《苏轼与程颐易学思想之比较》(周易研究 2009 年第
5 期)、高国希《二程理学与德性伦理》(中州学刊 2009 第 6 期)、温海
明《从认识论角度看宋明理学的哲学突破》(中山大学学报〔社会科学
版〕2010 年第 2 期)、刘立夫,张玉姬《儒佛生死观的差异——以二程
对佛教生死观的批判为中心》(孔子研究 2010 年第 3 期)、彭耀光《从
"体用一源,显微无间"看程颐理学的精神》(东岳论丛 2011 年第 8
期)、方旭东《道学话语的实践之维——就二程及其门下的科举改革
论而谈》(现代哲学 2012 年第 2 期)、洪梅,李建华《寻"孔颜乐处"的
生态价值取向》(齐鲁学刊 2012 年第 4 期)、彭耀光《二程辟佛与理学
建构》(哲学动态 2012 年第 11 期)、杨建祥《二程"熟仁"之辨》(中州
学刊 2013 年第 1 期)、敦鹏《理想政治的道德承诺——兼论二程政治
哲学的伦理之维》(道德与文明 2013 年第 2 期)、敦鹏,惠吉兴《王道
的张力——兼论二程王道政治及其人文特质》(社会科学战线 2013
年第 12 期)、曾春海《二程理学对道家思想之出入》(湖南大学学报

〔社会科学版〕2014 年第 1 期)、梅珍生《论二程"主敬"工夫的易学思想资源》(周易研究 2014 年第 1 期)、赖尚清《程颢仁说思想研究》(中国哲学史 2014 年第 1 期)、蔡方鹿《二程的人性修养思想与价值观》(道德与文明 2014 年第 2 期)、敦鹏,王飞《道统的重建——二程"道统论"的政治自觉及其限度》(河北大学学报〔哲学社会科学版〕2014 年第 4 期)、李永富,王新春《论程颢仁学的生态意蕴》(中国哲学史 2015 年第 1 期)、李敬峰《明体而达用与下学而上达——再论二程心性论思想的差异》(陕西师范大学学报〔哲学社会科学版〕2015 年第 2 期)、申冰冰《存在、价值、境界——二程"儒佛差异"之辨新探》(西北大学学报〔哲学社会科学版〕2015 年第 4 期)、敦鹏《二程关于政治改革的构想与实践》(现代哲学 2016 年第 2 期)、李永富《引君当道　致君尧舜——二程论格君心之非》(东岳论丛 2016 年第 11 期)、徐洪兴《德性实践与德性之知——论二程经学诠释的转向》(哲学研究 2017 年第 3 期)、谢琰《"道喻"的日常化趣味及思想史意义——〈二程遗书〉的一种文学解读》(北京师范大学学报〔社会科学版〕2017 年第 4 期)、沈福顺《程朱理学之异同》(中州学刊 2017 年第 4 期)、陈立胜《程颐说梦的双重意蕴》(孔子研究 2017 年第 5 期)、郑熊《从伦理之道到本体之道——韩愈、二程道论与唐宋道学之发展》(哲学研究 2017 年第 6 期)、周兵《二程"理"学思想新探》(中州学刊 2017 年 7 期)、赵清文《道德准则的普遍性与情境的特殊性如何兼顾——论朱熹对程颐经权理论的继承与完善》(海南大学学报〔人文社会科学版〕2018 年第 2 期)等。

二、研究综述

20 世纪 90 年代,关于二程的研究已经呈现出逐步繁荣的特点,并有学者开始借助教化理论探讨大学生思想政治教育问题。近年来,二程研究取得了较大成绩,大量论著不断问世,学术界从各个方面对二程思想做了全面、系统、深入的论述,提出了不少有价值的真知灼见,深化了人们对二程思想的认识,进一步推动了研究工作的开展。

1. 从哲学角度的研究

二程的哲学思想是以"理"为最高范畴,集宇宙本体、万物规律、儒家伦理于一体,二程的天理论是其教化思想的基础。冯友兰在其《中国哲学史》中专设程颢、程颐的章节,从理、气、心、性、情,程颢的《识仁篇》《定性书》,程颐的《易传序》,二程的"气象"和"孔颜乐处"等方面对二程思想进行探讨。牟宗三在《心体与性体》专设一节《明道之自体上判儒、佛以及其言天理实体与伊川朱子之不同》,强调天道作为万物之根本,是自然而然的存在与变化,认为程颢所说的天理是"既超越而又内在的动态的生化之理、存在之理或实现之理"。张岱年在《中国哲学史》中以理为最高范畴,从"理气、道器""心性、心物""闻见、知行"等角度展开研究。潘富恩,徐余庆在《程颢程颐理学思想研究》中客观地分析了二程在本体论、认识论方面的思想异同。

二程作为宋明理学的重要奠基者,他们的思想观点、基本原则是一致的,只在细节上有所分歧和不同。所谓的程朱理学、陆王心学,也都源自二程,冯友兰在其《中国哲学史新编》下册中提出,二程虽同属理学,但实为两派:"朱熹继承、发展了程颐的哲学思想,而程颢的哲学思想,则为'陆王'所继承、发展。"[①]有部分持中间立场的专家则认为:二程哲学思想倾向不同,有同有异,大同小异。牟宗三认为程颢、程颐之学并无本质上的区别,性格的差异是影响到二程的为学途径、修养境界和行为方式。程颢为学不拘谨于文字考据;而程颐则只

---

① 冯友兰. 中国哲学史新编(下册)[M]. 北京:人民出版社,1999:103.

是进行具体方法的指导。陈来先生也强调，与程颐相比，其兄程颢轻视外在的知识，更注重内向的体验，但这也主要是基于他所追求的精神境界，并不是"心学"与"理学"的根本分歧。彭耀光在《近百年来二程哲学思想异同研究述评》也认为："二程的弟子及后世多数学者也不认为其思想有什么重要区别。但二程性格的差异及思想酝酿时期的长短不同，二程在人生境界及理论阐发上表现出明显的不同，这些不同经过'朱陆异同'的放大被逐渐地凸显出来。"①当然，主张二程同中有异的学者，在承认二程本体论相同的前提下，本着一种更为客观的原则和立场，自觉按照二程自身的思想脉络进行研究，主要集中在为学路径和修养工夫的不同。

2. 从伦理学角度的研究

二程将人性与"天理"相结合，将人性提到"天理"本体地位，二程的二元人性论论证了人接受道德教化的必要性和可能性。潘富恩，徐余庆在《程颢程颐理学思想研究》书中设第六章《二程的人性论》，从"天命之性，气质之性""在人为性，主身为心""变化气质，迁善改过"三个方面进行论述；第七章《二程的伦理学说和修养论》，从"齐家为始，孝为仁本""忠恕之道，大公之道""饿死事小，失节事大""不是天理，便是人欲""治心之方，敬义夹持"五个方面对二程的伦理思想进行了论述，并指出了其影响作用，"二程的修养论服务于其伦理学说，主动加强封建主义道德修养，尽快地符合封建主义的规范。"户连章的《程颢程颐评传》书中设第五章《二程的伦理思想》，从三纲至上的人伦观、以义致利的义利观、以公克私的公私观、忠孝节义的节气观、敬诚为本的修养观五个方面多方位化、更为深入地研究二程的伦

---

① 彭耀光. 近百年来二程哲学思想异同研究述评[J]. 哲学动态，2007(6)：46-50.

理思想,认为"二程比较注重道德教化,讲究心性修养,强调精神品格的提高。"蔡方鹿《程颢程颐与中国文化》书中设《二程的伦理思想》一章,从"义利观""公私论""理欲之辨"和"饿死事极小,失节事极大"四个方面探讨二程的伦理思想和价值观,特别强调要通过主观的内省修养来抑制人欲。牟宗三在《心体与性体》中认为,"先识仁体"是道德实践所以可能之本质的关键,亦即其明确的方向,而"诚敬存之"则是实现此"纯亦不己"之简易工夫。论文方面也有相关论述,如徐远和认为,"二程将人性论提到了本体论的高度,奠定了伦理哲学的理论基础,构成了天理论、人性论、伦理观于一体的理学思想体系。"①冯憬远认为,"二程把理气这两个观念引入人性论,对人性善恶作了本体论的解释,以此为基础论述了情、才、心等范畴,构造了自己的理学唯心主义人性论体系。"②在谈及心在程颐心性论所发挥的作用时,李景林说:"小程子的心性论,乃以'心'这一概念为中心环节,来说明心、性、情的统一关系,并展示性作为人的现实道德活动之本原的能动性和创造性意义。"③向世陵认为,"二程都将'性'作为沟通理气双方的最重要的桥梁和基础。"④

3. 从政治学角度的研究

从政治思想的研究角度看,学者大多探讨二程的思想与维护当时的封建专制主义的关系等问题。潘富恩,徐余庆在其《程颢程颐理

---

① 徐远和. 略论二程的人性论思想[J]. 中州学刊,1985(1):52 – 57.
② 冯憬远. 二程的心性修养论[J]. 郑州大学学报(哲学社会科学版),1988 (6):16 – 23.
③ 李景林. 教化的哲学:儒家思想的一种新诠释[M]. 哈尔滨:黑龙江人民出版社,2006:429.
④ 向世陵. "生之谓性"与二程的"复性之路"[J]. 中州学刊,2005(1): 138 – 142.

学思想研究》书中设第四章《二程的政治思想》，强调刑治与教化思想的关系，二程在政治上采用刑、德并重的两手策略，还从"君权神授，顺天揆事""辨别上下，以定民志""量才所堪，能者在职""治蒙以刑，断析民狱""教化大醇，民可明之""王道本仁，为治大原""革不以道，必有悔咎""正定君志，规过养德""金帛修好，好不可恃"九个方面分析了二程的政治思想。卢连章在《程颢程颐评价》书中设第六章《二程的政治思想》，从"格君心之非""重民保民""求才养贤""为政先立法"几个方面论述了二程振兴国家的政治思想。蔡方鹿在《程颢程颐与中国文化》书中设第二章《二程的政治思想》，从"行仁义以变法""视民如伤，倡人道主义""格君心之非，以天理治国""求贤养贤、重视人才"四个方面，总结出二程以天理治国、行王道的教化思想，二程倡导的尊君思想为封建专制主义服务。从教化思想及实践的发展流变的文献研究来看，通过对以二程兄弟为主要代表人物的思想探讨，可以得出结论：儒家教化是治国理政，统治者会统一指导全国性教化实践，推广一套完备的教化体系，对教化实践的宗旨和目的、形式和方法、效果和影响等能形成一致认识，通过健全各级各类教育推广机构等各种方式，将外在的社会意识形态、礼制规范、风尚习俗内化为个体的思想观念和行为方式。

4. 从教育学角度的研究

从教育学角度看，学者们也在探讨二程在教育过程中所实行的具有借鉴意义的方法。潘富恩，徐余庆在《程颢程颐理学思想研究》书中设第八章《二程的教育思想》，从"治经为本，读书明理""教学不立，人材自坏""各因其材，教人有序""不学则衰，贵在自得""读书会疑，日新月进"五个方面对二程的教育思想、治学经验进行了总结，强调通过教育为封建统治服务的最终目的。卢连章在《程颢程颐评传》书中设第八章《二程的教育思想》，从"以教为本""教育内容""教育方法"三个方面进行论述,特别是从"兴国治邦""养贤育才""移风易俗"
这三个方面清楚地指出了教育的重要意义,对于教育内容、教育方法
的分析、论述、界定更为细致、清楚。蔡方鹿在《程颢程颐与中国文
化》书中设第六章《二程的教育思想》,从教育目的、教育内容、教学方
法论三个方面详细论述二程的教育思想。论文方面,朱永新从"心"
"性""情""学"等四个方面对二程的思想做了初步研究,"在学习心理
方面,主张幼学、深思、积习、自得。"①

　　值得肯定的是,二程以天理约束君权,提出重民思想,反对一人
独治,并把求贤才与君臣同治天下联系起来。二程的教化方法不仅
曾对中华民族优秀品德的形成起过积极推动作用,也对当今德育具
有可借鉴的价值。陈来《宋元明哲学史教程》②(生活·读书·新知
三联书店 2010 年版)中评价:"在历史的意义上,可以说二程是两宋
道学最重要的人物,没有二程,周敦颐、张载、邵雍的影响就建立不起
来么;没有二程,朱熹的出现也就成为不可能。没有二程,就没有两
宋的道学。"与此相反,另一种观点则持批判态度,认为二程的教化思
想是与封建专制主义划等号,因为二程广泛宣扬封建主义的伦理教
化思想,使老百姓自觉地从思想上归顺封建统治。程朱之学在定于
一尊之后,流弊也日渐显露,阻碍了新思想的产生。蔡方鹿在《程颢
程颐与中国文化》③中认为"二程重道德,轻利益的价值观虽有某些
积极因素,但其中的消极因素也不应忽视。二程忽视功利和客观效
果,这与现代社会发展生产力,讲求社会经济效益的要求已不相
适应。"

　　今后,探讨二程教化思想与现代化的关系,这是值得继续研究的

---

①　朱永新. 二程心理思想研究[J]. 心理学报,1982(4):473-479.
②　陈来. 宋元明哲学史教程[M]. 北京:生活·读书·新知三联书店,2010:93.
③　蔡方鹿. 程颢程颐与中国文化[M]. 贵阳:贵州人民出版社,1996:364.

地方。要借鉴二程教化思想在政治层面所具有的意义，在意识形态培育层面对封建统治阶级的意义，并与当代伦理道德建设和意识形态建设做比较研究，进一步将儒家教化思想与现当代教育，相对比进行全方位审视，分析各自的优长利弊。并在审视现当代教育的基础上，发掘传统教化思想的特点和实践路径，为当今时代开展提出为当代伦理道德和意识形态建设，思想政治教育和公民道德培养提供参考和建设性意见，在批判清除封建主义流弊的基础上，继承创新，融入中华民族精神中的合理成分，并以现代化为取舍的标准，创造性地转化传统，更好地为现代化服务。

第三节　二程教化思想研究的内容与方法

一、研究内容

二程教化思想是一个复杂而庞大的思想体系，在中国社会思想史上有着重要的地位，有着不同于其他大儒的特殊性，起到承上启下的作用，为儒家教化思想从理论走向实践开辟了一条崭新的思想和实践理路。本书在历史文献和国内外相关研究动态的成果基础上，从二程教化思想的历史演进、理论内涵和实施途径的角度展开讨论，以求在前人研究基础上有所突破，并提出自己研究的主要内容、重点及创新之处。本书重点探讨了宋代理学家程颢、程颐兄弟二人的教化思想和实践，进行系统的阐述与研究，分析其历史作用，探讨其自身发展的内在规律和现实价值。二程的教化思想有着丰富的内涵和系统性，本书首先考察二程教化思想形成的时代背景、理论基础，然后对二程教化思想的主要内容进行深入细致的诠释，分析教化思想

的实施方法,最后论述二程教化思想的历史价值及当代意义。本书的主要研究内容包括以下五章:

第一章:主要研究二程教化思想的产生,包括生平、时代背景以及体系渊源。首先介绍二程兄弟的家世、二程的求学道路,并重点介绍程颢宦海浮沉三十年和程颐的学术生涯的历史。二程教化思想的产生具有深厚的历史基础,二程针对宋王朝的政治经济危机,提出了挽救办法和政治主张,认为应该通过行仁政、重礼义教化的办法,统一思想、提高遵从皇权的自觉性,以维护赵宋王朝的统治地位。

第二章:主要研究二程教化思想产生的理论基础。明晰二程教化思想的基本理念、教化过程的理论基础。二程兄弟的教化思想与其天理论、认识论、心性论、工夫论紧密相联系。二程哲学最大特点就是把"天理"作为最高哲学范畴和最高原则,为其哲学化的儒学奠定形而上基础。二程的格物致知、心性论是理学本体论的延续,也是修养论的发端,充当着由哲学向伦理学过渡的不可缺少的中心环节。二程提出"二重人性论",尤其是"性即理"说明对人进行教化而向善、变化气质的可能性和必要性,最终达到培养圣贤君子的人格目标。

第三章:主要研究二程教化思想的具体内容。从天理治国、施仁政的角度来具体分析对皇帝教化、官吏教化、庶民教化的具体内容。二程多次上疏要求君王"格君心之非"、以德为本、正心诚意,德化天下。对于官吏,二程提出要具备忠君之道、修己之道,建立起和谐的君臣关系。对于庶民,二程认为要真心教化庶民,庶民只要修养心性,接受圣人的教化,以仁义礼智信熏陶自己,就可迁善改过。二程的教化思想以理欲对立、存理去欲为特点,以重义轻利为实质,反映出重道德修养和道德自律特色,对中国伦理文化影响很大。

第四章:主要研究二程教化思想的实施方法。二程的教化方法主要包括两方面,即外在的"教"和内在的"化"。外在的"教"包括国家教育、学校教育、家庭教育等途径;内在的"化"包括礼乐感化、刑罚规化、自我内省等方式。二程的教化方法是教育与化成的统一，是手段与目的的协调。二程以理学思想为指导，提出以"穷理、明理"为教化目的，从而培养出道德高尚的圣贤君子人格，不以科举和追求名利为目的。二程不仅强调教育者的主导地位，而且也极力强调受教育者的主体能动作用，即强调自我修养，提出了主敬集义、深思自得等自我教育方法，充分体现了其教化特色，并对后世教育产生了重要影响。

第五章：主要研究二程教化思想的历史价值及其当代意义。二程开辟了中国儒学发展的历史新阶段，二程思想对哲学、思想、政治和教育都有影响。二程教化思想在历史上产生过进步作用，对中华民族精神、文化心理的影响是客观存在的，批判清除二程思想中的消极因素后，教化思想中的合理成分可作为当代精神文明的组成部分进行继承创新。二程重视教育的社会作用和功能，注重道德教化，对高校思想政治教育的立德树人、文化育人、实践育人体系，以及自我教育的方法等都有一定的借鉴意义。

二、研究方法

本书在辩证唯物论和历史唯物论的思想指引下，以宋明理学文化繁荣为大背景，接续学界已有的研究成果，以二程教化思想为主线，运用历史学、政治学、伦理学、教育学、社会学等多学科领域结合、交叉探索的方法，研究二程教化思想的产生、发展和社会化过程中所体现出来的特点，力求准确诠释二程完整、丰富的思想内涵，发掘二程教化思想在传统文化中的重要地位和作用。结合思想政治教育学的部分原理，思考其思想对当代思想政治教育、思想道德建设、意识形态建设的启示意义。具体的研究方法如下：

1. 文献研究法

文献是开展学术研究的基本素材，它主要包括经典著作、成文资料、档案记录、历史材料、活动纪要等。本书全面收集、大量阅读、精心整理二程相关史籍、相关文献资料。二程思想主要散见于其主要代表作《二程集》，同时还有诸如黄宗羲、全祖望等人所著的《宋元学案》等学术典籍和其他研究成果，归纳、整理和分析已有的文献资料，通过广泛阅读、有选择地加以梳理、借鉴。

2. 比较研究法

二程教化思想在中国社会思想史上有着重要的地位，也有着其不同于其他大儒的特殊性，通过比较研究的方法，力求在这种特殊性的挖掘方面有所拓深。将二程与同时代的思想家进行横向比较，研究二程教化思想产生的学术氛围及具体内容。从纵向看，把二程教化思想和前人思想进行比较，分析二程是如何借鉴吸收前人的思想，并有所超越、有所创新。做到研究的横向和纵向的统一，能比较客观地还原其思想原貌，重新认识二程教化思想在当代社会中的作用、地位、意义和影响力。

3. 历史和逻辑相统一的方法

在研究二程的教化思想时，应遵循历史事实的叙述方法，看到它特定历史时代下自身发展变化的方面。逻辑的方法即是找出思想史发展演变的基本链条和环节，把握二程的教化思想，不仅需要将其还原到思想产生的历史语境中，还要对其思想产生发展的逻辑历程进行分析。二程的教化思想和实践体系的形成是一个历史的过程，而其教化思想也是哲学与伦理学紧密结合的内在逻辑。

4. 理论研究与实证分析相结合的方法

综合运用中国哲学史、政治思想史、教育史的理论基础和专门知识，探讨二程的教化思想和实践。在大力弘扬中华优秀传统文化的今天，要坚持古为今用、去伪存真，通过深化研究，使其在新的时代条件下发挥积极作用，对现代思想政治教育产生积极的影响和意义。

三、研究创新点

程颢、程颐是作为北宋著名的思想家、政治家、教育家，二程兄弟一生以极大的热情致力于教化事业，其教化思想博大精深，成就显著，对中国古代思想文化史产生深远的影响。但二程的专门著作不多，数量有限，流传下来的思想多散见于《二程遗书》中的语录。到目前为止，专门研究二程教化思想的论著也非常少，原始来源资料的获取有一定困难。本书对于二程教化思想的创新之处主要体现在研究内容、研究方法方面：

1. 创新的研究内容

二程兄弟在中国思想文化史上占有十分重要的地位，是大家比较熟悉的人物。对于二程思想的研究，学术界已取得了丰硕成果。但从研究视角的选择看，前人主要研究的是二程的哲学问题、人生观点、伦理思想等，对于二程的教化问题基本没有阐述和深入的讨论，基于当前的时代特征来研究教化的价值及意义的也相对较少。目前以"二程教化思想"为关键词的专著几乎没有。因此，本书以二程"教化"思想为选题，拓宽新的研究领域，加深研究的深度，在研究内容有突破，对于二程教化思想进行皇帝、官吏、庶民的分类分层的研究，有一定的学术价值。二程教化思想在中国社会思想史上有着重要的地位,也有着其不同于其他大儒的特殊性,本书也努力在这种特殊性的挖掘方面有所拓深,将二程教化思想的研究与现代化这一时代主题有效结合,突出二程教化思想对当代思想政治教育的现实意义。

2. 多学科的研究方法

二程教化思想当时能够有效渗透至社会基层民众的一个主要原因,是其教化的方法、途径呈现出鲜活的生命力,对伦理道德世俗化、稳定封建社会秩序都产生了积极影响。因此,本书综合运用中国哲学史、政治思想史、教育史、社会学、心理学等多学科理论,全面系统、深入地研究二程政治教化的实施方法。正所谓"教行于上,化成于下",必须分别从外在的道德教育、内在的自我修养两方面进行讨论,进一步深化对"化"的内容挖掘,"教"与"化"两者的结合才能称为完整的教化。

目前关于二程教化思想研究的相关资料有较大的稳定性,初步形成了相对独立的理论体系。但是学界在肯定二程教化思想历史地位的同时,也对其压抑个性的封建礼教提出了质疑和批评,目前研究中仍有一些需要解决的问题存在。从民族文化的继承性与创新性相结合的观点看,不能全盘否定二程教化思想,要充分肯定其对于中华民族精神和中国文化积极的一面。

第一章 二程生平及教化思想的形成

中国儒学是以教育感化为先,通过人自身的自省和涵养,在现实生活、人伦日用中落实礼治,"儒家在中国文化中所担当的是'立教'的问题,所以转而向教化方面发展,这就开出了儒家在中国文化中的地位。"①传统儒学面对佛、道的挑战、冲击,为了复兴儒学,北宋儒学者们冲破汉唐儒学的束缚,不拘泥于考据、注疏,以阐释儒家义理为主,把本体论和伦理学相结合,形成了以"理"为核心的新儒家体系——"理学",亦名道学或宋学。"以程朱为代表的理学主流而言,在形上哲学方面,他们皆以理为本体,认为有一超越于万物之上,而又内在于万物之中的天理或理。"②

理学的创始者为北宋的周敦颐,而发扬光大者是程颢、程颐兄弟二人,被合称为"二程",河南洛阳人,北宋哲学家、思想家、教育家。二程出身于一个官僚世家,二程的父亲程珦做了几十年中央和地方的官职,宽于待民,重视教育,对二程思想有一定影响。纵观二程兄弟的一生,程颢做官时间较长,曾任鄠县地方主簿、上元县令、晋城县令,在地方任官约11年左右,其主要政绩是教化百姓、兴办学校等,得到百姓的信任拥护、良好声誉。后到中央任职,走向更高的仕途,

① 牟宗三. 中国哲学十九讲[M]. 上海:上海古籍出版社,2005:124.

② 张祥浩. 中国哲学思想史[M]. 南京:南京大学出版社,2015:323.

任太子中允、监察御史里行,参与变法;后热心教育事业。而程颐做官时间较短,议论朝政反对王安石变法;曾任国子监教授、崇政殿说书,严明师道,但由于政见不同和朝廷党争,获罪编管、受到压制;程颐主要从事讲学和学术研讨,一生都用道德规范严格要求和约束自己。

理学有流派的不同,其主张也有所差异,主要有以周敦颐为代表的濂学,有以张载为代表的关学,有以程颢、程颐为代表的洛学以及朱熹为代表的闽学等。这其中程颢、程颐兄弟的思想具有重要的地位,它前承周敦颐、邵雍、张载,后启朱熹,是理学的真正奠基者。二程兄弟早年同受于周敦颐,后又与邵雍多有交往,张载是二程的表叔,也交往甚密。"孔孟而后,汉儒止有传经之学,性道微言之绝久矣。元公崛起,二程嗣之,又复横渠诸儒辈出,圣学大昌。"①二程重视理学教育,即使身处逆境之时,仍坚持不懈、著书立说、传道授业、严谨治学,以极大的政治热情致力于封建主义教化事业,他们在从政、执教、传道等实践方面具有较为完整的教化思想。程颢注重内心修养,后为南宋陆九渊所继。程颐主张格物致知,并提出"存天理,灭人欲",宣扬"饿死事小,失节事大",其主张被南宋的朱熹所继承,并称为"程朱之学"。二程教化思想的重点内容是加强对君主、官吏、民众的教化。但是当时二程的教化思想,并不被统治集团所完全认同,程颐晚年更被作为邪说而遭到批判、抨击。

---

① 黄宗羲,全祖望宋元学案[M].北京:中华书局,1986:482.

第一节 二程的生平与著作

程颢、程颐兄弟,世称"二程",河南洛阳人,建立起自己的理学体系,对后世有较大影响,南宋朱熹发展成为"程朱理学"。兄程颢(1032—1085 年),字伯淳,54 岁去世,学者称他为"明道先生"。弟程颐(1033—1107 年),字正叔,75 岁去世,学者称他为"伊川先生"。二人都就受学于周敦颐,并同为宋明理学的奠基者,二程的学说在某些方面有所不同,但基本内容并无二致。他们的理学思想主要见于《遗书》《文集》和《经说》等,均收入《二程集》中,中华书局 1981 年出版该书校点本。

一、二程的生平经历

1. 程颢的生平经历

程颢幼时就聪明颖慧,十岁能做诗赋。少年时代是在随其做州县地方官的父亲程珦任所度过的。从十四五岁开始,程颢听从父亲安排,受教于宋代理学的开山祖师周敦颐。

宋仁宗嘉祐元年(1056 年),因其父升任国子博士,随父到达京师开封。

嘉祐二年(1057 年),程颢 26 岁,中进士,宋仁宗御殿亲试。程颢作《南庙试佚道使民赋》《南庙试策五道》。程颢安家于洛阳履道坊,开始了他的仕宦生涯。

嘉祐三年(1058 年),程颢 27 岁,初次为官,开始任陕西鄠县(今陕西省西安市户县)主簿。虽是一个小官,却很忙碌,他秉持民本意识、仁爱思想,治役、断案都很有效,显示其才能。在繁忙工作之余,他常游于山水之间,赋诗表达自己渴望超越世俗,享受泉石之乐、大自然之乐的美好情怀和满腔快乐。其间,程颢"慨然有求道之志。未知其要,泛滥于诸家,出入于老、释者几十年,返求诸《六经》,而后得之。"①

嘉祐四年(1059 年),受佛学影响,程颢作《答横渠张子厚先生书》,又称为《定性书》,是一篇理学重要著作。

嘉祐六年(1061 年),程颢 30 岁,调任江宁府上元县(今江苏南京)主簿,任期三年。在任期间,他深入调查,关心民生,为百姓谋福,受到拥戴,留下佳话。上元县田赋沉重,各地富户征收不均,程颢统一法令,平抑赋税,使征收数量一致。组织百姓抓紧时间修筑堤防、兴修水利,使上元县在多雨之年仍获丰收。

宋英宗赵曙即位后,治平元年(1064 年),程颢 33 岁,调任泽州晋城(今山西省晋城市)县令。晋城县贫穷落后,财赋窘迫,物价飞涨,百姓灾难沉重。任晋城县令三年间,他尽可能地对庶民普及封建主义教化思想,弘扬儒家传统道德,政绩比较显著。《外书》说:"明道先生作县,凡坐处皆书'视民如伤'四字。常曰:'颢常愧此四字。'"②程颢离职时,当地百姓夹道相送,哭声震野。

治平四年(1067 年),程颢 36 岁,晋城任期届满后,因为政绩突出,被调往中央,担任主管天下文章与著作的官吏之助理——著作佐郎。

宋神宗赵顼即位后,熙宁二年(1069 年),程颢 38 岁正值盛年,因有治绩,经"御史中丞"吕公著推荐,升任太子中允,权监察御史里

① 程颢,程颐. 二程文集(卷十一),二程集[M]. 北京:中华书局,1981:638.
② 程颢,程颐. 二程外书(卷十二),二程集[M]. 北京:中华书局,1981:429.

行。"御史"是当时的"言官",有向神宗皇帝说话的资格,可以弹劾不称职的官吏,也可以议论国家大事,上《论王霸札子》《论君道》《论十事札子》《论养贤札子》等。

熙宁三年(1070年),程颢上《谏新法疏》《再上疏》等,反对王安石推行的"青苗法",但程颢的主张没有被宋神宗器重和采用,反被赶出中央政府不准议论国家大事,而到外省做地方官,差权发遣西京路同提点刑狱,改任镇宁军(今河南濮阳)节度判官(驻军长官副职)。在任期间,与百姓抗洪抢险,昼夜奋战,堵住决口,修好堤岸,保住当地百姓生命财产安全。

熙宁五年(1072年),程颢41岁,以奉养双亲为由辞官回归家乡洛阳讲学。他为人和气、学识渊博、潜心学问、讲学授徒、诲人不倦,循循善诱。

熙宁九年(1076年),张载路过洛阳时与程颢兄弟相见,相与论学。

熙宁十年(1077年),邵雍病逝于洛阳,程颢作《邵尧夫先生墓志铭》。张载辞归,在洛阳与程颢兄弟论学。张载返关中,行至临潼时病卒于馆舍,程颢作《哭张子厚先生》。

宋神宗元丰元年(1078年),程颢又任扶沟县(今河南省扶沟县)县令。他平盗、权谷价,勇于任事,实施人道,赈济饥民。继续关注政治与现实问题。期间,门人游酢、谢良佐、吕大临等来求学。

元丰三年(1080年),程颢罢扶沟县令,一度寓居颍昌(今河南省许昌市),著书讲学,写《识仁篇》。在此期间,杨时以师礼相见,从其问学。

元丰六年(1083年),程颢又出任汝州监酒务,主管酒税。

元丰八年(1085年),宋神宗逝世后,年仅十岁的哲宗即位,太皇太后高氏听政,启用司马光等新法的反对派执政。他们积极召回程颢到中央任事。但程颢还没来得及到任,就病逝了,享年54岁,皇帝赐谥"明道先生"。程颐作《明道先生墓表》称:"周公没,圣人之道不行;孟轲死,圣人之学不传。……先生生千四百年之后,得不传之学遗经,志将以斯道觉斯民。……圣人之道得先生而后明,为功大矣。"[①]意思是,周公死后,圣人的大道无法施行,孟子死后,圣人的学问无法流传。先生在四千年之后,从遗经中得到不传之学,并用此道使庶民觉醒。程颐宣扬程颢在"道统"中重要作用,称其兄是在孟子之后一千多年,得不传之绝学,并将内圣外王之道发扬光大。

2. 程颐的生平经历

程颐年少时很有才能,14 岁时就拜周敦颐为师,接受教育,但程颐没有考中进士。程颐虽然早就有忧国忧民的宏志,但其做官时间很短。他一生时间都在研究理学,著书立说,讲学授徒,传播理学思想。程颐比程颢多活了二十几年,所以在思想学术上的贡献也较其兄多一些,其弟子较有名者八十余人。嵩阳县程村祠堂里,保存两块石碑,镌刻二程弟子名氏,"洛学"得到了广泛传播。

宋仁宗皇祐二年(1050 年),18 岁的程颐《上仁宗皇帝书》:"伏望陛下出于圣断,勿徇众言,以王道为心,以生民为念,黜出俗之论,期非常之功。"[②]指出社会危机深重,劝诫皇帝行王道,提出变革主张。

宋仁宗嘉祐元年(1056 年),23 岁的程颐随父亲来到京城,游学于太学,当时主管太学的是著名学者胡瑗。胡瑗以《颜子所好何学论》做考试,程颐在所做的文章中强调要正其心、养其性,存心养性,达到圣人之道,把士人的理想提高到学圣人的高度,由此得名,胡瑗得其答卷大为赏识,不久聘他为学官。程颐还作《视箴》、《听箴》、《言箴》、《动箴》等《四箴》,作为向圣人学习的行为指南。

---

① 程颢,程颐. 二程文集(卷十一),二程集[M]. 北京:中华书局,1981:638.
② 程颢,程颐. 二程文集(卷五),二程集[M]. 北京:中华书局,1981:515.

　　宋神宗熙宁四年（1071 年），程颐不再参加科试，回到洛阳收徒讲学。次年，程颢罢官回洛，兄弟二人讲学，四方之士，纷至沓来。居洛期间，兄弟二人与司马光、吕公著等交往甚密。此后，程颐都以"处士"身份在各地讲学。

　　熙宁八年（1075 年），程颐《代吕公著应诏上神宗皇帝书》，反对王安石新法。

　　宋神宗元丰五年（1082 年），曾任宰相的文彦博将自己在鸣皋镇（今伊川县鸣皋村）的千亩良田拨给程颐，作为著书讲学之用，创建了著名的伊川书院。直至崇宁二年（1103 年）的 20 年间，程颐将精力用在教育和学术研究上，将自己远大的政治抱负寄希望于学生。他讲学容貌庄严，肃然沉静，庄重有体。

　　宋哲宗元祐元年（1086 年），神宗去世，年仅十岁的哲宗继位。由司马光、吕公著等人的大力举荐，53 岁的程颐以布衣，担负重任到中央政府做"崇政殿说书"，负责教育年幼的宋哲宗。程颐在仁宗、英宗和神宗三朝，身为处士，未能施展其"外王"之志。如今重任在肩，他竭尽全部忠诚，重视教化思想，以师道自尊，尽职尽责，严格要求年幼的哲宗，教化君主，将"道统"用之于"政统"，恢复尧舜善治，巩固封建王朝的统治。程颐不断直谏议论朝政，遭到太学、国子监等朝臣的联合抵制，更是引起少年皇帝的不满。同时由于当政者的大力推崇，程颐名重一时，门者甚多，"洛学"盛行，这又引起以苏轼为首的"蜀党"的不满，引起了"洛党"与"蜀党"之争。

　　元祐二年（1087 年），程颐受大臣排挤攻击，被罢免崇政殿说书一职，逐出朝廷改调差管"西京国子监"，管理设在西京（洛阳）的太学分校。到任后，他连上三道《乞归田里状》，请求免官归田，均未获准。接着又上两道《乞致仕状》，决意辞官退隐。

　　元祐五年（1090 年），程颐因父丧辞官。

　　元祐七年（1092 年），程颐服父丧毕，尽孝期满。他又上《再辞免表》，论述儒者进退之道。这次辞免被认为是怨望轻躁，于是又改授管勾西京嵩山崇福宫。

元祐八年（1093 年），太皇太后卒，哲宗亲政，重新任命程颐为"西京国子监"，他再辞不受。

宋哲宗绍圣三年（1096 年），党派之斗愈发激烈，原来的反对派被赶下台，并被称为奸党，程颐也被列为奸党，放归故里削职为民。

宋哲宗绍圣四年（1097 年），程颐顶撞哲宗皇帝，随后被贬到四川涪州（今四川省涪陵）交地方官管制，境遇凄惨。在被管制的情况下，他潜心学问、著书立说、呕心沥血，最终完成了经学和理学的重要著作《周易程氏传》，并作《易传序》，字里行间都满怀着对国家前途命运的关切，融入了他的人生感悟和忧国思想。《周易程氏传》被奉为程朱理学的经典著作，对中国封建社会后期产生重大影响。成书后程颐不愿意流传，显示出其治学严谨、严肃的态度。

宋徽宗建中靖国元年（1101 年），徽宗即位，程颐才被赦免，恢复自由。结束了 4 年的流放生活，自涪州回到故乡洛阳。不久，又接官诰，复通直郎，又得到"权判西京国子监"的官职。

宋徽宗崇宁元年（1102 年），朝廷立元祐奸党碑，程颐又遭政治对立面打击，名在"余党"之列，所恢复的官职又被撤除。

宋徽宗崇宁二年（1103 年），退居龙门香山，后在伊川鸣皋书院、嵩县山庙里讲学。

崇宁五年（1106 年），元祐党禁稍解，程颐才复宣义郎致仕。

大观元年（1107 年），程颐因病卒于家中，享年 74 岁。许多弟子因怕受牵连，甚至不敢参加其葬礼，入葬时只有 4 个门人弟子照料他的丧事。

理学在北宋有五个重要人物即"北宋五子"，在这五子之中，二程兄弟就占两个。所谓的程朱理学、陆王心学，也都源自二程，二程兄弟在中国思想文化中有重要地位。二程幼年就跟随父亲，转战各地，亲身感受、耳闻目睹北宋危机四伏的现状和百姓的苦难,对于国家安危有深刻的思考,认为大至国家治理、小至家族宗亲,要成就圣德之人,从根本上说都要进行教化。二程都有宗教修道和生活体验.把知识转化为智慧,晚年的思想也比早期更加成熟与丰富。二程兄弟的弟子众多,其中有吕大临、谢良佐、游酢、杨时最为杰出,被称为程门四弟子,杨时被称为"南渡洛学大宗"。

二、二程的主要著作

程颢著有《定性书》《识仁篇》等,数量有限,流传下来的思想多散见于语录、诗文中。而程颐的著作相对较多些,有着《程氏易传》《伊川文集》等,还有弟子整理出来的文章、语录、书信。"二程语录是程颢、程颐兄弟传道讲学的言论结集,他们突破汉唐经学的束缚,采用语录的形式阐释儒家经典,在对先秦儒家语录继承和发展的基础上,建构起新的思想体系。"①但由于二程兄弟立场相近,留下的资料多有混淆,哪些是程颢的,哪些是程颐的,经常混在一起而分不开来。故后人多以二程合论,重新解释二程著作并合辑成《二程全书》(或称《河南程氏全书》),1981 年中华书局出版点校本《二程集》。其中包括《河南程氏遗书》二十五卷、《程氏外书》十二卷、《河南程氏文集》十二卷、《河南程氏粹言》二卷、《周易程氏传》八卷等。

1.《河南程氏遗书》

讲学的语录是研究一个人思想的重要资料,二程讲学内容往往被统称为"程子曰"。朱熹在整理、编辑二程著作的时候,就把他们语

---

① 赵振.二程语录与禅宗语录关系论述[J].河南师范大学学报(哲学社会科学版),2015(4):97-102.

录合编为《河南程氏遗书》，又称《二程遗书》《程氏遗书》《河南遗书》等。二程授徒讲学时，弟子门人们根据自己所闻所见做记录。其中有些标明是明道先生语，或是伊川先生语，有些也不加区分，因此无法准确地识别出这部分语录到底是明道，还是伊川所言。由于记录二程讲学的时间、内容不同，所以各篇散而并行。孝宗乾道四年（公元 1168 年）朱熹编定为二十五卷，《明道先生行状》等八篇为《附录》内容。因朱熹是程氏四传弟子，很多程门弟子皆朱熹前辈，所以在每篇之首标明所录弟子之姓名。如卷第四标明是游定夫所录，也有以姓名及字称者，如卷第十一是刘绚质夫录。①

　　2.《程氏外书》

　　《程氏外书》共十二卷，朱熹于孝宗乾道九年（公元 1173 年）编定而成。《程氏外书》是指"特以取之之杂，或不能审其所自来"②而言的。

---

① 《二程遗书》二十五卷的内容可分为三部分：第一部分是从卷第一至卷第十，共十卷为"二先生语"。分别为二程弟子谢良佐、游酢、吕大临及其他不能断定为何人的弟子所录。"二先生语"中，凡标明是"伯淳""明道"所说，或语下注有"明"字的，为程颢语；凡标明是"正叔""伊川"所说，或语下注有"正"字的，为程颐语。其余大都没有标明何谓程颢语，何为程颐语。因此在研究时，往往需要分辨哪些语录是程颢的，哪些语录是程颐的，以便准确地掌握二人的思想。不过根据二程思想的内在差异，有不少话仍可辨别是二程中哪一位说的。第二部分是从卷第十一到卷第十四，共四卷，明确标明为"程明道先生语"，是其弟子刘绚所录。由于程颢享年五十四岁，比程颐少二十一岁，加上居官时间比程颐长，而讲学时间比程颐短，所以门人所录其讲学答问之语也比程颐少。《二程遗书》的第三部分从卷十五至卷二十五，共有十一卷，是"伊川先生语"，有《易传序》等内容，分别由其弟子刘安节、杨迪、周孚先、鲍若雨、畅大隐等学者所记，内容较为丰富。

② 朱熹.程氏外书后序，朱文公文集（卷七十五）[M].北京:商务印书馆.

3.《河南程氏文集》

《河南程氏文集》是二程的诗文杂著,共有十二卷。前四卷是程颢诗文集,后八卷为程颐诗文集,后附有《遗文》,其中收录有《礼序》《易序》2篇文章。程颢一生留下了很多诗作,分别是卷一有疏、表10篇,包括《论王霸札子》《论十事札子》《上殿札子》《请修学校尊师儒取士札子》等。卷二有书、记9篇,有《答横渠张子厚先生书》《南庙试九叙惟歌论》等。卷三是铭、诗67首,其中有《春日偶成》《秋日偶戒》等,充满自得之乐和自由境界。卷四是行状、墓志、祭文10篇。从卷五开始到卷十二,是程颐的诗文集。比较有代表性的有卷五的《上仁宗皇帝书》《为家君应诏上英宗皇帝书》;卷八有《颜子所好何学论》;卷九有《答朱长文书》《与吕大临论中书》《答杨时论西铭书》等。总之,二程强调文学创作应高扬道的实际价值,将文学与现实的教化思想相结合,为儒家学说的复兴提供思想的支持。二程追求简易自然的创作风格,为当世及后世提供了一种新的诗文范式。

4.《河南程氏粹言》

《河南程氏粹言》又称《粹言》《二程粹言》等。《河南程氏粹言》是把二程的行为用语录的形式记录下来,并加以修饰,使其格言化。《粹言》主要是程颐的语录,程颢间或有之。此书由程颢的高徒杨时订定,杨时确得程颢心传之妙,故此书对了解二程的思想,可谓提纲挈领,简明扼要。后张栻于乾道二年(公元1166年)重新将《粹言》编次后,此书定为二卷十篇。卷一分论道篇、论学篇、论书篇、论政篇、论事篇。卷二有天地篇、圣贤篇、君臣篇、心性篇、人物篇等。《河南程氏粹言》在宋元时已单独刊行,明清时收入《二程全书》。

5.《河南程氏经说》

《河南程氏经说》又称《程氏经说》《河南经说》《经说》等。《河南程氏经说》是程颐对部分儒家经典的解说和发挥,是对传统传注之学的改造和超越,对后来的经学解释学产生了重要影响。宋刻本只有六卷:卷一《系辞》,卷二《诗》,卷三《书》,卷四《春秋》,卷五《论语》,卷六《改定大学》。宋代《经说》既有单独刊本,亦有《程氏四书》的合刊本。程颐在《春秋传序》中,对于《春秋》的解释也独具特色,注重春秋笔法,以理学解读、用义理解经,这些都为后来理学家解释《春秋》提供了一个典范。明代刊行《经说》时,另增加《孟子解》《中庸解》二卷,共为八卷。收录的《中庸解》实为吕大临所作,而《孟子解》仅存其目,并无其文。

6.《周易程氏传》

《周易程氏传》又称《易传》《程氏易传》《伊川易传》,共 4 卷,15万字。程颐作为宋代义理派代表,借助《易》学构建理本体、性与天道,从而发挥道德教化功能。程颐认为《周易》是儒学经典、圣人之道的体现,具有人伦教化的价值观功能,蕴含着丰富的哲学思想,因此迫切需要对《易》重新做出一个新的解读与诠释,通过选择性地继承和改造,以适应时代变化、适合时代需要、解决时代问题,传继圣学以教化。《周易程氏传》是程颐终生心力交瘁完成的著述,蕴含着其深受儒家思想陶冶和教化。程颐从理的角度彰显《周易》义理,用易学诠释的方法建构了理学本体论思想体系,维护儒家的伦理道德和封建纲常,为社会提供经典的教化作用,对理学进一步发展起着不可忽视的作用。程颐易学属于义理易学,关注的是德行修养而非天人感应。通过研究《周易》六十四卦的排列和结构,阐明儒家中正的价值标准,以卜筮而为教化,强化道德教化功能,揭示人伦关系中所包含的君臣性质、臣民关系等各种道理，集中体现出传统儒家的政治理想。"通过阐发《周易》的思想，程颐对社会历史发展动力、历史价值和评判标准、历史本体与历史现象等历史哲学问题进行了深入思考。"①《周易程氏传》弘扬孔孟之道，最能集中反映程颐的哲学观点及在教化方面所做的努力，从本体论、世界观、方法论的高度为儒家的道德教化观提供哲学基础，通过忠君、爱国、刑罚、礼乐等为社会伦常提供了合理性的依据，反映了程颐从自然到政治、人生的哲学思想，构成了他体系化的道德教化理论。② 程颐的思想在易学史上具有里程碑的地位和作用，因此他被归入易学中"二派六宗"中的"儒理"一宗。南宋以后，随着程朱理学影响增大，《周易程氏传》不仅仅是程颐理学思想的主要载体，也被奉为程朱学派的理学经典著作之一。对宋朝以后的《易》学义理研究产生了深远影响，从元代开始，《周易程氏传》被列为科举中的指定教科书，其中的思想构成了中国封建社会后期主流意识形态的基本观念。

以上二程的六种著作，自宋以来流行广泛，版本很多。明代后期，人们将二程六书合并刊行，称为《二程全书》或《河南程氏全书》。有明成化张瓒刻本，明万历有徐必达刻本，清康熙有吕留良刻本，清同治有涂宗瀛刻本，清光绪有贺瑞麟刊本，民国有上海中华书局排印、缩印《四部备要》本等。中华书局在原《二程全书》的基础上，参照其他多种版本，王孝鱼加以点校，改书名为《二程集》。二程的著作中

---

① 章伟文. 程颐易学中的历史哲学思想探析[J]. 周易研究. 2009(1)：45-54.
② 二程对以训诂为主的传统经学强烈不满，所以流传至今的二程著作中，就只有这本《周易程氏传》是一部完整的经学著作。该书从元代开始被列为科举必读书，成为宋明理学的重要著作，其哲学思想对维护统治秩序的稳定、封建社会的和谐产生重要影响。同时，程颐在释《易》过程中，将《易》学与《四书》学互释和会通，这种方法后来为易学家、理学家所继承，推崇儒家道德心性之学，提供了"内在超越"的学术思路，这在易学史上具有里程碑的地位和划时代意义。

不仅有哲学思想，同时也包含着丰富的德育思想，其中有益的德育学说对后世产生了深远的影响，有启示和借鉴意义，对当代德育体系、方法和途径的形成和完善有着重要的作用。

第二节　二程教化思想的时代背景

经过五代十国的分裂，从公元 960 年建国到公元 1279 年南宋灭亡，宋朝历经三百多年，比唐朝的二百六十年还长。北宋社会经济发展、民富民乐，北宋的自然科学、哲学、教育、史学等方面成为中国封建文化发展的鼎盛期。从宋朝的历史地位角度看，"积贫积弱"的印象绝不是宋朝历史的全部。正如陈寅恪先生所言："华夏民族之文化，历数千载之演进，造极于赵宋之世。"综观中国古代，开明、包容、民主的宋朝是一个文明高峰，没有一个朝代的文化可以和宋朝相提并论。宋朝从官方到民间都比较重视振兴儒学，以尧舜禹三代之治为最高政治理想，论及礼乐、治道、教化都以三代之治为楷模，以履行圣人之道为己任，积极地付诸实践，从君主的德性、典章制度乃至文章写作、人材的培育等都在进行变革。

北宋政治格局与儒家士大夫的主张是分不开的。在诸多学说中，作为学术文化思潮的理学正是时代呼唤、社会需要、文化选择，是时代的价值理想和终极关怀。其学术思想的主旨是建构道德形而上学的逻辑结构，切实地回应当时社会各个方面的挑战，化解各个层面所面临的冲突，这些挑战和冲突表现在社会矛盾、佛教文化、理想价值等几个方面。二程作为北宋理学代表人物，师从周敦颐，继承了理学思潮先驱胡瑗的教化思想，深受邵雍、张载、苏轼、王安石等一批着重阐发"仁"学的学者影响。不同于先秦的政治论、秦汉的宇宙论等，二程思想是心性论哲学。二程认为人不能征服宇宙，着力将思想从当时的宇宙论转变为道德、人生问题的探讨，追求天人合一观点，探究圣贤气象的正确途径。二程把"理"视作哲学的最高范畴，理是性与理的融合。在具体的穷理方法上，二程强调"正心诚意""格物致知"，提出了以理为本的"内圣外王"之道，即以内圣心性之学为基础，以实行仁政王道的外王之学为根本目的。二程所关注和研究的"内圣外王"的中心问题，展现出儒学的实践精神特质及其当代意义。

二程创立天理论哲学体系，确立教化思想，标志着宋代理学思想体系的正式形成。南宋朱熹深受二程天理论、格物致知论等认识论思想影响，在继承发展的基础上发扬光大，建立了一个完整的唯心主义思想体系，被称为程朱理学，具有官方正统学术地位。至晚清废科举，一直是中国后期封建社会意识形态领域的指导思想。程朱理学是儒学发展的重要阶段，适应了封建社会从前期向后期发展、封建专制主义进一步增强的需要。他们将天理、仁政、人伦等内在统一起来，使儒学走向政治哲学化，为封建等级特权的统治提供了更为精细的理论指导，深得统治者的欢心，社会各等级各安其位、不得违礼，达到社会的有序和谐。元明清时期，程朱理学也因此成为人们日常言行的是非标准和主要内容。程朱理学在促进理论思维、形成气质性格、维护社会稳定、推动历史进步等方面，发挥了积极的作用。但另一方面，它对中国封建社会后期的历史和文化发展，也有一定的负面影响。作为官方意识形态的理学发展越来越脱离实际，更加强调天理人欲的对立，成为"以理杀人"的礼教工具，束缚人们手脚，反映出它的阶级和时代局限性。

一、社会政治矛盾

公元 960 年，北宋建国，为防止藩镇割据和大臣、外戚等擅权，吸取五代频繁军事政变的教训,北宋统治者建立起一整套包括官制、军制、科举、法律等中央集权的政治制度。集中军权主要以由皇帝直接掌握禁军,去掉了殿前都点检,将禁军统领权一分为三;枢密院有调兵权,统兵将领有统兵权无发兵权,互相牵制。行政权的集中主要是中央将宰相权一分为三,皇帝总揽大权。地方官由中央派文臣作知州,还在各州设通判,监视地方。财权的集中主要是中央对地方的控制加强,设转运使,把地方赋税运往中央,消除地方割据、对抗中央的物质基础。北宋加强中央集权的一系列高度强化措施,使国家内部统治局面稳定,一度出现封建文化的繁荣景象。北宋初确立了祐文抑武的治国方略,皇帝主要通过科举考试改革,扩大科举取士迅速地让大量的读书人入仕,使得社会上的崇文之风盛行,文人士大夫的文化担当意识大大提升,特别是为了应对"三冗""边事"等现实政治问题,改革逐渐演变成士大夫们的共同话题。

1. 阶级矛盾激化

宋朝中央集权专制主义的加强,特别是集中军权、集中行政权、集中财权等一系列强化集权制的政策和措施,虽然解决了中央与地方藩镇的矛盾,但到了北宋中期,但"冗官""冗兵""冗费"的"三冗"现象与日俱增,构成北宋中期统治危机的重要内容之一。国家在集中军权方面,为加强对内镇压,采取"荒年募兵"政策,防止地方割据。由于统兵的将领受制太多,军权被分散,有统兵权无发兵权,不能根据战场情况做出决断,军队战斗力不强。国家每年还要广募兵士,扩充军队,征战辽国、西夏,加强防御。军队人数众多,军费开支过大,用来养兵的费用,竟占全国财政收入总数的百分之七八十,出现"冗兵"现象。在集中行政权方面,虽然铲除了藩镇割据的基础,但却导致官僚机构的迅速庞大和重叠。由于科举取士增多,"恩荫"法泛滥,政府官职不断增加,官僚机构日益庞大。到北宋中期,各级官员达到

17 000多人，许多官员只享受俸禄，而无实际职事。各级官员缺乏进取心，互相推卸责任，造成行政效率低下，财政负担加重，财政支出往往入不敷出，出现"冗官"现象。中央集中财权，维持巨额的官员俸禄、庞大的军队开支，加上战争赔款，每年还要送给辽和西夏大量"岁币"，政府财政日益入不敷出，出现"冗费"现象。政府财政困难，出现巨额赤字，经济危机重重，出现了统治阶级内部矛盾斗争和民族矛盾的激化，形成了"积贫""积弱"的局面。

宋代土地自由买卖制度取代了均田制后，统治者纵容功臣、大将们兼并土地，土地买卖与典卖相当普遍。土地集中趋势加速，大批农民失去田产，沦为佃户，遭受沉重的剥削和压迫，出现了"富者有弥望之田，贫者无立锥之地，有力者无田可种，有田者无力可耕"①的尖锐对立。作为封建社会经济基础的小农经济没有得到较大的恢复和发展。另一方面，地主、富者占有大量土地，却很少交纳赋税，而中小农户的赋税很沉重，税收要占到封建财政收入总额的一半。由于土地兼并、赋税沉重，这时主要矛盾体现在农民阶级与地方阶级之间的矛盾。国内阶级矛盾尖锐，各地陆续爆发了小规模的农民起义。

由于社会矛盾激化，积贫积弱严重，特别是中小地主势力的日益强大，地主阶级内部中小地主与大地主之间的矛盾斗争也变得尖锐起来。宋仁宗庆历三年（1043年），宋仁宗推行了"庆历新政"的社会改革运动，拉开革新变法的序幕，由范仲淹主持。此次变法的核心是以"吏治"方面的革新为首要，主要以官吏、士大夫阶层为改革对象。其改革内容有"明黜陟、抑侥幸、精贡举、择官长、均公田、厚农桑、修武备、减徭役、覃恩信、重命令"等整顿士风、改革科举十条。比如所谓的"抑侥幸"，就是严格恩荫制，限制官员的任子等特权，防止权贵子弟亲属垄断官位。但由于触犯大官僚、大地主的利益，遭到朝臣的

---

① 《资治通鉴长编》卷二，中华书局，1979.

反对,农民没有获得明显好处,改革只推行一年零四个月便失败了。

宋神宗即位,为了解救时政危机,立志革新,熙宁元年(1068年),王安石得神宗信任,毅然接受了宋神宗要求变法的大任。入京任参知政事后,开始了"熙宁变法"。神宗希望依靠王安石等"以儒治国",革新变法,改变政治经济危机,富国强兵。在神宗与王安石之间有一个理论原则:治权的方向("国是")必须由皇帝与士大夫共同决定。这在北宋政治史上是一项具有突破性的大原则,皇权对士人报以较高的礼遇。王安石敢于针对北宋统治错综复杂的积弊大刀阔斧进行改革,颁行一套变法方案,即均输法、市易法、青苗法、募役法、方田均税法、农田水利法、将兵法、保甲法、保马法、三舍法等。在前后近十五年时间里,新法以"理财"为急务,收到了部分预期效果,客观上是有利于社会进步。但由于对变法的具体政策、方法等看法不同,加上王安石本人拒绝言路,不能耐心听取各方面的意见,王安石的变法引起各方的反对和阻力,产生党派分裂。程颢本来也是赞成新法,但其后亦转入反对派方面。王安石"兴利"以利为先,推行"霸道",强调经济效用和功利主义;而二程"尚德"以德为先,实行"王道",注重道德教化和心性修养。王安石变法虽然富国强兵但并非养民保民,暂时有成效地解决了一些财政问题,但同时也造成了道德风尚的衰败,不利于社会的长治久安。二程主张渐变,后来,二程因反对熙宁变法,遭罢贬退居洛阳,潜心研究道学。由于王安石的改革无法循序渐进地继续进行,统治阶级内部矛盾,导致了"积贫""积弱"的恶化,间接促成了北宋的灭亡。尽管从庆历新政到熙宁变法,北宋的改革思潮虽然一直没有停止,但国家的内忧外患问题还是没有得到根本解决。上述弊端,使北宋社会的危机日益加深。

公元1085年,宋神宗赵顼死,十岁的幼子宋哲宗赵煦继位。守旧派司马光为宰相,一律废除新法。司马光想重用程颐,但两人在具体问题上有分歧。司马光死后,守旧派因政见、学术主张的分歧而分化为几个小集团，形成不同的学派。程颢、程颐的"洛党"，苏轼、苏辙的"蜀党"，刘挚、梁焘、刘世安的"朔党"，三党展开了一场混战。宋徽宗即位后，他喜好收藏书法和绘画，蔡京当权，腐朽统治，宦官直接掠夺民间田地，大肆搜刮民财，穷奢极侈，恣意挥霍。更将以往所有的宰相、尚书定为叛党，或贬官，或罢退，党派斗争不已。阶级矛盾、统治阶级内部矛盾更加尖锐，社会风俗日益衰败。

2."夷夏"问题

"夷夏"观是中国古代一个重要的思想观念。孔子在《论语》《春秋》讨论夷夏问题，是从文化着眼，从文化的高低来立论，低层次文化的是"夷"，高层次文化的是"夏"，"夷夏"问题实际上就是文化问题。到了宋代，士大夫们都认为"夷夏"问题不是文化问题，而是种族问题，夏文化、汉民族、汉族政权是合为一体的，汉族的就正统，不是汉族就不正宗。宋朝皇帝在接待少数民族使者时，把他们都看作"夷"，不论赐礼服、还是排座次，都凸显出汉族的霸权。在编撰《新五代史》时，出于大汉民族的正统目光和情怀，将边疆"四夷"附录在书后。

北宋时期，外部民族矛盾激化，对外关系软弱，国家受两大外敌的强大威胁，分别是东北契丹族建立的辽和西边党项族建立的西夏。由于少数民族逐渐接受了中原的夷夏观念，"用夏变夷"，认同华夏文化，在继承儒家的典章礼仪制度、伦理教化基础上，改变了落后制度、习俗，推行仁政，有所发展。契丹族在建立辽朝之后，文治教化，国泰民安，实力逐渐强大，民族战争曾一度频繁。宋太宗皇帝曾三次御驾亲征辽国，但每次都失败。宋真宗于公元 1004 年，与辽签订《澶渊盟约》，盟约中规定：宋每年要向辽纳银 10 万两、绢 20 万匹。此后宋、辽之间才不会出现大规模的战事。在澶渊结盟互为兄弟之国后，辽朝为了提升地位，求得与宋朝平等的关系，还常以北朝、南朝指代辽、宋。宋仁宗赵祯在位期间，天圣五年（1027 年）开始，辽就自视为泱泱大国,要从外交礼仪上获得平等地位。庆历二年(1042年)辽更是想做高高在上的圣主,他坚持在宋、辽和约中将宋朝每年所送的岁币称为"献"。宋仁宗康定元年到庆历二年(1040—1042年),西夏皇帝元昊还对宋发动多次大规模的军事进攻。最终宋夏议和,公元1044年,宋册封夏国主,每年给夏7万2000两,绢15万3000匹,茶3万斤。北宋由于有对外族的割地赔款,每年还要送给辽和西夏大量"岁币",军费繁多,使国家财政不胜负担。"靖康之耻"是中国历史上的一次著名事件,在宋钦宗靖康年间(公元1126—1127年),靖康二年四月金军攻破东京(今河南开封),除了烧杀抢掠之外,更俘虏了宋徽宗、宋钦宗父子,以及大量赵氏皇族、朝臣等共三千余人北上金国,东京城中公私积蓄为之一空,导致北宋的灭亡,深深刺痛汉人的内心,金兵连年南下,社会动荡不安。

二程理学形成于北宋末年,是君主专制和中央集权的强化在思想领域的表现和精神支柱,是传统儒学在北宋特定的政治环境中的创新和发展。"理学将'天理'与人心互相对应,突显人心对秩序、规范的自觉,从而为儒家道德伦常找到宇宙论与心性论的依据,把外在伦理规范对人的行为、思想的整顿约束变为内在心性自觉的谐调和修养"[①]。二程兄弟生活在这样一个封建社会持续发展并产生危机的时期,其教化思想也充满了时代的危机感。本着"道学与政事"不可分开的想法,二程忧国忧民,积极参政议政。程颢最初参加了王安石的变法运动,立志把"治道"从理论推到实践,希望北宋改变积弱积贫的局面,他们不止一次地要求北宋封建统治集团锐意进取,大胆改革弊政。二程曾有相当长的时间沉浮于宦海之中,他们痛切地感受到封建官场的险恶与黑暗,耳闻目睹人民的苦难与悲痛,觉察到人民

---

① 张玉璞. 宋代士人的生存环境及其处世心态[J]. 山东社会科学,2000(6):58-62.

中间蕴藏的日益高涨的反抗情绪。

二、经济文化发展

北宋初期统治者祐文抑武,大力发展文化事业,在科学技术、哲学思想、教育、文学、艺术、史学等方面,取得了长足的进步和成就。"宋代社会生产迅猛发展,其农业、手工业、商业等的发展水平,大大超过唐朝,成为中国经济发展的又一高峰期。"①从物质文明发展水平看,北宋是中国历史上经济文化最为发达的巅峰时代,是中国古代思想史上一个最为重要的思想争鸣、文化繁荣时期,儒家的教化思想得到了进一步发展。

科技发展促进了经济繁荣。农业、手工业、国际贸易、科学技术等都有很大发展。农业经济有大发展,发展水利、提高亩产量、推广复种技术、发展经济作物,提高专业化程度等方面日益稳定。手工业生产的技术和规模有进一步发展。北宋的造船技术在世界上处于领先地位,已将磁针作为指南针应用于航海,江南和东南沿海是造船业最发达的地区。与同时期世界上其他国家相比较,北宋是海上贸易大国,输入品大多是香料、药材等原料,运往国外的物品大多为丝绸、瓷器等手工业制造品,反映了宋朝在世界上的经济领先地位。统治者的政策导向促进宋朝商业、城市经济日益繁荣。宋代被称为"不抑兼并"的王朝,不仅不抑制土地兼并,还不抑制"大贾""富工"尤其是商人资本的活动。② 由于商品货币关系的发展,北宋出现了世界上最早的纸币"交子"。纸币的推广,反映了商业的高度发展。北宋还在全国各地设立征收商税的机构,收取商税。北宋对外贸易频繁,与

---

① 邓广铭等著. 宋史[M]. 北京:中国大百科全书出版社,2011:185.
② 胡寄窗. 中国经济思想史(下)[M]. 上海:财经大学出版社,1998:3.

辽（也叫契丹）、西夏等开展经济交流。

科技发展促进了文化普及。印刷术得到推广，藏书、读书活动更加流行，学校教育更加普遍。在宋仁宗庆历年间，雕刻工毕昇发明了活字印刷术，用胶泥刻字排印，对后代木活字、铜活字的创造有很大影响。毕昇的发明，比欧洲早四百年，是对世界文明的伟大贡献。宋的版书是全世界最珍贵的文化。由于雕版印刷技术的成熟和推广，印刷业迅速发展，各种书籍得到大量刻印刊行，实现了儒家典籍刻印的规模和数量都得到快速增长，让当时的知识、教育普及，所以宋代教育的发达程度远远超过前代。《百家姓》《千字文》等识字课本，在乡村庶民中也有一定程度的普及和推广。通过统一儒家教材，进一步巩固思想领域的儒学独尊地位，并产生了深远的历史影响。处于独尊地位的儒学经典中《四书》《五经》等都成为学者必备的教材，二程的儒家典籍等都为经学义理的发展和完善提供基础，此类教材得到更为广泛的传播，这对于对传播儒家理念，培养高尚的价值观，推进地方社会发展、国家统一产生深远影响，做出重要贡献。北宋是个学术和艺术发达的时期，文学史上著名的唐宋八大家，北宋就占了六位。宋朝文人非常多，范仲淹、欧阳修、司马光、王安石、苏东坡等不仅擅长诗词歌赋，还精通绘画、书法、音乐等，成就斐然，世人公认，造就中国文化的顶峰之态。

宋代科举取士规模空前扩大，文人地位得到极大提高，涌现出了大批活跃于政治、教育领域的思想家，儒学复兴运动成了当时历史文化发展的必然趋势、时代精神的召唤。"自然科学技术的不断发展，推进了人们对于客体世界的认知和把握，也为当时理学家的哲学思考提供了科学的依据。"[①]北宋初年胡瑗、孙复等儒者就表现出强烈的反传统精神，推动疑经、改经思潮，主张扬弃文字训诂的传统。历

---

① 张立文. 宋明理学研究[M]. 北京：人民出版社，2002：3.

史上著名的"北宋五子"邵雍、周敦颐、张载、程颢、程颐,具有明显的思想特色,周敦颐的"濂学"撰写《太极图说》和《通书》、张载的"关学"提出"太虚"即"元气","气"是万物生成的本源。张载撰《西铭》,把天、地、君、亲合为一体,综述义理与伦常。二程的"洛学"以义理之学取代了汉唐章句训诂之学,重视对儒家经典的重新阐释,挖掘其中的天道性命学说,带来了儒家学术思想界的重大变革。这些大儒们继承"文以载道"的精神,研读儒家经典,以继承道统、复兴儒学为己任,以社会价值观为精神归宿,使得宋朝出现了儒学大繁荣的景象,程朱理学成为主导中国封建社会后期主流意识形态的思想体系。

第三节 二程教化思想的体系渊源

中国传统文化是以儒学为主,传统儒学在宋代出现了宋明理学,其中的主要原因一是传统儒学本身出现问题,难以解决社会问题;二是儒学受到佛道二教的外来挑战。"汉唐以来,儒学重在辞章训诂之学,其生命教化与精神安顿的功能几乎完全旁落于佛、道教两家,但佛道教那种抛弃人伦日用而求生命解脱的修为方式又与儒家的价值观念相悖,甚至动摇了儒学的根基。"①二程在糅合儒道佛理论的过程中,建立了以天理为核心的新理论体系,把天理作为宇宙万物的本原,从本体论角度论述了儒家政治伦理的正确性。

从政治层面看,儒、佛、道三家文化有区别,儒家治世,有政治地位;佛教修心,理论精深;道教养身,重术炼丹。儒家作为积极进取、

---

① 彭耀光. 从"体用一源,显微无间"看程颐理学的精神[J]. 东岳论丛,2011
   (8):45-49.

建功立业的入世文化,强调道德修养,成圣的标准内涵仁、义、礼、智、信;外来的佛教长于形而上的内心之道,相由心生、慈爱众生、无私奉献,心灵安定,成佛成仙、解脱烦恼是修行的最终境界和根本目的;不入流的道教以宇宙自然为本位,是顺其自然、自我完善的出世文化,守本分、淡名利,追求人与自然和谐相处的天人合一境界。北宋统治者从封建统治的长远利益出发,提倡"三教合一",确立了以经世治民为目的、以伦理说教为特色的儒家思想为正统地位,对处于从属地位的佛教、道教既利用又限制,强化宗教的世俗化、伦理化功能。

从哲学层面看,儒、佛、道三教,不是宗教,是指教化、教义,义理在新的社会环境中发生了趋同性的变化,由相互争衡到彼此有机融合。二程创立的北宋理学就是儒家与佛家、道家在长期的互相排斥、互相渗透、互相汲取之后的产物。二程继承了传统儒学比较丰富的教化理论,如孔子作为儒家教化理论的奠基者,所提出的礼教思想;孟子进一步发展儒家教化理论,以"性善论"为基础,提出王道政治,其教化思想富含独具特色的政治道德含义。经过两汉经学、魏晋玄学儒家体系,北宋程颐、程颢兄弟进一步进行时代适应性改造,发展出"程朱理学"。同时二程以佛家和道家的哲学思辨为理论基础,确立了以"理"为本体的终极追求,论证天理与人性的"天人合一",这种包括"理欲之辨"等具有高度思辨特征的心性之学,成为中国封建社会占统治地位的官方哲学。二程坚持博览儒道佛学等诸子百家著作,将"圣人之学"作为自己终生研究的学问。

君主专制和中央集权的强化,使当时文人士大夫思想束缚、精神压抑,但他们仍然将承担社会责任感与追求个性自由进行了重新整合,从注重外部事功转向注重内心修养,既有奋不顾身的勇担道义,又有面对荣辱得失的随遇而安,二程兄弟就是义无反顾地承担起历史重任的代表人物。钱穆认为"北宋儒学,有时也还是艺术的胜过了道德的。只较道家与释氏,则他们更为落实到人生上。"①

一、对儒学思想的继承发展

学界认为"儒"可能是起源于"助人君顺阴阳明教化"的王官,圣人带有一定先天性,并不是人人通过修养就可以达到的。中国传统文化是以儒家为主,担负着政治教化的使命和职责,重视教化是其思想核心。从先秦百家争鸣、周公制礼作乐开始,儒家们提出和创立教化思想,后来有了孔子、孟子、荀子、董仲舒、二程、张载、朱熹、王阳明等历代儒家的接续发展和薪火相传。两汉经学到宋明理学,属于儒家教化思想的发展、完善时期,是儒家教化思想确立主流地位的时期,也确立了儒家学说在意识形态方面的统治地位,这期间的教化思想的相关制度逐步完善,为发展思想体系提供了保障。"二程创立理学虽然是他们在中国哲学史上的重大贡献,但儒学传统依然是理学产生与发展的背景,宋代的理学是传统儒学发展的高峰。"②二程将儒家的义理之学发展到空前的理论高度和更宽广的人文传统,在实践和发展这个思想体系过程中,意识形态色彩逐渐加重,从主要对人的道德教化为重心的教化理论,逐渐确立成占据社会意识形态领域的正统地位,成为集思想道德教育与意识形态建设为一体的范畴,起到了教化社会的作用,实现了理想政治的道德建构。

1. 先秦儒学的渊源

教化思想作为儒家理论的重要组成部分,自孔子始,经过孟子、

---

① 钱穆. 中国思想史[M]. 台北:台湾学生书局,1984:191.

② 刘丰. 宋代礼学的新发展——以二程的礼学思想为中心[J]. 中国哲学史,2013(4):79-90.

荀子等儒家的努力,开始形成一套较为完整的思想道德教育体系,成为封建王朝意识形态教育的主导性思想。先秦时期,传统儒学特质就是道德政治,不强调政治权力的分配、政治制度的改革。儒家教化"以德教和礼乐教化为中心,提倡以德治国,认为德是国家之基、礼义之则。德教倡导仁、义、忠、信、孝、善、敬、让等核心价值观,礼教的本质是维护尊卑等级秩序,乐教则起到维护社会和谐的作用。"①道德教化作为治理国家的主要依据,只要对统治者提出德行表率要求,进行品行方面的规范,百姓会基于这一种道德本身的正当性,就自觉实现了认同和服从。由此看来,先秦的儒家学说中已经既有关于天道性命、内圣方面的修身养性学说,也有关于礼乐刑政的外王方面的学说。

孔子是儒家礼教思想的开创者,以"礼"制确立政治关系的特质,改变"天下无道"的政治局面,行"先王之道"。孔子认为要政治不能脱离道德,政治必须要以道德教化作为治理国家的主要依据。孔子认为,孔子曰:"性相近,习相远也。"这里的"性"是指人先天禀受的纯真本性;"习"是指后天习染积久养成的习性。人先天的本性是相近的,但随着各自生存环境的不同变化和影响,每个人的习性就会产生差异。因此,教化作为后天一种特殊的"习染",具有恢复人之先天本性的可能性、必要性和可行性。《中庸》的"天命之谓性,率性之谓道,修道之谓教"②,继承了孔子思想并明确表达了人性源自天命,并且一定要和后天的教化联系在一起。孔子提出以"仁"为核心的王道思想,"爱人"是"仁"境界的具体内涵,孔子一直将恢复周礼为己任和儒家最高道德规范,认为统治者要先做出道德表率。孔子提出,"对劳

---

① 邢丽芳.儒家教化及其有效性研究——先秦至西汉时期[D].天津:南开大学,2014:1.

② 朱熹.四书章句集注·中庸集注[M].北京:中华书局,1983:17.

动者要宽大一点,对他们讲一些为什么要服从的道理(即教化与德治)。"①孔子倡导德治教化,以德为本,以德服人,《论语》中提出"道之以政,齐之以刑,民免而无耻;道之以德,齐之以礼,有耻且格",②用政令来治理百姓,用刑法来整顿他们,老百姓只求能免于犯罪受惩罚,却没有廉耻之心;用道德引导百姓,用礼制去同化他们,百姓不仅会有羞耻之心,而且有归服之心。由此看出儒家讲求的是仁政与德政,以及礼的树立,只有道德教化、以德服人的王道才能让百姓心悦诚服地归服正道。孔子的言论还包括在宗法等级社会,努力追求"老者安之,朋友信之,少者怀之"的温暖社会治境。孔子的"己所不欲,勿施于人"是一种相对谨慎的处事态度和道德心理,如果自己不想要的结果或不情愿被这样对待,就不要使别人也遭受不想要的结果和对待,这样能够比较适当地调节人与人之间的利害矛盾。总之,孔子以"仁"为内在道德核心,礼是外在规范,"孔子以'仁'释'礼',将社会外在规范化为个体的内在自觉,为汉民族的文化—心理结构奠下了始基。"③意思是礼所代表的规范体系,其终极根据在于社会的、历史的、文化的内在心理需要。

　　孔子特别强调身教示范的榜样带动作用,如果教化主体自身的人格和道德品行不完善,根本无从行教化之道。孔子坚持"有教无类"的原则,广收门徒,兴办私学。孔子要求为师、为政必须慎思、内省,将道德理念内化到自身思想中,以实际言行推动社会教化。将外在规约内化,才能做到对自身言行的严格要求、自觉监督,否则无法遵从礼的规定。

　　孔子之后的孟子、荀子两派真正使儒家思想成为一种正宗的意

---

①　任继愈. 中国哲学史[M]. 北京:人民出版社,2003:81.

②　杨伯峻. 论语译注[M]. 北京:中华书局,2009:11.

③　李泽厚. 中国古代思想史论[M]. 北京:生活·读书·新知三联书店,2008:35.

识形态,使之政治化、制度化,引领后世文化、教育及社会生活,为后人提供了追求社会政治理想的价值规范和指导原则。后来,孟子继承孔子道德层面的仁学,荀子则继承了孔子政治层面的礼学。孟子主张性善论,以内在的"仁义"为中心进行教化,开启中国人性教化之先河。孟子从"性善论"推导出"道德论",再推导出"仁政论",这是一套完整的道德教化体系、具有鲜明特色。第一,"仁"是教化观的核心观点和主线,性善论是基础。孟子把"仁"与心联系起来,强调性善归结于天性,人性是一种自然存在的道德本性。坚持人人有向善本性,有悲悯情怀的救世意愿和超然态度,人应该朝着"善"的方向去成就。孟子倡导"仁者爱人""老吾老以及人之老,幼吾幼以及人之幼"的大爱。在赡养孝敬自己的长辈和抚养教育自己的小孩时,不应忘记没有亲缘关系的老人和小孩。第二,孟子的教化内容以德教的修养理论为主。发展了"义"的道德原则和公共利益,明确重义轻利的义利关系定位,又把仁义礼智四者并列,人要具备"四德"完美的品性和行为,教化具有先天的可能性和可塑性。孟子认为"天人合一"是一种自然,但由于后天受到各种外界欲望的蒙蔽,不能发现自己心中的道德原则,孟子强调修行的目的在于"求其放心",把那失去了的本心找回来,自觉履行道德原则。此外,孟子也意识到道德教化具有一定的局限性,必须施以刑罚才能有效,刑罚是道德教化的必要补充和辅助手段。第三,看重圣贤君主的外王作用。孔子的"内圣"之道主要应用在个人自我修养方面,在孟子这里是将其应用范围推广到治国政治方面的"外王"。孟子的道德教化思想,充分体现了其施行仁政的民本原则。孟子认为有些现实问题不能光靠教化来解决,他提出"有恒产者有恒心,无恒产者无恒心"的观念,要求统治树立"民为贵"的王道意识,为百姓储备"恒产",解决生存困境和温饱问题,让百姓生活在相对平安的环境中。然后再自然而然地施以孝悌仁爱的人伦教化,扩充其内在的"善端"人性,由己及人,追求人与人之间的和谐关系,努力实现仁爱天下的社会理想,得到百姓的真心拥戴,这种先"富"而后"教"蕴涵着朴素的唯物主义思想。二程反复强调,孟子之后,道统不传。程颢坚持儒学传统,坚持孟子的心性修养,被称作"孟子之后第一人"。二程的人性论学说并未超出人性善的范围,但二程进一步发展了孟子的性善论,进行本体论证明。

告子不同意孟子的性善论观点,认为性无善、无不善,道德是后天教化的结果。告子提出的"生之谓性"观点著称于世,他认为:天生的属性、素质叫作性。在中国人性论的发展史中,告子的观点表明无善无恶,而又可善可恶的人性观,发展成为深刻的哲学问题,并对后来二程进行心性论探究发挥了重要的借鉴作用。

荀子主张性恶论,以外在的"礼乐"为中心进行教化,开启中国政治儒学之先河。荀子关注了理想的有限性、人的欲望之间的矛盾,提出"人之性恶,其善者伪也"(《荀子·性恶》)的观点。荀子认为:人性是恶的,而有善心是后天教化的产物。所谓"伪",即是后天教化之意。君主可以通过礼乐教化、刑政惩罚等手段,对民众进行教化。荀子又说:"凡人之性者,尧、舜之与桀、跖,其性一也;君子之与小人,其性一也"(《荀子·性恶》)。在荀子看来,无论尧、舜、桀、跖,还是君子、小人,他们的本性都没有多少不同,都有好利恶害,人的自然性需要加以节制。在性情关系方面,荀子进一步区分性、情、欲的不同,他说:"性者,天之就也;情者,性之质也;欲者,情之应也少"(《荀子·正名》)。他认为"性"为先天,是生于自然的、生物性的本然状态,"情"为后天,是应物而感、社会性的心理意向,"欲"则是应情而生、人皆有之不可免。对于现实中的自然生理和心理情欲,荀子强调要以儒家的中和之道以节制性、情、欲,二程之"存天理、灭人欲"思想由此产生。荀子强调后天的学习,单凭道德自律并不能足以保证理想政治的必然实现,所以如果没有后天的伦理教化,不对行为加以限制和规范,就可能会出现"恶"的倾向。荀子承认人具有可教化性并大力推行教化,认为人性中表现出某些善的人,一定是后来受到教化的必然结果。荀子认为符合道义是统治者的首要条件,只有依赖有德的君主进行治理才是实现长治久安的根本基础。有德之君通过制礼作乐、治理天下,坚持道德教化民众,使人们自觉地接受礼义的规范。同时,荀子也认为圣人并不是天生的,通过礼乐教化,自然养成了符合礼义的道德习惯。荀子的礼治内容,张岂之在《中国思想学说史》(先秦卷)归纳:礼是治国之本,为政的前提;礼是系统性的等级制度;礼是社会成员一切生活行为的规范,是社会成员活动的规定界限和标准;礼是教化的工具;礼是礼节,是仪式。① 荀子注重礼仪法度,作为儒者,他反对法家严刑峻法的政策、重法重刑的行为,主张治国以王道为主、霸道为辅的道德教化思想。在荀子这里,内圣和外王得到了高度的统一和融合,教化思想得以扩展和深化。当然,荀子也吸收法家学说,他尊王道,也称霸力;崇礼义,又讲法治,荀子的思想主张治理国家必须贯彻王霸杂用、礼法并重的基本原则和政治主张。荀子积极的教化理念影响到后世思想家,荀子的思想受到了汉唐经学家的推崇和继承,二程思想中有荀子教化理念的痕迹。总之,“先秦儒家们创设了一套普世的道德教化学说,经过后代儒者的不断完善,构建了一系列多维、动态的社会教化网络。”②

2. 汉唐儒学的发展

与理学家不同的是,汉唐的经学家们过分地强调意识形态化,锢于政治得失。他们不关注个体的道德成就,不把个体的身心安定、圣贤人生作为最高的境界追求。他们更为关心的是国家整体的政治制

---

① 张岂之. 中国思想学说史(先秦卷)[M]. 桂林:广西师范大学出版社,2008:367.

② 黄书光. 儒家的社会正义理想与教育价值建构[J]. 教育发展研究,2014(22):1-5.

度建设和化民成俗,强调君主是沟通上天和万民的代理人,负有教化民众的重大责任。希望用王者的礼乐教化、文章诗赋来实现家国天下,君王接受圣贤的教化,而社会中的民众个体则只能被动接受君王的教化。

汉代思想家董仲舒向汉武帝提出"罢黜百家,独尊儒术",在诸子百家中确定儒学为主要指导思想和官方正统地位,以礼治凝聚人心,以文治奠定伦理型社会基础,最终确立了教化思想在国家意识形态教育中的主流地位。董仲舒在先秦人性论的基础上,有了新的发展,他创造了"性三品"说,认为"圣人之性,不可以名性;斗筲之性,又不可以名性。名性者,中民之性"(《春秋繁露·实性》)把人性分为三类:一类是情欲很少,无须教化而能善成圣的,这叫"圣人之性";一类是情欲多,虽经教化也很难向善的,这叫"斗筲之性";一类是虽有情欲,经过教化可以向善转化,这叫"中民之性"。① 董仲舒的学说从表面上看似乎很全面,综合了性善性恶,但是他提出了一个先天的等级结构,统治阶级有"圣人之性",先天具有教化他人的善性;贫贱者有"斗筲之性",毫无善性,天生为恶,在教化难以有效的情况下,只能加以刑罚;中间阶层属于大多数,具有"中民之性",中民之性才是真正的性。圣人之至善、斗筲之人的至恶,都是不可变的。唯有"中民"才具备潜在的善质,具有可塑性,才有接受道德教化的可能,但也不能成为圣贤。董仲舒的人性论的实质是性不是直接就可以成为善的,而是需要教化才能实现的。董仲舒指出了节制情欲的必要性,"天令之谓命,命非圣人不行;质朴之谓性,性非教化不成;人欲之谓情,情非度制不节"②用礼乐、刑政等教化手段,通过努力修养,可以使中民之性内具的潜在善质变成现实的善,能够使他们拥有善,如果不教化

---

① 任继愈. 中国哲学史[M]. 北京:人民出版社,2003:87.
② 班固. 董仲舒传,汉书(卷五十六)[M]. 北京:中华书局,1999:1913.

就可能没有善。同时,董仲舒认为只有圣人才能施行教化,"先秦儒者言养性、成性、尽性、化性,汉儒如董仲舒言性非教化不成。"①董仲舒认为,君主应该效仿天道运行规律,来教化万民,实现天地人物的和谐通泰。他在著名的《举贤良对策》中强调君主的重要职责是实施教化,他建议汉武帝:"渐民以仁,摩民以谊,节民以礼,教化行而习俗美也;养士之大者,莫大乎太学;太学者,贤士之所关也,教化之本原也。"②董仲舒强调,用仁来教育人民,用义来感化人民,用礼来节制人民,施行教化可以使社会习俗更加美好。培养人才没有比办好太学更重要的了,太学是产生贤士的地方,是教化的本源。提倡通经之用,通过身体力行的实践活动,使儒家思想逐步渗透到庶民之中,起到维持秩序的社会教化作用。董仲舒认为"凡以教化不立而万民不正也。夫万民之从利也,如水之走下,不以教化堤防之,不能止也。是故教化立而奸邪皆止者,其堤防完也;教化废而奸邪并出,刑罚不能胜者,其堤防坏也。古之王者明于此,是故南面而治天下,莫不以教化为大务"(《汉书·董仲舒传》),在董仲舒看来,教化是治理国家的主要手段,而刑罚只能起到辅助的作用。

董仲舒根据政治需要,推动儒家思想政治化、社会化,建构起"三纲五常"的伦理规范,为封建大一统提供理论依据与支持。"三纲"、"五常"这两个词,来源于西汉董仲舒的《春秋繁露》一书,但作为一种道德原则、规范的内容,它最早渊源于孔子。孔子提出了君君臣臣、父父子子和仁义礼智等伦理道德观念,孟子进而提出"父子有亲,君臣有义,夫妇有别,长幼有序,朋友有信"的"五伦"道德规范。自董仲舒大一统学说建立之后,出于政治统治的需要,董仲舒进一步提出了

---

① 唐君毅. 中国哲学原论·原性篇[M]. 北京:中国社会科学出版社,2005:201.
② 班固. 董仲舒传,汉书(卷五十六)[M]. 北京:中华书局,1999:1905.

三纲原理和五常之道，三纲五常成为中国儒家伦理文化架构和封建伦理道德的基本原则和理论。"三纲"是指"君为臣纲，父为子纲，夫为妻纲"，"五常"是指"仁、义、礼、智、信"，把父权、夫权与君权打通，通过上定名份来教化天下，维护社会的伦理纲常、政治制度，丰富了封建伦理教化的内涵，发挥礼治教化的重要作用，特别是臣民对君主的单向度义务被大加提倡和推广。董仲舒所强调的"三纲五常"理论、尊王思想，犹如一把双刃剑，在历史上呈现出两面性作用。一方面，原先传统儒家意识形态中强调的是言传身教和责任感，而伦理纲常属于父权家长制的支配，属于中国文化中消极的自由与理性；另一方面，确立君权、父权、夫权的教化为中国政治文化注入了秩序，是保障当时的社会稳定、国家和谐的一种有效方法，适合于宋代理学正纲常、兴伦理的需要，后被二程兄弟所继承。二程认为，社会中的每一个个体都应关切自身的境界提高，把成就圣贤作为追求目标，以弘扬孔子天道性命学说为己任，如果这样，天下的和谐通泰就会自然而然地实现了。

　　唐代思想家韩愈，是"唐宋八大家"之首，继承、发扬儒家的"道统"精神。韩愈在董仲舒学说基础上，把人性明确分为上、中、下三等，以"情三品"对应"性三品"说。佛教哲学本质上讲是一种心性之学，虽然理论精致，但它是通过否定人的现实存在来实现所谓的"清净"之心、"圆明"之性，却不能穷尽天地学问之性。在儒家思想式微，佛教思想盛行之时，韩愈对抗佛道著有《原道》，明确提出坚持"道统"的政治抱负，把道与儒家仁义道德、理想人格相联系，恢复儒家理想中的"王道"政治，实现内圣与外王的统一，这对宋代新理学产生了重要影响。韩愈推崇孟子"仁者爱人"思想，强调儒家"仁"观念和古代教化思想，重兴心性之学。韩愈强调"做人"要遵循"君臣、父子、师友、宾主、昆弟、夫妇"这六种人伦关系，韩愈在此将"五常"改为"六位"，"朋友"一伦易为"师友"与"宾主"，这种更换与其千古名文《师

说》相贯通:"师者,所以传道、受业、解惑也。"①正所谓"尊师"就是
"重道",韩愈三进国子监做博士,广招弟子,亲授学业,留下了论说师
道、激励后世、提携人才的文章。韩愈力改耻为人师之风,强调了求
师的重要性。二程汲取韩愈的道统思想,但对于某些观点有所批评,
认为韩愈所说的"道""仁与义"等相关理论还没有提升到形而上的高
度。二程所理解之"道"已成为与理等同的本体论的哲学范畴,道统
之道已被提升为宇宙本体,成为了天地万物之所以存在的根据。这
与韩愈所论的道统之道相比,已发生了质变。

3. 两宋儒学的繁荣

汉唐以后,宋明理学登上历史舞台,继续正面推动儒学教化思想
的发展。北宋统治者大力提倡尊孔崇儒,在科举取士制度性保障基
础上,要求重新解释儒家经典文本,通过各种举措重振儒家思想的权
威性。两宋的大儒们不再拘泥、甚至舍弃传统的章句训诂引注,直接
从经书中阐释义理,重建起一个全新的包括天道、人道在内的,经世
致用的"性理之学",简称"理学"。这个时期的理学家把圣人当作理
想人格的化身,并且把对圣贤境界的追求予以现实化。他们以复兴
儒学为己任,关注现实生活、维护伦常秩序,认为其所宣扬的礼义教
化乃是天命,内化为人性,外化为王道,将修齐治平的社会理想实现
作为自我价值指向,出现了众多的儒学流派。北宋初胡瑗、孙复和石
介作为理学的先驱者,他们推崇仁德,尊师重道,突出性命义理,深刻
影响后世的思想发展,成为理学思想的基本表现特征,后世将这三人
并称为"宋初三先生"。孙复继承了韩愈的道统论,并坚持认为儒学
是教化之根本。真正奠定理学地位、贡献最大、最具代表性的是"北
宋五子"周敦颐、邵雍、张载、程颢、程颐等著名理学家,周敦顾著《太

---

① 郑建钟. 北宋仁学思想研究[D]. 西安:西北大学. 2010:70.

极图说》、张载的《正蒙》,直至二程道学的构建,他们致力于把本体论和伦理学相结合,关于理气心性的讨论都是为了重建"成圣"之道,他们神圣的使命担当、价值理想、终极关怀系统地诠释了社会道德教化思想,此思想发展到朱熹时得以全面体系化,达到兴盛。宋理宗时期,还圈定周敦颐、张载、程颢、程颐、朱熹从祀孔子,确立了儒学在两宋时期的统治地位,为儒家教化思想的发展和完善打下了坚实的基础。

周敦颐对宋明理学的形成和发展起着直接影响,又因为收程颢、程颐兄弟为弟子,故被称为理学的开山鼻祖。周敦颐道继孔孟,从他开始强调,将宇宙论和人性论融为一体的"天人合一"理论模式。周敦颐在江西庐山莲花峰下创办濂溪书院,设堂讲学,教书授徒,其学被称为濂学。周敦颐性情洒脱,写下脍炙人口的"出淤泥而不染,濯清涟而不妖"的散文《爱莲说》,所著的《太极图说》《通书》体现了他超然自由的境界。《宋史·道学传》将周敦颐认定为孔孟道统继承者,把周敦颐提高到了极高地位。周敦颐二百多字的《太极图说》是理学的开山之作,宇宙开辟之初叫作"太极",无极而太极。他提出政治教化来源于天,构造了一个融自然、社会、人生为一体的世界图式。概括了宇宙万物化生的理论、伦理道德准则,把"阴阳五行"学说和儒家仁、义、礼、智等思想加以融合。在《太极图说》中周敦颐提出"圣人定之以中正仁义"的道德规范,认为要达到这一境界必须"主静",认为只有通过主静无欲,改过迁善,才能达到道德的最高境界。周敦颐在《通书》中强调圣与天道始终有很密切的联系,他的"三希"说影响了宋明理学对于人生境界的追求。周敦颐指出:"士希贤,贤希圣,圣希天"[1],意思是人生的追求永无止境,士人希望成为贤人,贤人希望成为圣人,圣人希望成为知天之人,取法于天,明彻天道,最终达到"天

---

① 　周敦颐. 周敦颐集［M］. 北京:中华书局,2009:22.

人合一"的崇高境界和理想人格。周敦颐要求学生"志伊尹之所志，
学颜子之所学"①。有人问周敦颐："圣可学乎?"他回答说："可"②。
周敦颐提出了"立人极"的伦理道德学说，主要目的是要做一个标准
的圣人，还具体探讨了成德成圣标准，"仁"的根本地位由此得以确
立。周敦颐明确提出了"礼者理也"的看法，但是，周敦颐没有对这些
说法做进一步的说明，并没有把"理"作为其哲学的最高范畴。

　　二程的父亲程珦知道周敦颐的理学造诣很深，就将两个儿子程
颢、程颐送到他的门下，拜周敦颐为师。周敦颐教导二程寻求孔子、
颜渊之乐所在，真正的圣贤是从心理上把天道信仰、礼义之乐作为人
生的终极修养目标。周敦颐还明确要求二程"寻孔颜乐处"，并对二
程探讨境界哲学产生了很大影响。以今人的眼光来看，"'孔颜乐处'
是一个人生理想，也是一个理想境界的问题。"③周敦颐指出："颜子
'一箪食，一瓢饮，在陋巷，人不堪其忧，而不改其乐。'夫富贵，人所爱
也，颜子不爱不求，而乐于贫者，独何心哉?"④周敦颐认为，应该淡化
对富贵名利的追求，不要因现实生活中的贫贱而忧伤，其实最简单的
饮食维持就是进行道德教化的基础。周敦颐脱俗的人格力量感染着
程颢，引导他摆脱世俗名利，追求自得的"仁"的精神生活。程颢说：
"吾学虽有所受，天理二字却是自家体贴出来"⑤，这里的"所受"就是
受之于周敦颐。程颐也是听从周敦颐讲道，《颜子所好何学论》是使
程颐获得巨大声誉的文章，颜子所蕴含的圣人气象深深影响着程颐，
程颐大力提倡学圣人，从学颜子开始，立志要努力学习和探索儒家的
为圣之道，把儒家学说发展得更精微，并且也更加重视个人的身心的

①　周敦颐.周敦颐集[M].北京:中华书局,2009:23.
②　周敦颐.周敦颐集[M].北京:中华书局,2009:31.
③　陈来.宋明理学(第二版)[M].上海:华东师范大学出版社,2004:34.
④　周敦颐.周敦颐集[M].谭松林,尹红整理.长沙:岳麓书社,2002:42.
⑤　程颢,程颐.二程外书(卷十二),二程集[M].北京:中华书局,1981:424.

修养。后来,当他再度从游时,便感叹说:"自再见周茂叔,吟风弄月以归,有'吾与点也'之意。"①

张载一生大部分时间和精力用于著书立说,教书育人上,在关中兴教,使"关学"大盛,学者辈出,关中民风为之一变。张载的《正蒙》《西铭》等著述留世,使得他在宋儒中有着突出地位。二程给予张载很高评价,其洛学与张载关学有很多相同的价值观,二程思想体系的构建与发展受到张载的思想学说影响是最大的。"二程、张载在道德形上学、伦理人性、格物知行等方面,成为理学所关注的诸多命题的奠基人。"②从本体论来看,张载的气本论与二程的理本论之间有交融与分歧。张载偏重唯物主义的"气"学说,以"太虚"为天地万物之本源,用气本的感通神化来解释宇宙的多样化,以"阴阳相感"论万物气化生成,为儒家社会价值观找到终极依据。二程则是在张载"理一分殊"的启发下进一步提出天理,通过对理气的辩证,在更加彻底的形上学意义上论证说明现实世界的产生与发展,建立起教化思想体系的本体论基础。虽然本体论的思路不同,但张载和二程都认为人人具备能够成德成圣的可能性。可以通过礼义教化,最终实现王道理想。张载强调进行"外王"的政治教化和统治,他所提出的"为天地立心,为生民立命,为往圣继绝学,为万世开太平"的名言历代传颂不衰。圣人如何才能承担"为天地立心"的神圣使命呢,"这就需要神道设教的实践,神道设教的观念也是来自《易传》,并为后世儒者所接受,成为其对待宗教和政治教化的解释。"③张载在《正蒙·太和篇》中指出:"圣者,至诚得天之谓"④在张载看来,"圣"是贯通天人的最

---

① 程颢,程颐. 二程遗书(卷三),二程集[M]. 北京:中华书局,1981:59.

② 张立文. 宋明理学研究[M]. 北京:人民出版社,2002:24.

③ 王绪琴. 气本与理本——张载与程颐易学哲学比较[D]. 天津:南开大学,2012:79.

④ 张载. 张载集[M]. 北京:中华书局,1978:9.

高代表,圣人具有神道设教的职能,通过制定礼仪来教化民众。神道设教的意义就在于,圣人在治理社会时要提倡尊奉天地,即仿效天地治理世界万物一样自然和谐,树立伦理教化的神圣权威,使得教化大行。张载认为圣王要教化、感化百姓,积极地遵循天道、挺立仁道,从而达到无为天下大同的王道境界。

张载提出"心统性情"说,确定了"心"是性、情的统一;张载提出见闻与德性之辨;张载阐述天人合一观念,具有社会价值和道德规范意义。二程兄弟在对张载思想学说吸收的基础上,提出了"性即理""天理人欲""格物致知""知先行后"等理学重要命题。张载的《西铭》是关于人的精神境界的具有纲领性的著作,二程极力推崇这一篇并深受影响,程颢"万物一体"的思想就来自于张载。张载的《西铭》把宇宙看作一家,程颢进一步发展仁学思想,提出"意极完备,乃仁之体也""仁者,以天地万物为一体,莫非己也"①,自然、社会、人性都应该贯通在"仁"中;认为"仁"是"义、礼、智、信",仁者必须把自己与万物的感受融为一体。张载在《西铭》中提出"民吾同胞,物吾与也"思想,意思是民为同胞,物为同类,一切为上天所赐,所以要爱人类和一切物类。程颐把张载的《西铭》用"理一而分殊"加以概括,认为"民胞物与"思想规定了共同的伦理关系原则是"理一",同时也表述了这一原则在具体道德实践中的"分殊"实质。在程颐的"理一分殊"命题中,他还将"气"作为"理"传播分殊的必要条件。张载率先提出二重人性论的命题,提出人一方面具有至善无恶的"天地之性",另一方面还具有可善可恶的"气质之性",解析了千百年来人性中"恶"的来源难题。张载是用"气本论"来解释自然、社会、人性。张载认为当"气"处在"散"时,是一种本然状态、至善至美的性,这是"天地之性"。但是当"气"处于"聚"时,就出现可善可恶的性,性恶就产生了,这是"气质之

---

① 程颢,程颐. 二程遗书(卷二上),二程集[M]. 北京:中华书局,1981:15.

性"。而二程的"理本论"则认为,更有理论深度的二重人性论应该是以天理为本体根据,人性的区别则是理与气的不同。张载强调个人的修身就是改变气质之性,通过教化可把人的浊气转化为清气,去欲、定心等均为改变气质之性的方法。张载认为穷理尽性、乃至变化气质,是一个内在的、无形无迹的过程,无形教化之道是形而上。而二程的"理"本论强调要以发挥人的主观作用为特点,和张载比,二程的理论构建从根本上是对"形而上"的表述,更加直接强调伦理。程颢有篇《答横渠张子厚先生书》,后人称之为《定性书》,书信中程颢与张载讨论定心的问题,即如何克服外在的干扰,达到内心的安宁和平静。宋神宗熙宁二年(1069 年),御史中丞吕公著极力推荐张载到朝中任职。宋神宗召张载到京师,问他治国为政的方法,并被任命为崇文院校书。但后来张载因与王安石变法论政不合,辞官未允,被派往浙东明州(今浙江省宁波)审理苗振贪污案,程颢曾上《乞留张载状》,曰:

> 窃谓载经术德义,久为士人师法,近侍之臣以其学行论荐,故得召对,蒙陛下亲加延问,屡形天奖,中外翕然知陛下崇尚儒学,优礼贤俊,为善之人,孰不知劝? 今朝廷必欲究观其学业,详试其器能,则事固有系教化之本原于政治之大体者;倘使之讲求议论,则足以尽其所至。夫推案诏狱,非谓儒者之不当为,臣今所论者,朝廷待士之道尔。①

程颢乞状是从道的高度出发,认为张载是以"道德"名世,治狱之事非儒者所为。

二程年轻时都拜周敦颐为师,寻孔颜之乐处。张载为二程之表

---

① 程颢,程颐. 二程文集[M]. 北京:中华书局,1981:456.

叔,关切密切,二程对张载非常敬重。他们的伦理道德观基本一致,没有太大分歧。当时,二程在洛阳进行学术活动的时间较长,程颢有十多年,程颐总计达三十年之久。邵雍也住在洛阳,与二程相隔不远经常进行学术切磋。二程和北宋五个重要人物中的其他三人都有师生、亲戚、朋友的特殊关系,成为中国哲学史上的一段佳话,这十分有利于他们之间的学术交往。尽管周敦颐、张载在探讨境界追求方面已经颇有成就,但他们未能把天理明确为个体成就圣贤境界的价值根据。二程是第一个提出以"理"作为核心范畴,通过深入研究了"四书""五经"等儒家经典,阐发经书中的义理,建立了一个包括天道、地道、人道在内的系统学说,成为有别于两汉经学、魏晋玄学、隋唐佛学等独立的理论形态,"二程以'理'为核心范畴,创建了以理气、心性、工夫为三分架构的道德形上学。"①后世普遍接受了二程的"理"思想并进行研究,所以宋明儒学被称为宋明理学,二程是宋明理学的真正奠基者。

北宋末年和南宋初年,二程的思想被他们的弟子在不同地区讲学而得以广泛传播。程颐去世后,其弟子龟山立志于整理程颐遗著,传承师说。在程颐的门人中,有一位叫罗从彦,他认为对人们进行封建教化是统治者的首要任务,教育感化是朝廷最应该先做的事情,廉洁知耻是读书人应有的高尚气节,民俗风气应该是国家最大的事情。只要朝廷重视对人们的道德教化,那么读书人就会知道礼义廉耻之心;读书人有礼义廉耻之心,天下一定会出现良好的社会风俗,论述了教化的政治性任务和功能。从南宋末年开始,经由朱熹的继承和发挥,二程思想"逐步上升为居为主导地位的社会意识形态,影响深远"②。公元 1241

---

① 谢寒枫. 程颢哲学研究[D]. 北京:中国社会科学院,2002:1.

② 潘复恩. 程颢程颐评传——倡明道学 观理识仁[M]. 南宁:广西教育出版社,1996:1.

年,程颢被封为河南伯,程颐被封为伊阳伯,均得以进入孔庙从祀。

　　朱熹是南宋具有代表性的大儒,为宋宁宗皇帝讲学。他是程颢、程颐的三传弟子李侗的学生,是唯一非孔子亲传弟子而享祀孔庙,位列大成殿十二哲者中。朱熹深受二程等人思想的影响,总结了宋代理学思想,在理论上不断取得新突破,建立了庞大的理学体系,成为宋代理学之大成,其功绩为后世所称道,其思想被尊奉为官学。朱熹著述很多,有《四书章句集注》《太极图说解》《通书解说》《周易卖本》《楚辞集注》,后人辑有《朱子大全》《朱子集语象》等,其中《四书章句集注》成为钦定的教科书和科举考试的标准。朱熹进一步增加了修养方法上的论证,儒家的教化思想获得了坚实而充分的根据,并最终发展成为中国封建社会后期的官方哲学、所尊崇的意识形态,统治中国思想界长达 800 年之久,"宋明儒者之复兴儒学,又皆不只重一人著书,以发明此道,而尤重启发后之学者,共形成学术风气,以凡于教化风俗,而转移天下世运"①。朱熹还认为,教化主体首先要自我提升,而笃学为修己之基。朱熹引用程颐的观点称:"孔子生而知之也,言亦由学而至,所以勉进后人也"②,以此来证明"学"对人的成长和发展的价值所在。朱熹长期从事讲学活动,重建书院,通过办私学、广教化、美风俗,强调理学是以研究儒家经典的义理为宗旨的学说,即所谓义理之学。他的教育思想博大精深,号召民众将孩童送入学校,听取圣人的教诲,提升素养德性,培养出了众多人才。朱熹治学勤政,为官清正,满怀"为天地立心,为生民立命,为往圣继绝学,为万世开太平"的理想,在著书办学讲学、打理地方政务的过程中,进一步丰富并积极践行着教化思想。

　　综上所述,两宋时期作为我国古代思想史上一个非常重要的思

---

①　唐君毅. 中国哲学原论·原教篇[M]. 北京:中国社会科学出版社,2006:1.
②　朱熹. 四书章句集注[M]. 北京:中华书局,2011:56.

想争鸣、文化繁荣时期,儒学发展势态良好,教化理论在前人基础上都有所突破,有了巨大发展,从而为儒家教化实践的进一步发展奠定了理论基础。从教化主体来看,以周敦颐、张载、程颢、程颐、朱熹等为代表的传道大儒们,共同特点在于:既是儒家思想发展史上的榜样人物,都是以德才兼备著称,同时也是具有开拓创新之功的思想家,获得了历史和民众的认可。他们通过著书立说,书院讲学,创立乡约等活动,共同为儒家教化思想体系走向进一步的完善奉献出力量,对后世儒家教化思想发展及实践产生了深远的影响。宋明新儒教无论是以外在的"理",还是内在的"心"为宇宙万物之源,都是从本体论的角度详细论证体用关系,而且把道德视为天的意志,或者说天的最高命令,力图从本体高度,重建儒教道德哲学,构建起以理学本体论,"三纲""八条目"的道德践履,形成系统的、因经明道的儒教哲学。以儒家为代表的中国传统文化是一种伦理型文化,具有积极进取的入世哲学和治国方针,将人格修养作为最高目标,成圣人格的根本内涵是德行修养如"仁义礼智""忠信孝悌"等,这也正是人文精神、道德教化的本源。但由于过度强化人伦纲常,并由此形成的德治主义、礼治主义等也确实成为现实中的伦理政治难题。

二、对佛道思想的批判吸收

汉唐时期,佛道二教已经发展出精致的心性论,觉悟成佛、得道成仙的修行功夫得到民众的认同拥护,吸引了一批士大夫,补了传统儒学内部结构上思辨不足的理论劣势。而这时的二程响应时代精神的召唤,在吸收佛、道思想的基础上推进了儒学的哲理化,主动承担起超越佛道、复兴儒学的学术使命。其关于道德性命的义理哲学思想,可以在佛、道的教义中找到渊源,这不仅是解决伦理关系问题,更重要的是提供了安心立命之处。但同时,二程也对佛道大加批评,佛教讲空,道教言无,都无益于安定人心、治理社会,二程主张君王要通过教化来治国,儒家的治国之术得到了君王的赞赏。

1. 二程对佛教文化的批判与扬弃

佛教产生于古代印度,"佛学自东汉从印度传入中国之后,就一直希望能调和与中国主体文化儒学的矛盾,故而竭力吸收儒家的思想。"①汉唐前后,佛教的境界哲学空前繁荣和成熟,儒衰佛盛的状况使儒学逐渐丧失其生命教化意义。宋朝统治者对佛教采用扶持、推广的政策,把佛教视为教化庶民的一种统治手段,大造佛寺、厚待僧侣,使得宋代的佛教发展得以达到又一高峰。当时的士大夫阶层也纷纷被佛教吸引,到禅宗处寻求安身立命之本的精神安顿。

为了维护儒学的正统地位,抗衡佛教哲学,攻击当时士大夫的习禅之风,二程创立了理学,"二程对理佛差异的辨析有双向目标:一方面自信地回应了佛学挑战,另一方面阐发出儒学在北宋时期'理'之本体思想的精妙,表达出对儒家生生之德的坚持与维护"②,对佛教的批判和扬弃实际上也构成了二程教化思想的建构线索与基本脉络。面对佛学挑战,二程批判其宣扬的虚无的世界观、因果报应的人生价值观等,二程与佛教在本体论、义利观、性情观、生死观等方面存在着原则分歧和差异。但同时二程受到佛教思辨哲学广泛而深刻的影响,其辟佛"并未以佛教理论为对象,只是在基本方向一层上指出佛教之缺点,是立场或方向之批评"③,"二程理学的核心范畴和命

---

① 朱汉民.宋明理学通论——一种文化学的诠释[M].长沙:湖南教育出版社,2000:54.

② 申冰冰.存在、价值、境界——二程"儒佛差异"之辨新探[J].西北大学学报(哲学社会科学版),2015(4):93-98.

③ 劳思光.新编中国哲学史(卷三上)[M].北京:生活·读书·新知三联书店,2015:165.

题,都是在二程批判佛教的过程中提出并阐发的,对佛教的辟斥实际上构成了二程理学建构的内在线索与基本脉络。"①二程曾有相当长的一段时间潜心于佛教、深入了解佛教思想,尤其对佛教中的禅宗、华严宗这两派的本体论、心性论进行改造吸收,把学术重心放到天道、心性之学上来,从而建立起自己的理学体系,更好地捍卫儒家之道统。

从本体论看,二程批判佛家以现实世界为"空""虚"的世界观。佛教将世间万物视为皆无自性,缘起缘灭,佛教以现实世界为幻妄,提出变化无常的理论,这是为其出世主义的违背伦理秩序的行为作论证的。二程的天理论则认为世界皆是真实的,事物的生死变化都是有自己的"实"理。以这种"佛虚儒实"论来排佛,达到了相当高的理论水平,显示出义理学比佛学具有更高的思维水平,具有深远意义。二程汲取到佛教的理本论哲学,重建理学的形上本系,"二程的天理论继承佛学思辨形式,是一个从心本理本并重到专宗理本的扬弃过程。"②程颐汲取佛教华严宗提出的"一一事中,理皆全遍"的思想,将其概括为"万理归于一理",即万事万物的理最终是源于抽象的、统一的本体之理,万事万物是一理的完整体现,为天理论的建立提供了理论根据。二程也汲取华严宗的"理事"说,提出了在形式上与之相通的"理一分殊"说,还把天理引申为仁、义、礼、智等一系列伦理道德规范,将天理与人欲对立起来,这种天理人欲对立的观点其实就是佛家禁欲主义的翻版。

从义利观看,佛教是出世,重"私利";而儒家的现实主义强调入世,重"公义"。原始佛教是强烈的出世主义色彩,无意于世间生活,提倡出家,认为人生各个阶段都要经历心理所带来的各种痛苦,只有消除欲望,断情静心,脱离世俗社会,乞求来世,实现涅槃寂静,才能

---

① 彭耀光.二程辟佛与理学建构[J].哲学动态,2012(11):41-48.

② 何静.程颐天理论之构建及与佛学之关联[J].浙江学刊,2000(3):32-35.

无烦恼得以解脱。二程强烈批评了追求个人成佛的悲观主义人生观,程颐认为人的各种喜怒哀乐之情是出于性之自然,反映了人的真实天性。如果为了所谓的天真之性而灭绝情,其结果恰恰是丧失了人的自然天真的本性,违背人的自然本性。二程严厉指责佛教执着于生死轮回,畏惧死亡,放弃了道德责任、社会责任,是重义轻利的表现。二程生死观的特点是实用主义和理性感悟,对人伦广泛关注,更要求人们以积极的生活态度,消除面对死亡的恐惧心理,珍惜生命、对待人生,安心立命。二程主张必须依靠教化思想,建立、完善生死关怀,消除恐惧心理,树立起正确合理的生死观。

从心性论看,儒、佛都是化民之道。佛教学说主要用以治心,而儒家学说是内圣、外王兼备的。理学家的时代使命就是阐发正心诚意的儒家心性之学,进行社会教化,主导社会意识形态,用以齐家治国平天下。二程在继承儒家传统的修身方法基础上,改造、吸收了佛教心性论。禅宗认为人性本来就是佛性,真如本性自然显现,达到最后成佛的境界,一切顺应自然之意。佛教的本质是以大爱为核心的奉献文化,是要教化众生、慈爱众生、无私奉献,所以诸恶莫做、众善奉行、心灵安定的平常心是佛家的做人标准。佛教把一切万象都归之于道德心理,邓广铭先生认为:"儒家学者之所以要抛弃汉唐学者的章句训诂之学而趋重于阐发经典中的义理内涵,其外部原因也是在于看到佛教的那些学问僧都在讲说心性之学,便也想在这一方面能与之一较高低之故。"①二程建立起精微义理的心性之学,使之上升到本体论、认识论的哲学高度。二程倡导心性一元的思想,认为心、性与命只是一道,是相通为一的,这明显是吸取了佛教具有思辨哲学的心性论思想。程颢亦强调尽心便知性,性不可外求,只包含在

①　邓广铭.谈谈有关宋史研究的几个问题[J].社会科学战线,1986(2):137-144.

心内,强调仁爱精神,"程颢的心性之学是由体而及用,由内而及外。这是直接受到了禅宗的顿悟说影响,要求人们直接从自心处顿悟天然本性。"①二程发现《论语》《孟子》《大学》《中庸》等"四书"经典中早就固有心性思想,如《大学》提出的"三纲领"(明明德、亲民、止于至善)和"八条目"(格物、致知、诚意、正心、修身、齐家、治国、平天下),强调修己是治人的前提,修己的目的是为了治国平天下,说明治国平天下和个人道德修养的一致性。概括总结了儒家道德修养理论,以及关于道德修养的基本原则和方法,对儒家政治哲学也有系统的论述,对做人、处事、治国等有深刻的启迪性。

从修养论看,二程吸取佛教的修养方法,主张存理去欲。儒佛两家修养目的不同,儒家重"外王",为了成圣、治世,而佛教则是"内圣",为了成佛、治心。"外王"本于"内圣",所以佛教所讲关于"道德性命"的内圣之学,提供了重要的思想启示和影响力。二程没有走到佛教禁欲主义的极端,但也借鉴了佛教凝心静坐的修行方法。佛教虽然也有"敬以直内"的修养工夫,却脱离了相应的世俗礼教之道,而二程则从其"涵养须用敬"后走出"外王之道",主张处处以社会责任为本。二程之学是积极入世的现实主义,强调要在社会关系中提高精神修养,注重"忠孝仁义"、追求勇于担当、修齐治平、治国安邦、维持社会和谐。总之,值得注意的是,二程对佛教关于道德修养的批判与吸取,"是民族文化思想精神的一种自省。这种自省,不是封闭地排拒,而是开放地接纳"②,对于复兴儒学的思想传统具有积极的意义,使理学在吸取佛教的思辨逻辑基础上,能够以世俗文化抗衡住宗教文化的冲击,占据了社会意识形态的统治地位。

---

① 卢连章.二程理学与佛学思想[J].中州学刊,2004(1):125-130.
② 张立文.宋明理学研究[M].北京:人民出版社,2002:16-17.

2. 二程对道教文化的批判与吸收

道教是中国本土宗教,隋唐时期以道家治国兼顾儒家,唐代"儒者对'无'的境界的向往多出于满足自己在坎坷的人生旅途中安心立命的心灵需要"①,"在真宗和徽宗的大力推动下,道教在北宋出现了第二次发展高潮。"②道教是与自然的融合和理想化,其主要教义是提倡无为而治的思想、自由自在的基本修养、道法自然学说,以及如何避免死亡的原理和方术。在儒释道三者中,道教出世哲学的理论式微,表现出较弱的态势。

道教作为宗教神学,其核心信仰和基本教义是神仙崇拜、长生成仙说。二程站在儒家正统和非宗教理学的立场上,客观地批判道家成仙说和长生不老说,反映了其无神论思想,这也是世俗文化与宗教文化的本质区别和差异所在。二程批判道家的自然思想与儒家的仁义观念之间的分歧,道家脱离儒家仁义道德其实就是不识道的表现,是虚空之道。二程否定道家的"无",不赞同道家劝诫统治者"无为""寡欲"这种忽视人的主观能动性的思想,认为不应该只享有安于自然命运、出世自保的思想,而是应该强调以道德人格为教育目标,以仁义礼智、礼乐刑法作为社会治理的伦理准则。但同时二程也受道家影响,"二程的形上学、心性修养工夫受到道家思想的深刻启发,吸收了不少道家所提出的哲学性问题、概念范畴、思辨方法,转化成儒家思想而创造出其理学思想的新面貌"③,二程将儒家伦理思想与道家的自然原则相结合、儒道思想的融合。

从本体论看,二程对道家思想的汲取主要是接受了其哲学的道

①　陈来.有无之境——王阳明哲学的精神[M].北京:人民出版社,1991:237.

②　卿希泰.简明中国道教史[M].北京:中华书局,2013:97.

③　曾春海.二程理学对道家思想之出入[J].湖南大学学报(社会科学版),2014(1):20-26.

论思想。老子"有生于无"的宇宙生成、万物化生的思想,对二程学说有明显影响。老子尝试建立一个包括宇宙万物的理论,认为事物内部不是单一、静止的,而是相对复杂和变化的,事物本身即是阴阳的统一体。一切事物、任何方法都遵循或来源于事物的规律(道)。道家建立本体论的宗旨,是帮助人们摆脱现实社会的苦难,并获得自由甚至成仙的心灵境界。道家教人顺乎自然,生而有死是自然过程,人应当平静地顺着这个自然过程。二程创立天理论哲学体系时,汲取道家的哲学本体论形式,体贴出"天理"二字,以理取代道。二程排除天道的神秘主义因素,接受老子"道法自然"的思想,把道家的天道自然引进天理论。二程认为天理是自然的,仁义礼智信等儒家伦理纲常和人文化成也是自然而然的天理,世人只能自然地顺应、而不得违背它。程颢所言万物同体、顺应万物、明觉自然等等,都与道家思想有些渊源和影响。

从心性论看,儒道二家谈论道、理、气、物等范畴,最终都要归结到人身上,体现在心性范畴上,心性论为后人认知、把握和遵循本体提供可能性,"教化问题本原于人的心性,只是由于心性又本原于宇宙,理学家才不得不对宇宙本体进行追问,所以他们必须从理进入到自然界和人类社会,再最后落实到人身上。"[①]"天人合一"的思想概念最早是由庄子提出:天是自然,人是自然的一部分,天人本是合一的。将人性解放出来,重新复归于自然,达到一种"万物与我为一"的精神境界和最基本的思维方式。老子与后世的庄子并称老庄,他们认为"人们要达到真正的道德,也不是通过道德知识的教化、道德规范的约束,而是一种自然而然的生成,是自生、自育、自长、自成。"[②]

---

① 钱小虎. 二程哲学与道家、道教[D]. 安徽:安徽大学,2006:1.
② 谭维智. 论老庄的自然道德[J]. 华东师范大学学报(教育科学版),2012
　(2):70-75.

将"道"的自然德性与个体应然美德结合起来,强调圣人的教育都是合于自然、顺应人心的教育,而不是用强制性的言语等方式对个体施以灌输式的束缚和教化。但就心性论而言,二程与道家在目标指向上有较大差别,道家关注的是人能否成仙得道,儒家则重在教化世人成贤成圣。道家的心性论内容丰富,有既出世又入世的教理,成为二程提高儒学思辨性的最主要来源。此外,道家体系中没有君臣关系,人人都拥有政治上的自由以及对思想的内省选择。二程则具体区别了理、命、性、心、情、静、敬等范畴以及关系。

从修养论看,道家强调人的自我修养境界,去除造作、不自然的,达到"无情而顺有"的"无"的境界。老子在《道德经》中的禅意表达出顺其自然、忍辱不辩、寡言不争是人生修养的最高境界,领悟道、修养德、守本分、淡名利是做人标准。老子还强调了道家的修养方法是"专气致柔,能婴儿乎"这八个字,意思是把自己身体活动的功能宁静下来,完全恢复到婴儿的状态,这是件快乐的事情。程颢的修养方法是吸取了道家"无"的境界,"程颢的定性方法,主张'内外两忘',其核心是超越自我。"[1]强调人虽然接触事物,但不执著、留恋于任何事物,使心灵摆脱纷扰以达到自由、安宁的"定性"境界,始终保持动中有定。道为成仙的修养方法是"主静",即讲究静坐、静修;儒为成圣,将"主静"修养进一步发展成为"主敬"说。二程渐渐抹去了宗教影响的痕迹,认为"敬则自静","主敬"自然带来内心的平静,道德修养的最高目标就是成圣人,重在教化世人成贤成圣,自我完善。总之,二程教化思想的形成和兴起,道教思想的影响作用不容忽视,在宇宙生成论、心性论、修养论、动静观等方面都吸收了道家的思想理论,完成了宋代理学体系的建构。

---

[1]　陈来.宋明理学[M].北京:生活·读书·新知三联书店,2011:93.

第二章　二程教化思想的理论基础

　　二程教化思想的理论基础主要来自于其哲学观。二程在哲学上的最大贡献就是创立"天理"本体论,确立了理学的核心话题,论证君主专政思想的合理性、正确性。二程以"理"为最高哲学范畴,天理是宇宙万物的本原,万物只是一个天理,具有本体性、超越性、客观性、普遍性。"理"是普遍存在的,任何事物都通过"理"的分析而明白其道理所在,"理"可以看作事物存在和发展的根据。当然,具体事物各有其不同的理,这就是万殊,但最后又殊途同归,统一于一理。"天理"的道德法则也为二程教化思想的展开做好基础论证,"理"贯穿着二程哲学的认识论、人性论和工夫论。二程认为,"理"通过"气"的作用,联系着天道与人道,由抽象变为现实、由理一而分殊。二程重视"致知"、"穷理"等一系列核心命题和基本范畴,在"天理"基础上教化人们要"格物致知",通过实际的格物而获知事物之"理",完成从本体论到认识论的发生转变,引发后世关于理气关系、理心关系、知行关系等问题的热烈研究。

　　二程强调"格物致知"的认识论,将天理落实到人伦修养等价值层面,突出内心的性命之道,完成从本体论到认识论、修养论的发展转变。二程的"知先行后"说,引发后世关于知行关系等问题的研究,实现思想的哲学突破。二程提出"二重人性论",探讨人性的善恶以及如何变化气质,表明人有自我完善的可能性,更说明对人进行教化的必要性。二程体贴出天理的人道层面,在天人关系中确立了王统理学的心性概念。二程将人性与"天理"结合,将人性提高到"天理"本体的地位,将宗法的纲常伦理认作是人的本性,并赋予它以普遍性的思想形式。二程把理、气这两个观念引入人性论,提出二重人性论,即"性即理"的天命之性、"性即气"的气质之性。人性中的善是"天理"的本质特征,恶则表现为人的不合节度的欲望,二程称之为"人欲",并强调"天理"与"人欲"的对立性,二者具有不相容性。二程论述了"变化气质,迁善改过""存天理灭人欲"等相关的人格思想,建构起天理论、人性论于一体的理学思想体系。总之,二程的人性论充当着由哲学向伦理学过渡的不可缺少的中心环节,适应了情感道德需要,提升人性本善对实践政治的导向作用,侧重于加强统治集团的心性修养。在实践中将孝父、忠君等纲常观念提到普遍原理的高度,使之永恒化、绝对化,并为贯彻礼义规范而服务,在中国伦理思想史上占有重要地位,对后世产生了深远的影响和意义。二程确立天道思想后,将本体和工夫、体用统一,基于心性思想提出了以"敬(天)"为核心的道德修养和圣贤工夫,即"识仁定性""主敬集义"等成圣之道。二程认为人要消除恶的影响,显现天理,使主体在道德体验、道德实践中实现自我超越,用"诚""敬"的修养方法来存养仁性、完成道德自觉。

第一节　天理论

"天理"是二程教化思想的最高哲学范畴,"天理"具有先验性、程颢说:"吾学虽有所受,天理二字却是自家体贴出来"①,这是二程哲学体系的最大贡献,首次把"天理"提高到至高无上的本体地位,为二程的教化思想奠定了坚实的理本论的思想基础。二程认为"天理"是永恒的客观存在,是形而上者,是万事万物之本体。"天理"既是自然的终极本原和普通准则,又是人类社会的道德规则。用"理"来把伦理道德普遍化、永恒化,为巩固封建制度和地主阶级的统治地位创造理论根据。"天理"思想作为二程哲学的最高原则,同时也是建立内圣外王之道、确立教化思想的基础。二程的人性论、修养论等理念都与天理论密切相关,自然规律、社会规范、人性等都可以统一于普遍"天理"之下。二程的"天理论"是真正的一种明体达用之学,探讨理事关系、体用关系,对传统儒学进行了范式转换,并为之后的宋明理学、陆王心学奠定理论基础,在中国哲学发展史上,具有划时代的重大意义。

一、天理的涵义

二程的贡献不仅在于把"理"提高到最高本体的地位,还在于这个"理"本身具有鲜明的"天人合一"的价值取向,即"理"同时具有哲学、伦理的双重涵义。天理是治理国家、社会的原则和根据。"理"的内涵丰富,有四种广泛含义,即天之理、物之理、性之理和人伦之理,物理、性理、伦理都是天理的具体体现。

首先,它是指"天理",强调客观性。二程的"天理"是"自然之理",是万物存在的本原、自然法则、精神实体,是永恒的客观存在,是不以人的主观意志为转移的:

---

① 程颢,程颐. 二程外书(卷十二),二程集[M]. 北京:中华书局,1981:424.

生生之谓易,是天之所以为道也。天只是以生为道。
继此生理者,即是善也。①

天理云者,这一个道理,更有甚穷已? 不为尧存,不为
桀亡。人得之者,故大行不加,穷居不损。这上头来,更怎
生说到存亡加减? 是它原无少欠,百理具备。②

"万物皆备于我",不独人尔,物皆然。都自这里出去,
只是物不能推,人则能推之。虽能推之,几时添得一分? 不
能推之,几时减得一分? 百理俱在,平铺放著。几时道尧尽
君道,添得君道多;舜尽子道,添得些孝道多? 元来依旧。③

理则天下只是一个理,故推至四海而准,须是质诸天
地,考诸三王不易之理。故敬则只是敬此者也,仁是仁此者
也,信是信此者也。④

易是宇宙变化流行的总体,天理的一个重要特点即是道创生万物,人
不能对天理"生生不息"的变化加以干涉。"天理"既不会因为尧这样
的好人而存在,也不会因为桀这样的坏人而消亡,个人为政行为的好
坏不会影响到万物之理自身的自在性。天理的法则永远是不生不
灭,任何人都不能凭自己的主观意志对其进行"加减"。"天理"是"原
无少欠"、"百理具备"完满的。"理"是一种超越时间和空间的客观存
在,平铺在那里,非有意安排,是自然而然、不可侵犯、不能改变、不能
增加、不能减损。不会因为尧尽了君道就增加君道,舜尽子道就会增
加子道。二程的"天理"具有普遍性和实在地位,普遍适用于天下。
天下只是一个理,放之四海而皆准,天理是为天地、三王所证实和验

---

① 程颢,程颐. 二程遗书(卷二上),二程集[M]. 北京:中华书局,1981:29.
② 程颢,程颐. 二程遗书(卷二上),二程集[M]. 北京:中华书局,1981:31.
③ 程颢,程颐. 二程遗书(卷二上),二程集[M]. 北京:中华书局,1981:34.
④ 程颢,程颐. 二程遗书(卷二上),二程集[M]. 北京:中华书局,1981:38.

证,所以敬、仁、信都是它的表现。

程颐认为"天理"反映天地万物的永恒运动和无穷变化,恒常则是相对的。程颐深刻地强调变易的普遍性,认为凡事物都是变动的,没有一成不变永恒存在的事物。程颢还说:"天者,理也。神者,妙万物而为言者也;帝者,以主宰事而名。"①"天"的意义就是"理","理"能生成、变化万物而为"神","理"能主宰、调控宇宙万物而为"帝","天""理""神""帝"同体而异名。这也说明,五经中所谓皇天上帝、所谓天道,其实都是指理,君主身上所反映出来的王权就是一种规律,帝王都是按"理"来处事,因此遵从君主也就成为传统政治伦理的最重要的核心内容。

"天理"作为本体与现实世界是统一的。程颐在《易传》的《序》中提出了自己哲学体系要点,集中反映了理学的基本精神,即论述"体"与"用"的关系:

> 至微者,理也;至著者,象也。体用一源,显微无间。②

程颐认为,理是不可能被感觉到的,所以称为"微",具体的东西都是"理"的象,是可能被感觉到的,所以称为"显"。"理"是很本的,所以称为"体",具体的东西是派生的,所以称为"用"。"体"与"用""微"与"显"是互相联系不可分离的,这就叫"体用一源,显微无间"。这一重要命题也推进了本体与现象的重要思辨特征,是对宋明理学及中国哲学的一大贡献。

第二,它是指"物理",是指具体事物的原理、原则、规律和本质,所表现的是天地万物内部的对立运动。这种对立统一正是生生变化

---

① 　程颢,程颐. 二程遗书(卷二上),二程集[M]. 北京:中华书局,1981:132.
② 　程颢,程颐. 周易程氏传,二程集[M]. 北京:中华书局,1981:582.

的根源,是宇宙变化的普遍法则:

> 天地万物之理,无独必有对,皆自然而然,非有安排也。
> 每中夜以思,不知手之舞之,足之蹈之也。①
> 万物莫不有对,一阴一阳,一善一恶,阳长则阴消,善增
> 则恶减。斯理也,推之其远乎,人只要知此耳。②

二程认为,天地万物之理都不是单独存在,是"无独""必有对",即两两相对的,这个规律是自然而然形成,并不是人为安排的。二程因为体悟出这一道理而兴奋不已。万物都是有对立面的,有阴就有阳,有善就有恶,它们之间是阳长则阴消,善增则恶减,有着彼此消长的对立关系,这都是自然的普遍法则,人们要认识到这个矛盾对立的道理。

程颐认为,"理"是万事万物所根据的法则,是物质世界的"所以然",他说:"凡物有本末,不可分本末为两段事。洒扫应对是其然,必有所以然。"③"洒扫应对"现象对应的"所以然"就是"理"。"然"是事物呈现出来的外部表现或现存状态;"所以然"则是对事物现象的内在根据和原因。只要有成圣的志向,努力按要求做,在洒扫应对的人生日常生活中,可以实现成圣目标。

二程认为,事物的产生、发展永无止息,永不断续,程颐指出:

> 生生之理,自然不息。如复言七日来复,其间元不断
> 续,阳已复生,物极必返,其理须如此,有生便有死,有始便

---

① 程颢,程颐.二程遗书(卷十一),二程集[M].北京:中华书局,1981:121.
② 程颢,程颐.二程遗书(卷十一),二程集[M].北京:中华书局,1981:123.
③ 程颢,程颐.二程遗书(卷十五),二程集[M].北京:中华书局,1981:148.

有终。①

程颐强调,生生不息是自然之理,凡物有生便有死,旧的事物消矣了,又会不断产生新事物。当然,也会出现"物极必返",即事物发展到极端,就会向相反方向转化。

第三,它是指"性理",是将宇宙本体过渡到道德的心性理论,体现人性的道德本质。程颐提出"性即理",即"理即性",将性与理直接贯通,"理"本体论就是心性本体,人性就是禀受的天理之理。二程认为,"在天为命,在义为理,在人为性,主于身为心,其实一也。"②可以看出,二程的理同命、性、心,虽然名称不同,但其实是同一个意思。性即是理,心性一理贯通。因此,宋明理学也被称作"性理之学",包括"性即理"的程朱之学,也包括"心即理"的陆王之学。

第四,它是指"伦理",是"天理"在社会关系、人伦关系的具体表现和重要涵义,是封建社会的普遍准则、道德规范、伦理纲常。"天理"是天道与人道的统一,而这理主要体现在君臣、父子、兄弟、夫妇等三纲五常。二程明确把儒家人伦上升为天理,提倡做圣人,实践人伦要求,按照各自的角色来规范行动,程颐说:

> 圣人,人伦之至。伦,理也。③
> 凡眼前无非是物,物物皆有理。如火之所以热,水之所
> 以寒,至于君臣父子间皆是理。④

程颐认为君臣关系如父子,对父能亲,对君能尊,君臣关系就是扩大

---

① 程颢,程颐.二程遗书(卷十五),二程集[M].北京:中华书局,1981:167.
② 程颢,程颐.二程遗书(卷十八),二程集[M].北京:中华书局,1981:204.
③ 程颢,程颐.二程遗书(卷十八),二程集[M].北京:中华书局,1981:182.
④ 程颢,程颐.二程遗书(卷十九),二程集[M].北京:中华书局,1981:247.

的家庭父子关系。火的规律是会产生热,水的规律是会产生寒,这些现象层面都是事物自身的客观规律。所以人们必须通过认识事物来把握事物的规律,进一步探究火为什么热,水为什么寒的原因。这便是"理",是君臣父子等封建伦理规范。把"忠君""孝父"等封建伦理关系神圣化,把维护封建君权、父权统治的伦理观念、道德法则永恒化、绝对化了,把儒家伦理规范看成世界的最高实体。二程的"理"既是自然界的普遍规律,又是人类社会的道德规则,是永恒的最高精神实体。二程将儒家伦理学与哲学本体论结合起来,为儒家的伦理原则提供了本体论的哲学依据,高度论证了封建社会秩序和道德规范的合理性,为教化思想寻求到哲学基础,以论证教化思想的合理性、永恒性,从而开启理学发展的新境界。

　　二程在天理论的前提下论述了"理一分殊"的关系,对后世的宋明理学产生重要影响。所谓"理一",是一种整体主义倾向,指万物都是源于天理而生,体现天理的特征。所谓"分殊",是指由天理派生出的有个性和特殊性的万物。本原上的"理"与分殊上的"理"并非整体与部分的关系,也不是一般与特殊的关系,而是一理和万理变通圆融的关系。二程认为"天理"是一,体现在万事万物之中;而千差万别的万物又统一于理,天理与万物之关系就是理——分殊的关系。程颐说:

> 万物皆是一理,至如一物一事,虽小,皆有是理。①
> 天下物皆可以理照。有物必有则,一物须有一理。②
> 万理归于一理。③
> 天下之理一也,涂虽殊而其归则同,虑虽百而其致则

---

①　程颢,程颐. 二程遗书(卷十五),二程集[M]. 北京:中华书局,1981:157.
②　程颢,程颐. 二程遗书(卷十八),二程集[M]. 北京:中华书局,1981:193.
③　程颢,程颐. 二程遗书(卷十八),二程集[M]. 北京:中华书局,1981:195.

一。虽物有万殊,事有万变,统之以一,则无能违也。①

万物各有其理,但根本上万物之理只是一个"理"。一物有一物的理,一物之理是天理的具体体现,一理体现在万理中,一物之理与万物之理是相通,一和万是相互转化的。万事万物的理最终归于统一的、抽象的本体之理,都是一理的完整体现。"殊途""百虑"则同归、一致,这就是"理一"。因此,从根本上说,虽然"物有万殊","事有万变",但自然界、人类社会的万事万物都统一于独一无二的"理"上,即一理统万事,万事归一理,万事万物都可以归本于天理。从作用上看,天理又不能不表现为万事万物,万事万物在天理的关照下,自然而然,完满自得。

总之,二程的"天理"论是理本体论,既指自然的普遍法则,又指人类社会的当然原则,不仅是一种宇宙本体论,更是一种道德本体论,表现天人合一的意义,表达的是一种把握天理的智慧。在中国哲学史上,天理论将孔孟的天道性命之学向前迈进了一大步,作为一个比较完整的理论体系,又被后来的朱熹等学者所继承和发展。坚持理本体论的二程,完成了从本体论到认识论的思辨转化,把人道提升到天道的意义来论证其普遍性和必然性,把人类的社会规范变为具有本体意义的宇宙法则。最终目标是达到圣人之境,成就与万物为一体的宇宙式大我,教化人们知"理",达到"正心诚意、修身齐家、治国平天下"的境界。

二、理与气、道、心

二程提出理学的核心理念"天理",程颢不太重视"道"与"气"的

① 程颐. 周易程氏传(卷三),二程集[M]. 北京:中华书局,1981:858.

严格区分,把它们看作是融通合一的。而程颐则强调形而上、形而下的区分,认为形而下的"气"是物质世界,可以被感知;形而上的"理"和"道",才是宇宙的最根本。后世也引发了关于理气关系、理道关系的讨论和研究,中国人讲人生最高境界是"天人合一",理气在外、心性在内,所以从理上来论气,从气中去求理。

1. "理与气"的关系

二程从理本论出发,否认"太虚即气"的气本论,"皆是理,安得谓之虚? 天下无实于理者"①。但同时二程也吸收张载的"气化"论,将"气"作为生成万物的材料,认为"万物之始,皆气化;既形,然后以形相禅,有形化。形化长,则气化渐消。"②二程将理气关系归结为"形而上与形而下""理先气后""理本气末"等概念。

第一,"理"形而上,"气"形而下。

程颐根据《易·系辞传》中"形而上者谓之道,形而下者谓之器"说法,对"理"与"气"进行区分,这个区别相当于西方哲学中的"抽象"与"具体"。"理"是形而上,普遍抽象、无形可寻,"气"是形而下,物质具体、有形可寻。程颐认为气不是循环的,而是"生生"的,气是不断消亡不断产生的,宇宙在本质上是日新的、生生的。如果一个事物死,组成这一事物的气也逐渐消尽至于无,气是不断产生又不断消灭的。那么,新的气怎么产生? 在程颐看来,生生不穷的根源和作用是可以归之于"理"的。但程颐当时还不了解宇宙的物质是可以相互转化,总能量没有增减,永远守恒的道理。

第二,"理"先"气"后论。

二程一直在强调"有理则有气"的"理在气先"说,强调"理"的本

① 程颢,程颐. 二程遗书(卷二),二程集[M].北京:中华书局,1981:66.
② 程颢,程颐. 二程遗书(卷五),二程集[M].北京:中华书局,1981:79.

体作用,气是受"理"所支配、派生,理气是不即不离的关系。从"理一分殊"的角度看,"气以载性"具有理论价值和重要意义。二程在强调"理"是万物根源,具有本体作用的同时,将"气"作为"理"流行的必要条件和传播分殊。"理"通过"气"的流行和作用,联系着天道与人道、理性世界与感性世界,从而完成从本体论到认识论的发生与致知途径。

第三,"理"本"气"末论。

程颐反复强调以"理"为本,"气"为现象的思想,把万事万物的理加以高度概括,抽象为"天下只有一个理","万物皆只是一个天理"①。理气虽然有形上形下,先后、本末之分,但理与气是一贯的、不可分离,不离不杂的关系。理通过气得以体现,离开气无法发现理。程颐说:"离了阴阳更无道,所以阴阳者是道也。阴阳,气也,气是形而下者,道是形而上者,形而上者则是密也。"②程颐认为,"道"与"气"虽然是不可分离的,但"阴阳"只是气,决定"阴阳"的则是道。"气"只是形而下者,只有"道"是形而上者。"道"是"气"存在的根源和本体。

二程指出,道是本体,义是道之发用。具体到形而下的层面,则是道之外无气,气之外无道,道之发用不能离开气。程颐继承孟子的"浩然之气"的思想:

> "配义与道",谓以义理养成此气,合义与道。方其未养,则气自是气、义自是义。及其养成浩然之气,则气与义合矣。本不可言合,为未养时言也。如言道,则是一个道都

---

① 程颢,程颐. 二程遗书(卷二上),二程集[M]. 北京:中华书局,1981:30.
② 程颢,程颐. 二程遗书(卷十五),二程集[M]. 北京:中华书局,1981:162.

了。若以人而言,则人自是人,道自是道,须是以人行道
始得。①

程颐称浩然之气是"以义理养成",此气是"合义与道"的。程颐指出,
君子通过义理进行修养之前,"气自是气、义自是义",而修养之后就
能够"气与义合",在气中贯通义理。从本源的状态看由于人之气禀
不同,会出现"本不可言合"。程颐又指出,"人与道"的关系与"气与
义"的关系是相同的。人行道本来是当然之则,但同样是因为人之气
禀不同,出现了人之所为不合道的现象。对于浩然之气的培养,还是
应当通过个人修养工夫,在具体的日用常行中,使自己的行为合于
义、合于道。这是程颐所关注的一个主要问题。作为理学奠基者,程
颐在"理气"关系的论述上还存在一些含糊问题,没有能进一步加以
明确,严密阐述,这也成为后来以朱熹为代表的理学家们的任务。

2."理与道"的关系

二程对于道的理解不同,程颢理解的道是具体的,程颐所理解的
道是抽象的。程颐说:"一阴一阳之谓道,道非阴阳也,所以一阴一
阳,道也。"②程颐认为,一阴一阳指的是气的不间断的循环过程,
"道"并不是阴阳,"道"就是阴阳二气开合往来运动过程的内在规律
和根据。程颐又说:"道则自然生万物","道则自然生生不息",③将
宇宙万物生生不穷的作用归之于道。

第一,道是"形而上"的。

程颢认为道是"形而上"的,是无形的,强调道器一元论,程颢说:

---

① 程颢,程颐. 二程遗书(卷十八),二程集[M]. 北京:中华书局,1981:206.
② 程颢,程颐. 二程遗书(卷三),二程集[M]. 北京:中华书局,1981:1965.
③ 程颢,程颐. 二程遗书(卷十五),二程集[M]. 北京:中华书局,1981:149.

"形而上为道,形而下为器,须著如此说。器亦道,道亦器。但得道
在,不系今与后,己与人。"①程颢认为,凡是理性把握、普遍抽象的东
西是属于"形而上"的"道";凡是感性存在、具体的是属于"形而下"的
"器"。道、器之间的关系是器不离道,道不离器,两者无间隔不能分
离。不论是时间的前后(今与后),还是社会关系方面(己与人),道都
是首要的、基本的,不可将形而下之气混同于本然之道。

> 阴阳亦形而下者也,而曰道者,惟此语截得上下最分
> 明。元来只此是道,要在人默而识之也。②

程颢强调,只有"形而上者谓之道,形而下者谓之器",才能"截得上下
最分明",才把抽象的一般本质与感性的具体分开来。阴阳是一种物
质性的气,是"形而下"。"道"与"阴阳"不能相混淆,要截得道与"阴
阳"上下分明。"道"是形而上,是不能凭感官直接认识的,所以"要在
人默而识之也"。

第二,道为治国、治家等行为规范。

二程在《论道篇》中说:

> 道外无物,物外无道。在父子则亲,在君臣则敬,有适
> 有莫,于道已为有间,又况夫毁发而弃人伦者乎?③

"道外无物,物外无道",意思是说"道"在物中,"物"以显道。父子君
臣之"道",通过"亲""敬"来体现。如果两者分离,就像是削发为僧为

---

① 程颢,程颐. 二程遗书(卷一),二程集[M]. 北京:中华书局,1981:4.
② 程颢,程颐. 二程遗书(卷十一),二程集[M]. 北京:中华书局,1981:118.
③ 程颢,程颐. 二程粹言(卷一),二程集[M]. 北京:中华书局,1981:1169.

道，弃绝人伦。在宗法制社会里，国是家的扩大。父子"亲"，尊卑长幼的次序，这是"家道"的主要内容。破坏宗法伦理道德的行为，也是首先见于家，而推及国。

第三，"道"为伦理道德的行为规范。

中国传统文化历来主张"天人合一"思想，在儒家观念中，"道"一般有两种含义：一是指"天道"，二是指"人道"。程颐认为人道是天道在人与人之间关系的体现，天道所付与人的本然之性是人之善行的根据，但是人要为善必然地要体现在具体的行为中。程颐强调天道人道的同一性，指出作为本然的道只有一个，人道与天道只是一个"道"，不要误以为天道与人道是两个道。因此，只要能够把握本然之道，就无所谓天道与人道的差别。程颐说："道未始有天人之别，但在天则为天道，在地则为地道，在人则为人道。"①意思是，天有天的运行法则，地有地的规律，人有人的规矩，天、地人各行其道、各司其责，都有共通的东西，这就是道。"天人合一"给予了王权以道德支持，程颢要求于君臣、父子、兄弟、朋友、夫妇上求道，君子之行道不能离人伦日用：

> 道之外无物，物之外无道，是天地之间无适而非道也。即父子而父子在所亲，即君臣而君臣在所敬，以至为夫妇、为长幼、为朋友，无所为而非道，此道所以不可须臾离也。然则毁人伦，去四大者，其分于道也远矣。②

程颢强调"道之外无物，物之外无道"，道是万物之存在的根据，同时

---

① 程颢，程颐. 二程遗书（卷二十二上），二程集［M］. 北京：中华书局，1981：290.

② 程颢，程颐. 二程遗书（卷四），二程集［M］. 北京：中华书局，1981：73-74.

道之显现亦离不开万物。程颢所说"天地之间无适而非道也",既是表明一方面天地万物之存在无不以道为根据,另一方面天地万物皆可以看作是道之显现。因而君臣、父子、兄弟、朋友、夫妇五伦,皆是以道为根据,所以说"道不可须臾离也"。

3."理与心"的关系

作为理学中"心学"的开山祖师,程颢提出"心是理,理是心"①的命题,认为天理是人类社会的普遍准则,就在人的心中,不用外求、不需要通过实践来了解客观事物,只要掌握自己的心,通过修心养性就可以得到。程颢认为易、道、神皆是一实体,他说:

> 盖上天之载,无声无臭,其体则谓之易,其理则谓之道,其用则谓之神,其命于人则谓之性。②

程颢认为,宇宙万物的生成是一个"无声无臭"的自然过程,其流行变化的体就是易,其流行变化的原理就是道,其流行变化的神秘莫测就是神,天所赋予人的就是性,人按照天性行事就是人道,修养、陶冶这种人道就是教化。

二程兄弟的理本论是为了人生的道德践履,在他们进行关于"天理"思考时就很自然地将之引入到道德论之中,于是产生了"理"与"性"的关系问题。从本体论的角度看"理"与"性"的使用范畴,二者并无从根本意义上的分别,并且难以分开。程颢强调心性一元论,他说:"只心便是天,尽之便知性,知性便知天,当处便认取,不可更外

---

① 程颢,程颐. 二程遗书(卷一),二程集[M]. 北京:中华书局,1981:3.
② 程颢,程颐. 二程遗书(卷一),二程集[M]. 北京:中华书局,1981:4.

求。"①心、性是统一相通的,天理内化的结果是天人合一、事事皆仁,达到仁者的圣人境界。程颐也提出"命""性""心"三者虽然异名,但本质相通统一,都有共同的至善本性,即"在天为命,在义为理,在人为性,主于身为心,其实一也。"②程颐所说的"一也"是指同样一个理有不同的表现:理体现在"天",就叫作命,无法改变不可违抗;理体现在社会关系方面就叫作义;理体现在人的品质方面,就叫作性;理体现在人的身体方面,就叫作心。从心即性出发,程颐把心性与天等同无异,主体与本体融通为一。不单纯讲尽心,而是把尽心与知性、知天结合起来。程颐说:"心,道之所在;微,道之体也。心与道,浑然一也。"③意思是一方面心之本体是"道",另一方面"心"是"道"所处的地方和场所,心与道浑然一体。

与前人的"感物"理论相比,二程特别强调"心"在感应过程中的重要性,提出了与之相对的"感通"的心理体验,并认为,"感应的发生是人心之动的结果,是从人心为起始,即便是没有外物的触发亦能发生,它是自足的、内在的。"④总之,二程作为宋明理学的开创者,其思想中的心学因素对以后的陆王影响很大,陆王在心学理论上完善和发展了二程"心即理"观点,并将其发展成为较为完整的心学思想体系。陆王心学成为宋明理学思潮中的心学流派,陆九渊和王阳明只重视心的地位,他们认为万物之理必先存于心中,然后才能成为知识。

---

① 程颢,程颐. 二程遗书(卷二),二程集[M]. 北京:中华书局,1981:15.
② 程颢,程颐. 二程遗书(卷十八),二程集[M]. 北京:中华书局,1981:204.
③ 程颢,程颐. 二程遗书(卷二十一下),二程集[M]. 北京:中华书局,1981:276.
④ 王鹏英. 二程理学美学思想研究[D]. 济南:山东师范大学,2009:94.

第二节 认识论

二程的认识论是一种重"心"的哲学讨论,"程颢由大心而定性,其体物与体贴的认识对象与认识方法奠定了宋明理学认识论之基本问题框架和讨论方法;程颐由理而心,通过讨论格物达到宋明理学认识论发展的第一个高峰。"①二程认识论的目的在于将天理落实到人伦修养等价值层面,即认识论要为社会规范、人伦纲常服务。人可以通过教化或自身学习去找到比较适合自己的正确的修养之道,达到识仁明理的认识目标。二程把认识论与修养论相提并论,把格物致知与教化思想相关系,这是二程的特别贡献。

一、格物致知

"格物致知"一词最早出现在《大学》中的"八条目":"格物、致知、诚意、正心、修身、齐家、治国、平天下"中。二程以"格物致知"为本,强调它既是人们认识方法的总结,也是伦理道德修养的主要思想基础。二程的"格物致知"理论内涵严整,"格物"是"致知"的前提,"格物"的目的是"致知"天理。格物致知与教化有关系,格物致知属于认识论,先从个体内心,反映到外在的知识,而教化思想本身是外在的。

---

① 温海明. 从认识论角度看宋明理学的哲学突破[J]. 中山大学学报(社会科学版),2010(2):145-156.

1. "格物"说

二程解释"格物"，"格"就是穷理，所格之"物"既是自然之理，更是人伦之理，即包括所有的事物。把认识论与天理论相通，把格物与穷理相联系，探究世界万物原理。

> 穷理尽性以至于命，三事一时并了，元无次序，不可将穷理作知之事。若实穷得理，即性命亦可了。①
> 致知在格物。格，至也，穷理而至于物，则物理尽。②

二程有一致的说法，认为"穷理""尽性""知命"是一回事，贯通一致。圣人掌握了自己的"心"，根本不去认识客观事物、接触外界事物，只需要通过内心修养，穷尽"天理"，恢复"天性"，认识"天命"。所以说，"三事一时并了，元无次序"。程颢的认识论主要是把知识的范围归于内心的社会道德领域，求知的方法归于内省。

程颐认为如何格物呢？不需要穷尽天下所有之物，因为万物所表现的都只是一理。因此，一方面从局部上讲，可以用类推的方法，通过穷尽一事一物，就可以推理同类的其余事物；另一方面则是从整体上说，强调通过积累达到贯通以明天理。程颐说：

> 格物穷理，非是要尽穷天下之物，但于一事上穷尽，其他可以类推。③
> 或读书讲明义理；或论古今人物，别其是非；或应接事

---

① 程颢，程颐. 二程遗书(卷二上)，二程集[M]. 北京：中华书局，1981：15.
② 程颢，程颐. 二程遗书(卷二上)，二程集[M]. 北京：中华书局，1981：21.
③ 程颢，程颐. 二程遗书(卷十五)，二程集[M]. 北京：中华书局，1981：157.

物而处其当,皆穷理也。……须是今日格一件,明日又格一件,积习既多,然后脱然自有贯通处。①

程颐认为,在实践中"格物穷理"的方法是多样的,主要通过读书以讲明义理,或通过研究历史对古今人物的评论而别其是非,或应接事物处其当否等方法。自觉用儒家的伦理道德来规范思想和行为,使之合乎义理。通过"格物"达到"穷理",由穷一物之理、个别之理,知本体之理、整体之理,完成从"物"到"理"的自我复归。程颐不赞成只格一物便贯通万理的观点,认为脱离积累的顿悟是不可能的。必须今日格一件,明日格再格一件,锲而不舍,"积习既多,然后脱然自有贯通处"。"贯通"是指知识的学习到一定程度后,达到一个新的境界和更高水准。"积习"是"贯通"的前提条件,在"积习"的基础上发生"贯通";"贯通"是"积习"的必然结果,两者相辅相成、互相依存。程颐强调,通过格物致知、融会贯通,穷尽天下的万事万物,达到认识天理的目的。

程颐把"格物"认识论与修养论结合起来,程颐指出格物不仅仅要积累知识,停留于对外物之理的认知,而且要体现在平时的道德涵养工夫中,指向人文理性。"格物"不仅要求人们去认识客观外物、自觉地体悟天理,更重要的是达到穷理目的、澄明道德本性、获得道德行为、宣扬道德修养,其实质就是知识与道德的统一。程颐说,"格犹穷也,物犹理也,犹曰穷其理而已也。穷其理,然后足以致之,不穷则不能致也。"②穷理是认识的目的,穷理又是致知的前提和内容。研究万物之"理",最为主要研究的是"人伦"之理,即伦理纲常,穷理的关键是要在人伦日用之中践行。"格物"的目的在于"明善",因为人

---

① 程颢,程颐. 二程遗书(卷十八),二程集[M]. 北京:中华书局,1981:188.

② 程颢,程颐. 二程遗书(卷二十五),二程集[M]. 北京:中华书局,1981:316.

一旦"明善"就可以成为圣人。在程颐的"格物"说中有一个预设的心理前提——"正心诚意",把对道德的提升作为"格物"的终极目的,将知识理解提升为道德心性,体察个人性命之道。程颐讲格物穷理,主张内外结合、重在积累外求。

2."致知"说

二程解释"致知",内容与"格物"一样,所致既有自然之知,更有人伦道德。二程"致知"的主要目的是个体通过心性的体认、反省,在道德上达到"至善"的最高境界,追求自身的内在超越。设想如果不去探究人伦道德,而只是在外部世界观察物理,那么这种泛然之"知"就像游子骑马,并没有明确的归宿。

"致知"一语中的"知"指所先天固有的知识,所谓"致"属行,就是后天的求,只有求知,才能把先天固有的知发挥出来,不求则不得。受张载思想影响,程颐把知识分为两类:一种是"闻见之知",另一种是"德性之知"。"闻见之知"来源于对外物自然界的感性反映,"德性之知"不是科学知识或经验知识,重视对道德的主观认知。对于两者的内在区别和相互关系,二程认为:"'德性之知'是二程认识论基础,'闻见之知'只被当作'德性之知'的复归手段。"①可以确切地说,程颐肯定并重视具有道德特性的德性之知,将其与感性认识对立起来,这是程颐认识论的特点之一。

二程的"闻见之知"同"圣人教化"紧密联系,在当时的历史背景下有其价值。二程宣扬"人皆可以至圣人",宣扬要学习这种"闻见之知",必须有"圣人"的教化。如果离开了"圣人"教化,放任自流,便会丧失刻苦学习的意志,就会无法改变愚笨的状况,甚至会变成恶人。老百姓的"学而知之"要依靠"圣人"的教化,而"圣人"的教化却只能

---

① 叶玉殿.二程的"德性之知"与"闻见之知"[J].中州学刊,1986(2):55-67.

使老百姓俯首听命,无法使他们明白其中的道理,封建制度下"圣人"和"凡人"的差别终究是无法改变的。因此,二程的"闻见之知"实质是以"圣人设教"的方式引导广大老百姓体认和接受教化,顺从统治者,维护伦理制度,以巩固封建专制统治。

程颐所说的"德性之知"是一种超感觉、超经验的先天固有知识,它实际上是依靠道德修养,觉解人生意义而获得固有知识。程颐强调"格物"通过对自身和万物的研究体认天理,通过道德践履和实际行动达到"德性之知"。程颐说:

> 格犹穷也,物犹理也,犹曰穷其理而已也。穷其理,然后足以致之,不穷则不能致也。……知者,吾之所固有,然不致则不能得之。而致知必有道,故曰:"致知在格物"。"致知在格物",非由外铄我也,我固有之也。因物而迁,迷而不悟,则天理灭矣。故圣人欲格之。①

程颐认为,穷理是认识的目的,穷理又是致知的前提和内容。在穷理的过程中实现致知,不穷理则不能致知,穷理目标的实现也就是致知的完成。程颐认为先天固有的知只是一种追求的目标和理想,经常会受到外物迷惑而"因物而迁"。通过格物去除外物干扰,认识天理求义理,自然达到了致知的目的。格物是为了致知,格物的过程就是穷理的过程。程颐强调"生而知之"的圣人也必须坚持后天的格物,这种强调后天学习的观点具有合理的因素。程颐还说:

> 闻见之知,非德性之知。物交物则知之,非内也,今之

---

① 程颢,程颐. 二程遗书(卷二十五),二程集[M]. 北京:中华书局,1981:316.

　　所谓博物多能者是也。德性之知，不假闻见。①

　　一方面"闻见之知"是"物交物"而知，第一个物是指主体的耳、目等感觉器官，第二个物是指外在客体对象。"闻见之知"是人们与客观外物的接触时产生，不是内省就有的，博物多能就是其表现。另一方面"德性之知"的道德意识是不依赖于闻见的，它先天固有，不依赖于外在客体的经验和知识的积累。

　　二程格物致知的内容多为社会、伦理方面的道德修养知识。"格物"与"致知"两者是同一认知过程的不同阶段，是相互联系不可脱离的关系。所谓致知在格物，"格物"是"致知"的基础、前提和方法，只有通过格物，才能获取认识，进行不断地学习积累，在更高、更普遍的理性立场上理解道德法则。"致知"则是"格物"的深化、目的和结果。为了避免在认知过程中，出现违背封建主义教化的私心情况，程颢提出"物各付物"的内心良知，即"致知在格物，物来则知起，物各付物，不役其知，则意诚不动。意诚自定则心正，始学之事也。"②格物是外物来了，知觉感应而生。"物各付物"的原则是情顺万物，知觉完全顺应事物的本来面貌，做出自发反映、保持不动。意不动，便是定，便能正心。当然，二程也强调要因时通变知化，与时俱进，适应新时势。程颢说："识变知化为难，古今风气不同，故器用亦异宜。是以圣人通其变，使民不倦，各随其时而已矣。"③程颢认为事物不能停留在原先阶段，也应该随着时代发展而不断地变化。后来的王守仁还提出良知说，以为致知只是致心之良知。

---

①　程颢，程颐.二程遗书(卷二十五)，二程集[M].北京：中华书局，1981：317.

②　程颢，程颐.二程遗书(卷六)，二程集[M].北京：中华书局，1981：84.

③　程颢，程颐.二程遗书(卷十一)，二程集[M].北京：中华书局，1981：129.

二、知先行后

对于"知行"关系的论述,一直是中国哲学史上备受关注的问题,在宋明理学这里也有比较热烈而持久的讨论。二程的"格物致知"理论也自然引申到知行关系问题上。二程在知行观的讨论中,主张"知先行后",强调"重知",从"知本"论引申出"知先"论,人的行动要由人所固有的"知"作前提指导。二程的"知本"思想内容开启了后世理学家关于知行关系的体系研究。同时强调"知"与"行"是相互联系、相互依赖、相互统一的关系,即二程认为人要将内在的仁性通过外在的礼来充分体现,这样的礼的具体转化过程就是知行合一的问题。

1. 知本论

程颐强调"以知为本",他认为对世界的认知思维是关键因素,即"知有深浅":

> 知至则当至之,知终则当遂终之,须以知为本。知之深,则行之必至,无有知之而不能行者。知而不能行,只是知得浅。饥而不食乌喙,人不蹈水火,只是知。人为不善,只为不知。······知至是致知,博学、明辨、审问、慎思,皆致知知至之事,笃行便是终之。①

在程颐看来,能知必能行,以"知"为根本,"行"为次要。"知"有深与浅,"行"有"至"与"不至"。只要"知"得深,就一定能"行",虽"知"却不能"行",是因为"知"得浅,未得到真知。比如人们获得了一定的认

---

① 程颢,程颐. 二程遗书(卷十五),二程集[M]. 北京:中华书局,1981:164.

知后,即便再饥饿,也不会去吃鸟食被毒死,更不会去蹈水火,被淹死、烧死。人不为善,主要也是不知道什么是善。《中庸》中所说的"博学""明辨""审问""慎思"都是致知之事,属于"知"的范畴,而后面的"笃行"是致知的完成,属于"行"的范畴。意思是不先"学""辨""问""思",便无法"行"。总之,在知行问题上,程颐是以知为前提的。

2. 知先论

程颐强调"知先行后",非常重视认知过程,强调知在行先,必须先知方能行,不知是不能行的。当然,"知行"两者不可分离,有相互联系、相互依赖的关系。程颐说:

> 须是识在所行之先,譬如行路,须得光照。①
>
> 故人力行,先须要知。非特行难,知亦难也。《书》曰:"知之非艰,行之惟艰。"此固是也,然知之亦自艰。譬如人欲往京师,必知是出那门,行那路,然后可往。如不知,虽有欲往之心,其将何之? 自古非无美材能力行者,然鲜能明道,以此见知之亦难也。②
>
> 须是知了,方能行事。……未致知,便欲诚意,是躐等也。学者固当勉强,然不致知,怎生行得? 勉强行者,安能持久? 除非烛理明,自然乐循理。③

程颐强调,行路必须先知路,只有认路才能走路,如果不知路是不能走的。程颐虽然承认儒家经典《尚书》中言"知之作艰,行之惟艰"有

① 程颢,程颐. 二程遗书(卷三),二程集[M]. 北京:中华书局,1981:67.
② 程颢,程颐. 二程遗书(卷十八),二程集[M]. 北京:中华书局,1981:187.
③ 程颢,程颐. 二程遗书(卷十八),二程集[M]. 北京:中华书局,1981:187.

一定的道理,但实际上他更强调和赞成"知亦难"。他认为知是行的前提,不"知"便无"行",虽有欲行之心,也不知从何处入手,这就是"知亦难"的缘故。程颐的理性主义还表现在"自然乐循理",如果不知理,只是单纯模仿、勉强力行,这并不是长久之计,所以肯定是知先行后。

程颢还对真知、常知进行了区别。"真知"就是指"亲知",即直接得来的经验知识,"常知"就是指"闻知",即间接得来的经验知识,他引用虎伤人、脍炙的例子:

> 知有多少般数:煞有浅深。向亲见一人,曾为虎所伤。固言及虎,神色便变,旁有数人,见他说虎,非不知虎之猛可畏,然不如他说了有畏惧之色。盖真知虎者也。学者深知亦如此。且如脍炙,贵公子与野人莫不皆知其美,然贵人闻着,便有欲嗜脍炙之色,野人则不然。学者须是真知。才知得,便是泰然行将去也。①

世人皆知"虎之猛可畏"。但是有一人曾为虎所伤,听人说虎,"神色便变",而旁边之人则无此畏惧之色。因此,闻虎而色变者是"真知虎者"。另外,贵公子与乡野人一样,都知脍炙之美。贵公子有食脍炙的亲身体验,真正吃过美味之肉,属于"真知",所以闻到肉香便有欲食之色。但乡野之人感受不同,没有吃过,属于"常知"。程颐指出,"学者须是真知","便泰然行将去","真知"来自实践,所以"行"起来是泰然自若的。由此可见,程颐所举的这两个例子,说明由实践而得到的"真知"比听说的"常知"更真实。二程以知为本、以知为先的理论,后来为朱熹所继承,发展为更为系统的"知先行后"论。

---

① 　程颢,程颐. 二程遗书(卷十八),二程集[M]. 北京:中华书局,1981:188.

　　王阳明则积极提倡"知行合一"论,认为知与行应该互生共进,也就是不仅强调自身道德的自察和内省,更要强调对在实践中对行为的检验,探寻道德培养提升之路。

第三节　人性论

　　二程将天理和伦理道德直接联系起来,在人性论方面主张"性即理",此理即仁义礼智信,并提出"仁为王道之本"的道德理想,探究天理仁性、识仁定性、主敬修身之道。二程认为教化问题本原于人性,人性是由于教化不同所致,是从宇宙论到伦理学的关键。二程将人性分为"天命之性"和"气质之性",两种"性"的概念有严格区分。一是"天命之性"的性,是人未出生以前就已存在的性,是天理在人性中最本质体现,是至善、理想的人性,称为"性即理";二是"气质之性"的性,源于阴阳之气,是"天命之性"在每个人身上的差别性体现,是实然的、现实的人性,是可善可恶,称为"性之才"。人之所以有善与不善的区别,就是由于才的不同。才是由气而来的,气有清浊不同,故才也有善与不善之分。本然的善性,说明人有自我完善的可能性,但不能说明人何以有恶;讲气禀之性,则说明对人进行教化的必然性。二程坚信后天的修养工夫可以去除恶的因素,成圣成贤,这为教化思想进行论证,具有一定的现实意义和作用。

一、天命之性

　　二程提出"性即理",强调人性与天理的同一性,用本体意义的"理"来规定人的理想本性,以具体说明性何以为善。程颐继承了《中

庸》首句"天命之谓性",认为"天命之性"是天理在每个人身上的完全
体现,人的本性即是人所禀受的理。因为理无不善,所以"天命之性"
也是至善的。"天命之性"表明每个人没有差别性,都有内在的本能,
进行自我完善的终极价值,自我的道德教化统一在修己成道、成圣成
贤过程中。程颐说:

> 性即是理,理则自尧舜至于涂人,一也。①
> 性即理也,所谓理,性是也。天下之理,原其所自,未有
> 不善。喜怒哀乐未发,何尝不善? 发而中节,无往而不善。
> 发不中节,然后为不善。②

程颐认为,无论尧、舜还是普通人都具有善良本性,所禀受的都是同
一个天理。来自"理"的"性"都为"善"。程颐分析"未发""已发"的心
性思想,认为"心"发于思虑则出现了"善"与"不善"的两种不同情况:
一是喜怒哀乐等情感完全没有发生时,性处于"未发"的潜在状态,这
是"善"的道德理性;二是情感发生了,处于"已发"阶段且符合节度,
是"中",是心理学上、真实存在的平静的本体论状态,这也可以为
"善"。程颐还认为循着本然之性而为,必然是善的。在具体的事物
上"善性"的表现有所不同,但其根据始终与"理""道"融为一体的。
　　二程讨论人性时,将"天命之性"和"气质之性"相互结合、相互依
赖、缺一不可,这个观点为后来的大多数理学家们所接受。程颐说:
"论性不论气,不备;论气不论性,不明。"③认识人性,只讲"性"而不
讲"气",不完备;只讲"气"而不讲"性",不明确。论性必论气,论气必

---

①　程颢,程颐. 二程遗书(卷十八),二程集[M]. 北京:中华书局,1981:204.
②　程颢,程颐. 二程遗书(卷二十二),二程集[M]. 北京:中华书局,1981:292.
③　程颢,程颐. 二程遗书(卷六),二程集[M]. 北京:中华书局,1981:81.

论性,性理和气禀两方面结合才完备。程颐在回答"天命之谓性"与"生之谓性"是否相同的问题时说:

> 性字不可一概论。"生之谓性",止训所禀受也。"天命之谓性",此言性之理也。今人言天性柔缓,天性刚急,俗言天成,皆生来如此,此训所禀受也。若性之理也,则无不善,曰天者,自然之理也。①

二、气质之性

二程认为,"天命之性"是无不善的"性之本",而"气质之性"是"性之才",表明可以把潜在善的本性转化为现实的人性。所谓"才",是指组成个人的具体才质,才禀之于气,气是万物生成的材料,有清浊。人由于人所禀之"气"不同,为外物所累,"性之才"障蔽了"性之本",因此二程提出了可善可恶的"气质之性"。二程说:

> "生之谓性",性即气,气即性,生之谓也。人生气禀,理有善恶,然不是性中元有此两物相对而生也。有自幼而善,有自幼而恶,是气禀有然也。善固性也,然恶亦不可不谓之性。盖"生之谓性","人生而静"以上不容说,才说性时,便已不是性也。凡人说性,只是说"继之者善"也,孟子言人性善是也。②
>
> 仁、义、礼、智、信五者,性也。仁者,全体;四者,四支。

---

① 程颢,程颐. 二程遗书(卷二十四),二程集[M]. 北京:中华书局,1981:313.
② 程颢,程颐. 二程遗书(卷一),二程集[M]. 北京:中华书局,1981:10.

仁,体也。义,宜也。礼,别也。智,知也。信,实也。①

　　性出于天,才出于气,气清则才清,气浊则才浊。譬犹木焉,曲直性也,可以为栋梁,可以为榱桷者,才也。才有善与不善,性则无不善。②

"生之谓性"乃告子的说法,性是生而具有、先天所赋予的。"即"在这里是"不分离"的意思,性不离气,气不离性,天命之性与气禀不可分离。性善、性恶都是人的本性。这里的"理有善恶"是指理当有善恶,即人生禀气,必然有善有恶,生来禀得"清气"就性善,生来禀得"浊气"则性恶。"人生而静"出自《礼记》中的《乐记》,指的是人物未出生时,没有接触外物的天命之性,人性的善恶还无从发现确立,所以"不容说"。在人出生已有禀气后,才是真正的性,这种性已不是抽象静止的性了,所以"才说性时,便已不是性也。""继之者善也"出自《周易·系辞》,程颢认为"继之者善"是指"道"必须表现于具体事物,"道"是善的,人都有能认知善、趋善的性。程颢认为人应该具备"仁、义、礼、智、信"这五种道德禀性,"五常之性"就是人的本性。"仁"是整体,其余四者是部分。"仁"居五常首位,与其他四德的关系不是并列的,而是其他四德的根本。程颐认为,人所禀之气有清有浊,清浊之气直接影响到人的贤、愚,具有善的"清气"为"贤人",具有恶的"浊气"为愚人。"气清则才清,气浊则才浊",气之清浊完全可以表现为才之好坏、人之善恶。就象木头一样,曲直是木头的本性,"才"是木头的具体运用,可以用它做栋梁,也可以用它做屋椽。

　　程颐将"性"与"情"的关系理解为先与后、本与末的体用关系,两者不可分离。程颐认为性皆善,当性之发动则表现为情,情有善与不

---

① 　程颢,程颐. 二程遗书(卷二上),二程集[M].北京:中华书局,1981:14.

② 　程颢,程颐. 二程遗书(卷十九),二程集[M].北京:中华书局,1981:252.

善之分。"性其情"的最高境界是要用"性"规范、引导"情",正如程颐在《颜子所好何学论》一文中所指出的：

> 天地储精，得五行之秀者为人。其本也直而静，其未发也五性具焉，曰仁义礼智信。形既生矣，外物触其形而动于中矣。其中动而七情出焉，曰喜怒哀乐爱恶欲。情既炽而益荡，其性凿矣。是故觉者约其情使合于中，正其心，养其性，故曰性其情。愚者则不知制之，纵其情而至于邪僻，梏其性而亡之，故曰情其性。凡学之道，正其心，养其性而已。中正而诚，则圣矣。①

程颐强调，性未发时处于静的状态，是五常之性。一旦和具体生命相结合，有了一定形体，就不免要和外物接触，而一接触，势必要产生喜怒哀乐爱恶欲这样的"七情"。程颐将对待情的态度分为"性其情"和"情其性"这两种，并指出"觉者"能"性其情"，以"中"的善性来调节和约束情感情欲，愈发接近善的程度；"愚者"则"情其性"，听任情的发展而不加控制，从而走上邪僻。程颐主张通过学习之道、正心养性的方法正确处理好性情关系，宣扬"性其情"，最终达到"无情"境界，去除情感中的个体得失，使"情"的内容在反思和泛化中实现超越，成就圣贤。

二程基于人性论，提出人人都有自我完善、改造人性的可能性。程颐说明了涵养度量的情况，并特别强调圣人气象、无私无我，度量大、胸怀宽，程颐说：

> 今人有斗筲之量、有釜斛之量，有钟鼎之量，有江河之

---

① 程颢，程颐. 二程文集（卷八），二程集[M]. 北京：中华书局，1981：577.

量。江河之量亦大矣，然有涯，有涯亦有时而满，惟天地之
量则无满。故圣人者，天地之量也。圣人之量，道也。常人
之有量者，天资也。天资有量者，须有限。①

程颐在这里把人的度量分为五种：斗筲、釜斛、钟鼎、江河和天地。程
颐认为前四种都是常人的有限度量，提倡人们要像圣人一样具有无
限的天地识量，即情感适中、容貌端正，有自然和气。有天地之量的
圣人自然是智者，只有斗筲之量的常人就属于愚者。二程虽然赞成
上智、下愚之分，但对"不移"之说，提出了不同的看法。程颐说：

> 人性本善，有不可革者，何也？曰语其性则皆善也，语
> 其才有下愚之不移。所谓下愚有二焉：自暴也，自弃也。人
> 苟以善自治，则无不可移，虽昏愚之至，皆可渐磨而进也。
> 唯自暴者，拒之不信；自弃者，绝之以不为，虽圣人与居，不
> 能化而入也。仲尼之所谓下愚也。然天下自弃自暴者，非
> 必皆昏愚也。往往强戾而才力有过人者，商辛是也。圣人
> 以其自绝于善，谓之下愚，然考其归，则诚愚也。②

这里的"才"是指人的才质，从才质上说确实有"上智"与"下愚"的区
别。"下愚"者有二种情况：自暴而拒者、自弃而绝者，即那些不愿学
善、向善者。程颐指出人的先天禀性是可以改变的，才质虽然是"昏
愚之至"，但只要乐于接受像尧舜那样的圣人教化，以仁、义、礼、智、
信等道德原则、社会规范熏陶自己，就能够"渐磨而进"，变化气质，恢
复其自身的善，迁善改过，"下愚"者也可变为"上智"。程颐坚决反对

---

① 程颢，程颐. 二程遗书（卷十八），二程集[M]. 北京：中华书局，1981：192.
② 程颐. 程氏易传（卷四），二程集[M]. 北京：中华书局，1981：956.

自暴自弃的态度,强调主体的自觉性和能动性。商朝纣王虽然是"才力过人",但是他"自绝于善",放弃自觉的努力,才是真正的"下愚"者。程颐关于上智与下愚可移的观点,打破孔子"下愚不移"的教化无奈,扩大了改过从善的范围,把昏愚的人也包括在"移"之中。必须指出的是,程颐所说的上智与下愚可移,主要是针对那些愿意接受"上智"教化的"下愚"者。因此,程颐特别强调通过道德教化来改造人性,把善性作为道德教化的手段,这是变化气质的根本。当然,最终能不能完成气质的改变,还必须靠人们后天的努力和修养来完成。

二程的教化思想中,成圣成贤的心性修养问题占有非常重要的地位,立志成圣是最高理想和人生最高目标。二程认为圣人是天理的化身、理想人格的化身和道德的典范。二程心目中的圣人有尧、舜、禹、汤、文、武、周公、孔子等,当时的三代之治,就是靠这些圣人循道而行来实现的,成为社会历史发展的根本原因,"圣人之修教,亦不过是循此本性之发用以节文礼仪,教化庶民以使皆有以复其本然之性。"①二程主张一方面教化的目的是培养品德高尚的"圣人",加强平时的道德修养,修养是成圣的前提。如果不以成圣自期,将失去人生追求目标。另一方面人只要接受圣人的教化,通过积累学习,追过自身努力修道,就可以改变气质,改恶为善,保持人的善的本性,成为圣人。

第四节 工夫论

二程的工夫论体现了宋代理学道德修养论的特色,对中国伦理

---

① 申绪璐. 两宋之际道学思想研究[D]. 上海:复旦大学,2011:90.

文化影响很大。二程的修养侧重有所不同,程颢提出了"学者须先识仁""仁者浑然与物同体"等"识仁"思想,强调内心平静安宁的"定性"说;程颐则提出"主敬"的观点,更强调通过主观的内省修养存天理,加强道德自律、道德自觉。在具体的教化方法上,程颢主张从大处着手,在与外物、他人的交往过程中实现道德修养的目的,达到天地万物浑然一体的仁学境界。程颐强调要克服外物对人心的诱惑,主张道德约束,提出从内外两个途径,逐渐积累的道德修养过程。相比较而言,程颢偏于修养自己的"诚敬"之心,强调不要过于拘束而勉强助长,应以自然而然的方式进行;而程颐则偏于严肃主义,主张以"敬"为主,强调在日常生活中从内心到外在行为两方面结合加以约束涵养。

一、识仁定性

二程认为教化的作用就是发展人性、去恶为善,培养出道德高尚的圣贤君子。程颢偏重《识仁篇》《定性书》的践履工夫,被加以引述和广为称颂,"内圣之学"在宋明新儒学的发展史上占有一定地位。一方面,程颢强调积极的"识仁"修养,"识仁"就要想办法使自身的行为规范地符合"仁"的要求,明确仁者的精神境界是把天地万物作为一体,提升仁学的"有我"境界。"识仁"是仁者体悟、觉解仁道、仁理的手段,"'浑然与万物同体'是仁者'识仁'之后所具有的一种境界。"①另一方面,程颢也强调"定性"工夫,教人如何消除内心的情感压力、紧张,达到平静、安宁的"定"之境界,有借鉴佛老之影响。"仁"和"定"的"有无合一"境界,分别构成了圣人境界的不同侧面。

"仁"是传统儒家的核心范畴,强调克己复礼的道德修养。在程

---

① 　赖尚清.程颢仁说思想研究[J].中国哲学史,2014(1):87-94.

颢看来,思考天地宇宙万物的终极问题是把握政治、人生的根本依据。程颢将"仁"与天地贯通,道德本体与宇宙本体合一,真正理解和体验"仁"的本质。程颢在《识仁篇》①中说:

> 仁者,以天地万物为一体,莫非己也。认得为己,何所不至? 若不有诸己,自不与己相干。如手足不仁,气已不贯,皆不属己,故博施济众乃圣之功用。……如是观仁,可以得仁之体。
>
> 学者须先识仁。仁者浑然与物同体,义、礼、智、信皆仁也。识得此理,以诚敬存之而已。不须防检,不须穷索。……天地之用,皆我之用。

程颢认为仁具有宇宙本体的意义,与天地万物是一个息息相关的共同整体,联系密切且不可分离。这种"万物一体"的思想也是"天下一理"的必须结论。这样的一种境界可以用中医理论中把手足麻痹称作"不仁"的比喻来理解,人与外物就象手与足,如果将这二者分割,无法破除这个内外界限,这就是"不仁"。程颢认为"天地万物为一体"的仁学可以作为"博施济众"的人道主义关怀基础,达到这种修养境界的人已经超越小我、具有悲悯情怀,以天地万物的整体利益为大我,主动承担家国天下治理的社会责任。程颢认为"仁"是一种具有客观性的"万物一体"之理,义、礼、智、信都是"仁"的表现。既"识得此理"还不够,还要"以诚敬存之"。不须"防检"与"穷索",只要心是不虚假、不分散的,就不需要处处防守怕自己的行为有误,也不需要再去追究怕道理有错。识仁的关键是超越个体与万物、主观与客观的界限,本心中包含了天地万物后,便自然完成仁学从本体到工夫,

---

① 程颢,程颐. 二程遗书(卷二上),二程集[M].北京:中华书局,1981:15 – 17.

再到境界的过程。

程颢的内圣外王之道,基于对天地万物一体之仁的体认上。人心与天地万物本为一体、息息相关,如果体认到万物一体之仁,则必发而为成己成物。程颢认为成己、成物密不可分,通为一体。成己是为了成物,而成物是为了更好地成己。成己、成物是将修己与治人、内圣与外王融为一体、完美结合。强调"仁"的修身养性,只有识仁、践仁,才能成就自我,成为有德之人;而成物的关键在于育万物、化成天下。黄宗羲在《宋元学案·明道学案》说:"明道之学,以识仁为主。"①

宋仁宗嘉祐四年(1059 年),张载致信给程颢讨论"定性"问题,后人称这封书信为《定性书》②。张载在书信的开头就提出问题,他希望"定性",可是"性"总会被外来事物所牵动干扰,不能"定性"。程颢所提出的"定""静"是修养问题,"定性"就是为了保持天理自然的状态,做到"性无内外",他说:

> 所谓定者,动亦定,静亦定。无将迎,无内外。
> 天地之常,以其心普万物而无心。圣人之常,以其情顺
> 万物而无情。故君子之学,莫若廓然而大公,物来而顺应。

程颢认为,如果有内外之分,以自己心为内,以外界事物为外,因此设法使自己的本心免于受外物的引诱;或是把"动静"对立起来,认为必须没有动才可以保持静,这两个出发点都错了。真正的"定"不是在活动中不接触外物或思想中不产生情感,而是在动或静时内心都能保持稳定、平静的一种精神境界,做到静是定,动也同样是定,这就是

---

① 黄宗羲. 宋元学案(卷十三)[M]. 杭州:浙江古籍出版社,1990:542.
② 程颢,程颐. 二程文集(卷二),二程集[M]. 北京:中华书局,1981:460.

"动亦定,静亦定"。程颢所说的"无将迎"是用了庄周的比喻,意思是"圣人"的心好像一面镜子,它可以反照任何东西。但它本身是不动的,所照之物去了,它不去送;所照物来了,它也不去迎,对于事物的发展做到不将不迎、顺性而为。人性和外物之间本来就没有内外的界限之分,所以从"无内外"这个前提出发,顺其自然,可以达到"动亦定,静亦定"的境界。

程颢认为去除被外物所累的烦恼达到"定",最根本的实现方法是要学习天地的"心普万物"和圣人的"情顺万物"境界。天地本身没有心,它是以万物之心为心。圣人所产生的情感也都是顺应物性之当然,圣人的"无情"是指没有任何个人角度而产生的情感,没有私心杂念,这就是"情顺万物而无情"。程颢主张用"廓然大公"消除个人内心的私心杂念,"物来顺应"事物的自然状态,可以达到"定性"的平静境界,程颢所探讨的"定性"境界代替了周敦颐的"主静"工夫。程颢长期定性修养后,有着如佛家一般的泰然精神境界,气象从容和乐,对待人的态度比较和善,与人接触时平易近人、如沐春风。总之,程颢的《识仁篇》和《定性书》所要达到的精神境界是完全一致的。《定性书》的"性无内外",《识仁篇》的"仁者浑然与物同体""识得此理,以诚敬存之。"都是要求简单直接地取消主观与客观之间的界限、浑然一体。

二、主敬集义

二程强调"敬"之内涵是在交感万物的思虑中使心有所主,通过道德修养明理成圣,达至"浑然与物同体"之道德圣境。程颢认为"诚敬并提",不要过于拘束而伤害自然和乐。"敬"不仅仅是指对待圣贤的"敬畏"状态,而是源于心之本初的状态——"诚",可将它理解为

"使自己的思想专注于一人或兢兢业业专注于一事"①。程颐则更为实际,他极力进行"主敬"的严肃约束,不仅对敬的内涵等道德原则做了具体规定,而且形成较为系统的"敬"的个人修养理论,内心的心理杂念就会逐步减少,得到克服控制。

"诚"是传统儒学的一个重要范畴。《中庸》视"诚"为天道,即自然而然之道,其含义是真实无妄、绝对至善。程颢进一步强调"诚"既是宇宙万物的本体,又是修养工夫和立身之本,在合内外之道中有重要作用,"须实有诸己,便可言诚,诚便合内外之道。"②"诚"是天道与人道的自然属性,只有"诚"才能内外贯通、贯通人类价值与自然存在,以达到"仁"的境界。程颐认为,诚、理、道三者在本质上是一样的,因为"无妄之谓诚"。③ 无妄,就是不虚假、真性情,只有真实才能够达到教化人的目的。程颐在其《颜子所好何学论》一文中强调学习圣人,内心中正,真诚可信。通过"尽心""知性""反而诚之"等道德修养方法,就一定能达到伦理道德的最高标准和人性修养的最高境界。程颐也常用"闲邪则诚自存"④,表达正心诚意,正心是诚意的继续,"闲邪是防闲恶念腐蚀心灵,存诚是确立对圣人教导的诚敬之心"⑤,强调在修身养性的过程中,自觉防止邪恶的浸入,由敬至诚的过程就是存诚,这是自我修养工夫的最高极点。

"敬"是传统儒学的一个重要范畴。它是各种具体工夫的统领,是在内心专注基础上的不虚假态度。程颐对于"敬"的界定,强调从内心思想到行为举止,内外两方面同时进行严肃的道德修养,身心始

---

①　葛瑞汉著,程德祥等译. 中国的两位哲学家:二程兄弟的新儒学[M]. 郑州:大象出版社,2000:4.

②　程颢,程颐. 二程遗书(卷二上),二程集[M]. 北京:中华书局,1981:33.

③　程颢,程颐. 二程遗书(卷六),二程集[M]. 北京:中华书局,1981:92.

④　程颢,程颐. 二程遗书(卷十五),二程集[M]. 北京:中华书局,1981:149.

⑤　张祥浩. 中国哲学思想史[M]. 南京:南京大学出版社,2015:339.

终保持一种敬畏严肃的境界。这样的敬畏境界所显示的是一种规范性的道德境界,将现实的伦理规范提升到天理的高度。程颐反复说:

> 主一无适,敬以直内,便有浩然之气。①
>
> 无他,只是整齐严肃,则心便一,一则自是无非僻之奸,此意但涵养久之,则天理自然明。②
>
> 所谓敬者,主一之谓敬。所谓一者,无适之谓一。且欲涵泳主一之义,一则无二三矣。言敬,无如圣人之言。《易》所谓"敬以直内,义以方外",须是直内,乃是主一之义。③

程颐认为,"主敬"应跟"主一"相联系,内心的"主一"才可以达成"敬"之境界。所谓"主一"就是指排除一切外界干扰,意念集中于内心。所谓"无适"就是心不外适,即不为外物所牵制。程颐把"主一""无适"之"敬"提升为自觉的理性意识,潜心养"浩然之气"。在内心中和的基础上,外在还要"整齐严肃",即衣冠要端正、容貌要严肃、表情要恭敬。如果心有所主、毫不懈怠、专心致志,思想不发生偏向,那么"非僻之奸"就无法出现;如果能长期地"涵养"人心,自然就能达到"天理自然明"的心理状态。程颐赞同《易经》中"敬以直内、义以方外"的思想渊源,"敬"是一种"直内"工夫,要进一步与"方外"的"集义"工夫相结合。君子敬天、敬事、敬人,要用恭敬的态度使内心正直,并发于外以合乎理义的行为处理事务。"敬"是"持己之道",用以"直内",达到心物同体的仁者境界。"义"是"穷理致知",用以"方外"。"敬以直内,义以方外"的修养是合内外之道,是在人伦日用中

---

① 程颢,程颐. 二程遗书(卷十五),二程集[M]. 北京:中华书局,1981:143.
② 程颢,程颐. 二程遗书(卷十五),二程集[M]. 北京:中华书局,1981:150.
③ 程颢,程颐. 二程遗书(卷十五),二程集[M]. 北京:中华书局,1981:169.

内外道德实践的和合,有助于提高人们的道德自律性和社会责任感。圣人在做到"敬以直内"地存养天理的同时,也要"义以方外",自然率性于外地教化他人乐天顺命。

关于"诚"与"敬"之关系。二程指出"诚"是"体",而"敬"是"用"。程颢认为"诚"和"敬"结合起来、相辅相成,"以诚敬存之"的修养方法来进行内心体认,养浩然之气,就可以达到"仁"的境界。程颢认为要对圣贤教导怀有诚敬之心,用心去体悟教化而不受外物诱惑,才能逐渐达到无欲无我的崇高境界而成为至德之人。程颢说:"学者须敬守此心,不可急迫,当栽培深厚,涵泳于其间,然后可以自得。但急迫求之,只是私己,终不足以达道。"①修养需要长期地敬守此心,不能着急,经过逐渐"涵泳"的修养方法,才能达到"自得"的轻松愉悦的心理感受。如果有急迫之心求之,仍是私心不可取。程颢强调内心修养,因为天理就在人心之中,所以"学者不必远求,近取诸身,只明天理,敬而已矣。"②程颢认为不需要对主体之外的客观事物进行探求和认知,不需要进行知识的积累或去掌握事物的规律和本质,而是引导人们回到内心精神修养,把直觉完全归为内心的自我认识和默识心通。同时,程颢还强调"敬"的修养方法必须把持一个限度,"必有事焉而勿正,心勿忘,勿助长",③坚持这个道理,不能勉强,不能过分强调和夸大,不能助长。

关于"静"与"敬"之关系。佛、道家,周敦颐等都曾主张"静"的修养方法。程颢在《定性书》中所探讨的"动亦定、静亦定"的"定性"观念就相当于周敦颐的"主静"说,程颢见人静坐便叹其善学,有时还主动教人静坐。但程颐根据宇宙生生变易的规律强调在动与静中,动

---

①　程颢,程颐. 二程遗书(卷二上),二程集[M]. 北京:中华书局,1981:14.

②　程颢,程颐. 二程遗书(卷二上),二程集[M]. 北京:中华书局,1981:20.

③　程颢,程颐. 二程遗书(卷十一),二程集[M]. 北京:中华书局,1981:124.

才是根本的天地之心,静是相对的,程颐并不赞同"静",并且在用辞上提出以"敬"代替"静"。程颐认为,"敬"与"静"是有区别、不能等同。程颐说:"敬则自虚静,不可把虚静唤做敬"①,意思是,"敬"可以包括静,"敬"超越并自然生"静",带来内心平静的境界,但"静"不能生"敬"。"静"不能有对象、无念,其归宿主要是"忘"俗世之烦忧和人伦纲常;而"敬"要有对象,成己、成人,是在纲常伦理关系中得以显现,是一种忠诚、敬重,其导向的是儒家的入世价值理想。

程颐还提出了"涵养须用敬,进学则在致知"②的观点,这句话对后世理学影响极大。意思是无事时"涵养须用敬",应物时"进学则在致知",内在的"主敬"与外在的"致知"工夫要相互结合。程颐强调"主敬"的目的是正心,"致知"是穷理的方式:

> 敬只是涵养一事。必有事焉,须当集义。只知用敬,不知集义,却是都无事也。……敬只是持己之道,义便知有是有非,顺理而行,是为义也。若只守一个敬,不知"集义",却是都无事也。且如欲为孝,不成只守一个孝字,须是知所以为孝之道。③

程颐提倡外在的"集义"工夫,因为内在的"主敬"只是保持内心的平静,但可能会缺乏"致知"的一面,所以需要"集义"的工夫。程颐认为内在的"主敬"与"集义"两者是相互联系、密不可分的,要把致知与修养教化直接联系起来。这段话主要讲述了"敬"与"义"的区别:一是"敬"讲"涵养",即讲"持己",是立其体;"义"讲知,是明其用,要求掌

---

① 程颢,程颐.二程遗书(卷十五),二程集[M].北京:中华书局,1981:157.
② 程颢,程颐.二程遗书(卷十八),二程集[M].北京:中华书局,1981:188.
③ 程颢,程颐.二程遗书(卷十八),二程集[M].北京:中华书局,1981:206.

握儒家的道德规范。二是"敬"犹如"孝",如果修养离开了"集义"便无实际意义。就如同孝敬父母时虽然有孝心,知道一个孝字,而不知道为什么要行孝,如何尽孝。孝的知识就是"义",也称之为"知"。"义"不是单纯的涵养,它是义理,它能明辨是非,是道德认知、道德判断问题,将个体的道德行为建立在理性认识基础上。一个人只要心存敬义就能修养道德,特别在面对各种诱惑的时候,能够慎独,经得住各种诱惑的考验。当然,事实证明,作为一种闭门修养的内省方法,如果离开客观的社会实践并不能达到预期目的,必须给予批判。总之,二程属于内省性的思想家,他们认为只有通过以"敬诚"为本的修养内容,才可以树立起正确的伦理道德思想。

总体看,二程的哲学逻辑结构和基本原则是一致的,思想有其大同,亦有小异。程颢认为"心即理",程颐倾向于理本论,认为"理"包含"心"。程颢的天理论倾向于一本性,并不强调形而上和形而下的分别,程颐则非常注重这种分别。程颢认为从天命到教化的整个过程中,天理就在人的心中,具有至高无上的权威性,顺应它、遵循它,便是道。程颐认为体认"理",就是要发挥主体的主动性、积极性去学习知识。因为二程的本体论出现分歧,所以相应地二程的工夫论侧重点有所不同。尽管二程修养的最终目的是一致的,但在实现路径上有所差异,确有"殊途同归"之意。具体表现在:程颢的哲学思想简易圆融,注重内向的体验,不太重视外在的知识;而程颐的思想更加缜密笃实,偏重于严谨的涵养进学,强调内外兼修的规范践行和过程积累。程颢的思想起点是仁,认为人生的最高境界就是人心之仁,因此他更多强调内省的修养方法;而程颐则认为"性即理",主张探求事物之所以然,其根本在于格物致知、主敬穷理,所以他更多地强调由外知以体验内知,重视认知和思考,强调通过日积月累的工夫认知天理。

第三章　二程教化思想的主要内容

　　程颢、程颐兄弟作为著名的思想家、政治家、教育家，认同儒家"内圣外王"的价值取向，在强化"内圣"基础上，更是对"外王"的政治问题加以深入研究。二程以"天理"为核心，以"教化"为主线，提出了针对皇帝、官吏、庶民三个不同层面的君道、臣道、民道的分类分层教化思想，即皇帝要以"理"治国、官吏要以"理"忠君、庶民要以"理"抑欲。二程的王道、义利、礼法等传统儒家问题，把北宋政治的哲理化程度推向了一个更高的层次。二程提出以内圣心性为基础，将道德层面的内心修养与社会的功用相结合，统一思想，使人们乐于顺从封建统治、缓和社会矛盾，巩固北宋的统治地位，达到国家长治久安的目的，可以"从道德与政治的内在关系入手来研究儒家的内圣外王思想，并最终展现出儒学的实践精神，从而揭示儒学的精神特质及其当代意义。"①

　　二程重视《大学》八条目"格物、致知、诚意、正心、修身、齐家、治国、平天下"的实践过程，集中概括了传统儒家教化思想。二程希望在理本论基础上，经由严密的心性之学，最终完美实现儒家"内圣外王"的终极理想。虽然二程也讲政治，进行经世致用的讨论，程颐还

---

① 郑臣. 内圣外王之道——实践哲学视域内的二程[D]. 上海：复旦大学，2007：I.

参与了政争,有洛党之称。但从他们的根本理论来看,在强调"内圣外王"一体贯通、内外相连的基础上,更强调解决"内圣"的问题,强调内圣为本、为始、为体,潜心于内圣之道的修养工夫,阐释和构建起封建道德规范。二程通过长期潜移默化的伦理教化,形成一种合乎人性与人情的伦理规范,使封建宗法制度合理化、永恒化,确立起适合处理社会关系的礼法规则,从而有助于维持社会的稳定与和谐。

从教化的具体内容来看,二程寻求思想与政治之间的平衡。二程对皇帝提出要进行"天理"约束,提倡仁义道德和济世情怀,其中包括仁政观、民本论、人才思想等。程颐要求皇帝不但要亲贤士、远宦官,涵养气质、熏陶德性,而且还要将涵养心性与寡欲结合起来,加强道德修养。二程从阶级利益出发,宣扬以民为本的思想,认为庶民巨大的社会力量可以决定统治者命运。二程对普通庶民提出了存理去欲、加强道德修养的要求,强调人性修养思想,主张理欲对立,以道德理性抑制情感、欲望,在理欲、义利、公私等关系上体现了二程价值观的重要内容。天理人欲之辨是二程开创的核心话题,在天理人欲关系上,二程提倡明天理、去私欲的理欲观,虽不主张禁止人欲,却持抑制态度,是以存理抑欲为基本倾向,欲的存在应该以不危害天理为前提。二程寻找"孔颜乐处"的生态价值,程颢的"浑然与物同体"、程颐的循理之乐,这些都是人生理想和道德情操的审美价值体现,贯通了万物的天然境界与人生的道德境界,达到人与自然的生态和谐,实现天人合一,淡化对富贵名利的追求,进行安贫乐道的道德教化。

第一节　君道教化

二程期间,北宋先后登基五位皇帝,宋仁宗赵祯(1022—1063

年),在位 41 年;宋英宗赵曙(1063—1067 年),在位 4 年;宋神宗赵
顼(1067—1085 年),在位 18 年;宋哲宗赵煦(1085—1100 年),在位
15 年;宋徽宗赵佶(1100—1125 年),在位 25 年。程颢 53 岁,经历了
三代皇帝;程颐 74 岁,经历宋仁宗到宋徽宗五朝。二程兄弟忧国忧
民,关注国家前途,为了改变北宋积贫积弱的局面、深重的民族危机,
使封建社会长治久安,二程用自己的思想学说影响皇帝,提出了以理
义治国,强化君主权力的具有鲜明特点的政治思想,担负起政治教化
的使命和责任。二程认为统治者要由"正心诚意"开始,推行仁政,开
阔胸怀,以达到治国、平天下的理想。二程多次直言上疏,程颢的《请
修学校尊师儒取士札子》《上殿札子》《论王霸札子》《论十事札子》等,
程颐的《上仁宗皇帝书》《为家君应诏上英宗皇帝书》《代吕公著应诏
上神宗皇帝书》等,教化皇帝以"理"治国,知人善任,励精图治,实施
王道仁政的君道观、求才养贤的君臣观和厚待民生的君民观,规劝皇
帝提升道德水准、实施王道治国,从而实现政治理想。

一、王道治国

所谓"王道",它是一种理想的、人文的、符合道义的政治转向·它
与现实政治之间存在着一定距离,实现王道仁政的主要方式就是礼
乐教化。二程以"天理"作为现实政治的思想武器,重新思考王道政
治的价值基础和治理模式,"将儒家坚持的王道理想转变为人文性质
的境界追求,为人的存在意义和价值开显预留了空间"①,"自觉将天
理本体作为儒家政治改革的根本规范,在更高水平上为思考政治本

---

① 敦鹏,惠吉兴.王道的张力——兼论二程王道政治及其人文特质[J].社会
　科学战线,2013(12):34-41.

性以及现实政治改革所应遵循的原则提出了要求。"①强调人的德性在道德教化中的首要原则性,为王道政治开出了更广阔的思想视阈。因此,二程对皇帝教化的基本出发点就是"行王道施仁政",皇帝首先要立志成圣、以德为本、正心诚意,通过后天的教化达到圣人境界,以复兴"三代"的王道政治为己任,然后再创造一切条件使人们自觉接受教化。

1. 立志成圣

二程认为,社会发展遵循天理准则,君王处于绝对权威的地位,君道体现着天道。圣人即天理化身、人伦标准。二程认为圣人和理保持一体,鼓励皇帝明道成圣,通过崇高的道德追求修养达到圣人标准,强调"帝王之道,教化为本"②,自上而下地改革不合理制度,重建政治、社会秩序,实现以德为先的"王道"政治目标。

宋仁宗庆历三年(1043 年),宋仁宗推行"庆历新政",想改变北宋中期财政危机、政治危机以及"积贫积弱"的局面。但由于对改革的复杂性估计不足,推行过速,触及士大夫阶层利益,遭到朝臣的反对和党争。由于皇帝没有保持坚定不移的改革决心,遇到困难有所动摇,"庆历新政"只推行一年零四个月便夭折失败了。皇佑二年(1050 年)程颐 18 岁还没有任何官职,就以平民身份写了《上仁宗皇帝书》,陈述当时的社会弊端。

宋英宗治平二年(1065 年),程颐出谋划策代父写《为家君应诏上英宗皇帝书》③,具体论述作为一国之主的皇帝,"立志"是治道的最根本急务:

---

① 敦鹏. 二程关于政治改革的构想与实践[J]. 现代哲学,2016(2):103 - 107.
② 程颢,程颐. 二程文集(卷五),二程集[M]. 北京:中华书局,1981:513.
③ 程颢,程颐. 二程文集(卷五),二程集[M]. 北京:中华书局,1981:518 - 527.

　　臣以为所尤先者有三焉，请为陛下陈之。一曰立志，二曰责任，三曰求贤。……三者本也，制于事者用也。有其本。不患其用。三者之中，复以立志为本，君志立而天下治矣。所谓立志者，至诚一心，以道自任，以圣人之训为可必信，先王之治为可盛行，不狃滞于近规，不迁惑于众口，必期致天下如三代之世，此谓也。……

　　臣前所陈者，治天下之本也。臣非不知有兴利之方，安国养民之术，边境备御之策，教化根本之论，可以为陛下陈之。顾三者不先，徒虚言尔。

　　程颐指出皇帝必须崇敬儒家的仁义道德，并确立三条最根本的施政原则，即立志、责任、求贤，其中最重要的是立志。程颐提出了治道有"本"与"用"之区分，具体的举措并不是治理天下之根本，有了"立志"这样的治道之"本"，才能"不患无其用"。圣明皇帝只有先"立志"，才能够选择贤相和任用贤臣，达到君臣共治。所谓"立志"就是皇帝要立志坚定，从自身道德修养做起，不被陈规陋习所迷惑。程颐坚信尧、舜先王之治必行，国家才有可能长治久安，皇帝要以复兴"三代"的王道政治以长治久安为己任。兴利之方、安国养民的仁政观、民本论，以及任贤的人才思想都是教化根本和精神实质。

　　宋神宗熙宁元年（1068 年），在"庆历新政"二十余年后，宋神宗皇帝抱有锐意改革的巨大决心，立志于更新朝政，在保守派的重重阻力之下，毅然重用以参知政事王安石为首的改革派，进行更大规模的"熙宁变法"（王安石变法）。变法的主要内容涉及到限制土地兼并、发展经济的均输法、市易法、青苗法、免役法、农田水利法、方田均税法等，强健军队的将兵法、保甲法、保马法等，培育人才的改革科举考试法、改革学校制度等，产生较大的社会影响。程颢还被派遣到各地视察农田、水利、赋役等新政推行的情况。变法措施的推行，客观上增加了政府的财政收入，加强了国家的军事力量，在一定程度上改变了北宋积贫积弱的局面，促进经济发展、有利于社会进步。

熙宁二年(1069年)，程颢经吕公著推荐，升任太子中允，权监察御史里行。程颢性格从容和蔼，在与神宗皇帝的讲经论道中，总是从容咨访，有时甚至忘记吃饭。神宗多次召见程颢，听取他对国家大事的意见。程颢总是以诚意感动宋神宗，每次都向宋神宗讲述君道和修身之道。程颢向宋神宗上疏《上殿札子》①，强调必须先"立志"：

> 君道之大……在乎君志先定，君志定而天下之治成矣。所谓定志者，一心诚意，择善而固执之也。……自知极于明，信道极于笃，任贤勿贰，去邪勿疑，必期致世如三代之隆而后已也。

程颢提出"君志先定"，皇帝通过"一心诚意、择善固执"的返求内心，强化"内圣"修养。程颢强调"任贤勿贰，去邪勿疑"："贰"即怀疑、三心一意，"去"即废除。用人不疑，任用贤才不能三心二意，废除奸邪不可举棋不定。否则，贤者不能真正起到作用，奸邪反而更为猖獗，这说明任贤去邪要坚定不移。程颢鼓励、支持宋神宗进行变法改革的积极态度，以"王道"复三代之治，最终实现天下仁道之最高目的。

程颢向宋神宗上《论王霸札子》②，仍强调君主"立志"的重要性，"故治天下者，必先立其志。正志先立，则邪说不能移，异端不能惑，故力尽于道而莫之御也。"程颢认为由于君主自身"立志"的自觉性不强，所以实行君道前必须"君志先定"，才能达到圣王之治的更高境界，不要被世俗的言论所牵制和迷惑。

---

① 程颢，程颐. 二程文集(卷一)，二程集[M]. 北京：中华书局，1981：447.
② 程颢，程颐. 二程文集(卷一)，二程集[M]. 北京：中华书局，1981：451.

程颢又上宋神宗皇帝《论十事札子》①，提出变法以革除时弊，讨论了"师傅、建官、经界、乡党、贡士、兵役、民食、四民、川泽、名数"等治理国家的十个方面具体的改革措施，建议皇帝在对社会统治和治理根本原则一以贯之的基础上，对圣人之礼法做一些变动和修改。

熙宁三年（1070 年），程颢上《谏新法疏》《再上疏》等，参与变法的态度公开转向了反对变法。程颢最初都参与了王安石的变法运动，认为能帮助皇帝共治天下是最大的光荣。但在改革的实施过程中，发现与宋神宗、王安石的意见多有不合。程颢比较注重道德教化，认为应该通过行仁政、重礼义的王道，调整社会关系，缓和社会矛盾，讲究心性修养，提高人们遵从皇权的自觉性。但程颢的主张没有被宋神宗采用，他深感失望不再热心于改革，离开朝廷在地方任官一年后辞官回归家乡洛阳，专注于潜心学问、讲学授徒，诲人不倦。

熙宁八年（1075 年），程颐代吕公著写《应诏上神宗皇帝书》②，明确地指出了二程与王安石在变法问题上的严重分歧。二程以德为先，注重道德教化修养，强调"内圣"发展。而王安石以利为先，强调经济效用和功利主义。二程把"尚德""兴利"的对立关系，演化成"天理""人欲"的对立，成为区分"王道"与"霸道"的标准，更加激化了变法派与反变法派之间的矛盾。由于"庆历新政"的夭折和"熙宁变法"的转向，二程思想发生了转变，从强调君主"立志"是治道之本，到明确认识到王道治国才是最根本的。

2. 王道政治

二程从天理史观角度出发，认为"王道"是儒道的代名词，是儒家的政治伦理学说，"王道"理想与现实政治之间有紧张性。二程认为

---

① 程颢，程颐. 二程文集（卷一），二程集［M］. 北京：中华书局，1981：452.

② 程颢，程颐. 二程文集（卷五），二程集［M］. 北京：中华书局，1981：529.

皇帝应该立德修身、王道治国、推行仁政,这是统治和管理国家的基本前提和价值基础。由于统治阶级的意识引导和身体力行,才使得教化思想从国家理论转化为个体的臣民意识,平民化的圣王治世才得以可能。

程颢向新即位的宋神宗上《论王霸札子》,谈论"王霸"之间关系,他认为统治者的政治应当建立在纯正的王道理想基础之上:

> 得天理之正,极人伦之至者,尧、舜之道也;用其私心,依仁义之偏者,霸者之事也。王道如砥,本乎人情,出乎礼义,若履大路而行,无复回曲。霸者崎岖反侧于曲径之中,而卒不可与入尧、舜之道。故诚心而王则王矣,假之而霸则霸矣,二者其道不同,在审其初而已。①

程颢认为"王道"是顺应天理的圣王政治,其道义原则来源于世界本原和人伦,而霸道则假借仁义用其私心。"王道"依靠有德之君来进行教化治理,有德之君主不能只崇尚武力而不屑实施仁政。在程颢看来,成就王道还是霸道,关键在于治天下者之最初本心。

程颐就以平民身份写《上仁宗皇帝书》②,明确指出"王道"的政治核心理念,仁是王道的根本。强调王道和仁政相连,王道之本就是推行仁政。程颐请求仁宗召见他共同商谈推行王道的具体措施,但此奏章并未引起皇帝重视:

> 今天下犹无事,人命未甚危,陛下宜早警惕于衷,思行
> 王道。不然,臣恐岁月易失,因循不思,事势观之,理无常

---

①　程颢,程颐. 二程文集(卷一),二程集[M]. 北京:中华书局,1981:450 - 451.
②　程颢,程颐. 二程文集(卷五),二程集[M]. 北京:中华书局,1981:510 - 515.

尔。……然而损陛下之圣明,陷斯民于荼毒,深可痛也。臣
料群臣必未尝有为陛下陈王道者,以陛下圣明,岂有言而不
行者乎?窃惟王道之本,仁也。臣观陛下之仁,尧、舜之仁
也。然而天下未知者,诚由有仁心而无仁政尔。

　　伏望陛下出于圣断,勿徇众言,以王道为心,以生民为
念,黜世俗之论,期非常之功。

程颐认为,要及早实行王道仁政,如果等到天下有事就来不及了。现
行政策在一定程度上损害了皇帝的形象,陷民于荼毒之地,那是因为
辅佐之臣没有向皇帝讲述过王道,皇帝不知道究竟什么是王道,所以
也谈不上实行王道了。程颐认为王道、仁政是紧密相连的,推行仁政
是实现王道的最重要环节。尧舜以"仁"教化四海,君主虽然有仁者
爱民之心,但却并不知道如何将仁心扩展为仁政,如何以仁德成为天
下人表率。程颐希望宋仁宗能够以"王道"、庶民为念,罢黜各类世俗
之见,缓和社会矛盾,巩固统治地位。

　　二程明确提出了"格君心之非"的政治思想,希望通过控制皇帝
的私心,借助道德自觉实现仁政,并将其发展为治道之本,具有一定
的理论价值。"格君心之非,不仅可以让皇帝明确实行仁政的责任、
权力和可能,而且能使其树立正确的权力观,并乐于与大臣分享权
力、共治天下。"①从君王施行仁政的本质看,二程在尊君肯定集权的
前提下,反对一人独治或重臣揽权,主张以天理来约束限制君权。
"格"意为纠正,纠正君王心中不符合天理原则的方面,要求皇帝将涵
养心性与寡欲结合起来,行为表现符合治道之本、存理去欲,将仁心
推之四海,实行仁政。程颐说:"从本而言,惟从格君心之非,正心以

①　李永富.引君当道　致君尧舜——二程论格君心之非[J].东岳论丛,2016
　　(11):68 - 72.

正朝廷,正朝廷以正百官。"①意思是治理国家必须从君主本身开始,要从纠正君心之非开始。皇帝居朝廷之首,如果皇帝做到正心诚意,就能达到正朝廷、正百官的目的。程颐还认为:"君仁莫不仁,君义莫不义,天下之治乱,系乎人君仁不仁耳。……格其非心,使无不正,非大人岂孰能之?②"意思是天下是治还是乱,是由君心是"仁"还是"不仁"所决定的。只有纠正君王心之非,使其没有不正确,才能使国家得到治理。可是要想纠正君王心之非,不是德高之人谁又能做到呢?在皇权神圣的封建时代,程颐的这种制约君权的思想,具有以理抗势的进步意义。

作为"格君心之非"的核心制度,经筵制度主要是靠道德教化、化与心成,引导皇帝心存仁爱、涵养圣德,发挥重要的正面作用。程颐认为上自皇帝下至庶民,在道德修养方面都离不开成长环境的影响。皇帝比任何人更加需要教化,由于当时宋哲宗即位时还是个十多岁的孩子,年龄不大,人生观、价值观、道德观尚未稳定,程颐建议太后重视皇帝的德性修养,提供更加良好的成长环境。程颐提出一些建议,如内侍、宫人应该选择年龄在四十五岁以上的厚重之人,宫内的日用器物也要简朴。通过对皇帝私生活的监督,强调皇帝应该接受正面熏陶,成为廓然大公、不能自私用智的仁君。程颐实施师道尊严,忠于君臣之道,坚信儒学是一切教化之本,通过讲课规劝皇帝接受儒家理想,潜移默化地养成勤于理政的君德,纠正其不合理之处,这个过程就是"格君心之非"。在政治实践中,程颐经常设法教化训导年幼的皇帝,对他严格要求。程颐担任崇政殿说书时,给哲宗皇帝讲课,他多次上疏要求增加讲课次数,恪守古礼、坚持坐讲,要求太皇太后在旁边加以监督,其用意在培养皇室尊师儒重道之心。程颐常

---

① 程颢,程颐. 二程遗书(卷十五),二程集[M]. 北京:中华书局,1981:165.
② 程颢,程颐. 二程外书(卷六),二程集[M]. 北京:中华书局,1981:390.

以师道自居,"每当进讲,必宿斋豫戒,潜思存诚,冀以感动上意:而其为说,常于文义之外,反复推明,归之人主。"①通过斋戒沐浴,希望以自己的诚意打动圣心。夏季暑热期间,按照皇宫惯例,保证皇帝健康,皇帝可以选择罢读,对此程颐极不满意,两次《上太皇太后书》,反对"罢讲",坚持要在凉快处讲读。程颐非常关注皇帝在宫中的言行,听说哲宗皇帝散步时避免踏死蚂蚁,就非常高兴。但有一日哲宗折断一柳枝,程颐立刻直言不讳地教训皇帝:"方春发生,不可无故摧折"②,哲宗对此劝阻非常不开心,甚至极为反感,产生厌学,逐渐冷落经筵官,后来程颐被送涪州编管与他的严厉态度有很大的关系。由此可见,尽管二程所讲的"格君心之非"有合理性,但维护社会秩序的"君尊臣卑"的思想还是作为天下之常理,被历代封建统治者用来为专制主义服务。

二、亲贤治吏

北宋君臣有义,皇帝看重士大夫的学术和知名度,对他们施以较高礼遇,赢得士大夫阶层的广泛认同。二程提出"君臣共治天下"主张,从此宋代政治史上出现了一项具有突破性的政治格局,就是皇帝与士大夫"共定国是",治权的方向可以由皇帝与共同决定,这也是对君主专制制度的批判。正是本着这个理论原则,王安石接受了"熙宁变法"的大任,程颐才说出了"天下治乱系宰相"的名言,权力的行使权划归以宰相为首的士大夫,并可以一起"同治天下"。二程将人才思想同君臣关系相联系,教化皇帝任用有德行有才能的人,尽可能使君道发扬光大。二程认为:皇帝通过求才养贤的方式,给文人参政议

---

①　程颢,程颐. 二程遗书·附录,二程集[M].北京:中华书局,1981:342.
②　程颢,程颐. 二程遗书·附录,二程集[M].北京:中华书局,1981:343.

政创造了良好环境和宽松氛围,保证了政治上的相对清明,从而可以建立起和谐的君臣关系,共同成就天下。

程颢认识到国家的治乱必以人才为先,这是非常难能可贵之处。程颢认为培养人才为紧务,如果没有人才,国家制定的各项法律、法令、制度就无法执行。他说:

> 善言治天下者,不患法度之不立,而患人材之不成。……善言治者,必以成就人才为急务。人才不足,虽有良法,无与行之矣。①

程颢常与神宗促膝长谈,在如何求贤的问题上,程颢和宋神宗发生过一场争论。宋神宗认为当世无贤,程颢不同意,并认为天下治与不治,在于得贤臣或失贤臣。世上是不乏贤臣的,而在于求贤之道对与不对。程颢向宋神宗皇帝陈述教化的具体设想:

> 宜先礼命近侍贤儒,各以类举,及百执事方岳州县之吏,悉心推访,凡有明先王之道,德业充备,足为师表者,其次有笃志好学、材良行修者,皆以名闻。其高蹈之士,朝廷当厚礼延聘,其余命州县敦遣,萃于京师,馆之宽闲之宇,丰其廪饩,恤其家之有无,以大臣之贤典领其事,俾群儒朝夕相与讲明正学。②

程颢认为,要普及教化,首先要有乐意从事教化的"近侍贤儒",还要有地方官吏的"类举"和"悉心推访"深明帝王之道的众儒生们。对于

---

① 程颢,程颐. 二程遗书(卷四),二程集[M]. 北京:中华书局,1981:69.
② 程颢,程颐. 二程文集(卷一),二程集[M]. 北京:中华书局,1981:448.

其中出类拔萃的有德之士，"朝廷当厚礼延聘"，对于其他人也要给予丰厚的待遇和体恤，并赐以他们"宽闲之宇""丰其廪饩"。朝廷应该委派品德优秀的贤臣"典领其事"，与在京师的儒生们整日地切磋学问、讲明正学，教化他们以天下为己任。

程颢不仅强调广泛求才，而且重视从各地推荐上来的贤士，他在《论养贤札子》中建议，朝廷要专门设"延英院"，进行人才的考察和培训，量才所用、以治天下：

> 臣今欲乞朝廷设延英院以待四方之贤，凡公论推荐及岩穴之贤，必招致优礼，视品给俸，而不可遽进以官，止以应诏命名；凡有政治则委之详定，凡有典礼则委之讨论，经划得以奏陈而治乱得以讲究也。俾群居切磨，日尽其材，行其志，使政府及近侍之臣，互与相接，陛下时赐召对，诏以治道，可观其材识器能也。察以累岁，人品盖分，然后使贤者就位，能者任职，或委付郡县，或师表士儒，其德业尤异，渐进以帅臣职司之任，为辅弼，为公卿，无施之不称也。[①]

程颢认为对于从各地的四方贤士，待之以礼并给予俸禄，但却不要立即授以官位和实权。可以让他们参与政治、典礼、陈奏的讨论。政府官员要经常接触这些贤士，皇帝更要不时地对召见他们，观察"材识器能"。经过一段时间的考察后，再根据学识道德和人品修养，确保"贤者就位、能者任职"，大胆地提拔宰相、卿大夫、刺史、县令等职务。经过这样的考察过程，既避免各地的荐才不实，又可以充分发挥每个人的不同才能。

程颐主张限制君权，君臣之间以诚相待。任贤的前提是养贤，通

---

① 程颢，程颐. 二程文集（卷一），二程集[M]. 北京：中华书局，1981：455.

过教化善其俗。程颐的人才思想，是将求贤才与君臣共治天下的政治服务联系在一起。程颐指出："帝王之道也，以择任贤俊为本，得人而后与之同治天下"①，他认为天下百姓众多，皇帝不可能一人独治，然而要达到君臣共治，前提是必须选择贤俊之才。如果没有优秀的贤能之士辅佐，则君臣共治只是一句空话，国家的治理就会混乱失败，并逐步走向衰落。

程颐在《上仁宗皇帝书》②中，强调任贤对于皇帝成天下之治是极为重要的：

> 天下之治，由得贤也。天下之不治，由失贤也。……求乎明于五帝、三王、周公、孔子治天下之道者，各以其所得大小而用之。有宰相事业者，使为宰相，有卿大夫事业者，使为卿大夫；有为郡之术者，使为刺史，有治县之政者，使为县令。各得其任，则无职不举，然而天下弗治者，未之有也。

程颐认为，有了贤能之臣的辅佐，国家就能治理好。并具体论述如何用贤的问题，必须举贤任能，根据每个人的不同才能，把他们安排在不同的岗位，使各得其用。

程颐在《为家君应诏上英宗皇帝书》③中，论述求贤用贤是治理国家的要素之一：

> 夫以海宇之广，亿兆之众，一人不可以独治，必赖辅弼之贤，然后能成天下之务。自古圣王，未有不以求任辅相为

---

① 程颢，程颐. 程氏经说（卷二），二程集[M]. 北京：中华书局，1981：1035.
② 程颢，程颐. 二程文集（卷五），二程集[M]. 北京：中华书局，1981：513.
③ 程颢，程颐. 二程文集（卷五），二程集[M]. 北京：中华书局，1981：522 - 524.

先者也。

　　所谓求贤者：夫古之圣王所以能致天下之治，无它术
也。朝廷至于天下，公卿大夫，百职群僚，皆称其任而已。
何以得称其任？贤者在位，能者在职而已。何以得贤能而
任之，求之有道而已。

　　四海之大，未始乏贤，诚能广聪明，扬侧陋，至诚降礼，
求之以道，虽皋、夔、伊、周之比，亦可必有，贤德志道之士，
皆可得而用也。

　　夫以人主之势，心之所向，无下风靡景从。设若珍禽异
兽瑰宝奇玩之物，虽退方殊域之所有，深山大海之所生，志
所欲者，无不可致。盖上心所好，奉之以天下之力也。若使
存好贤之心知是，则何岩穴之幽不可求？何山林之深不可
致？所患好之不笃尔。

　　朝廷进人，苟循常法。则虽千百而取，群伍而用，庸恶
混杂，曾不以为非。设或拔一贤，进一善，出于不次，则求摭
小差，众议嚣沸。

　　程颐认为天下之广、兆民之众，仅靠皇帝一个人的力量是不能治理天
下的，必须依靠贤臣的辅佐，与君主共治。所谓"求贤"是指君主按照
标准，通过求贤之道，选拔出天下真正的国家贤才，以至"公卿大夫，
百职群僚，皆称其任"，根据不同才能安排不同岗位，使"贤人在位，能
者在职"。程颐所说的"求才有道"，是要求皇帝能够孜孜不倦地把求
到真正的贤能之才，从上到下的各级官吏也要逐级推荐，以荐贤为最
急务。历史上有名的圣君都是得益于皋陶、伊尹、周公这样的大贤大
德之人的辅助。正如珍禽异兽、瑰宝奇玩本不生于皇宫，天下贤能之
士也很多，只要皇帝真正心存至诚求贤的决心，这些贤士就一定可以
集中于皇宫并为皇帝所用。程颐坚决反对按常规用人，认为如果不

打破常规,是不能发现真正贤者的。总之,程颐的观点在封建政治生活中具有一定的积极意义,他强调皇帝应该任用贤明之臣,共同成就天下大治。

程颐认为,纳谏是圣贤明君的必要条件和重要美德。程颐重视经筵制度的作用,上了三道札子阐述他对经筵制度的看法,要求君王必须开言路,允许臣子进谏。经筵是为皇帝讲授书史之处,宋代凡侍读、侍讲的学士等官均称经筵官。进谏者都是从国家社稷、治国方略角度出发的,所以圣贤明君应该虚心接受意见,纳谏的行为可以使得君主自省。程颐认为"天下重任,惟宰相与经筵,天下治乱系宰相,君德成就责经筵。"①意思是皇帝最主要的任务是发挥众人之能,承担起"天下治乱"的责任,但可以把执政的权力委托给宰相,处理具体政务,由这些贤臣辅助治理天下之事,从而发挥重要作用。

程颐把修养论与政治论结合起来,为建立并调整君臣关系,程颐对君臣双方都提出了严格要求:"人君欲附天下,当显明其道,诚意以待物,恕己以及人,发政施仁,使四海蒙其惠泽可也。非特人君为然也,臣之于君,竭其忠诚,致其才力,用之与否,在君而已,不可阿谀逢迎,求其比己也。"②程颐对君主的要求是:君主如果想天下大治,就要及早言明自己的治国方针,待物时要真心诚意,宽恕别人要像宽恕自己一样,要求君主施行仁政,使四海受其惠泽。作为臣子必须竭尽忠诚,无条件地忠诚于君,发挥出所有才能来治理国家,但不能为了个人私利阿谀逢迎,讨好君主,当然也要防止小人得志。程颐在《鼎卦》还说:"天下之事,岂一人所能独任? 必当求天下之贤智,与之协力。得其人,则天下之治,可不劳而致也;用非其人,则败国家之事,

---

① 程颢,程颐.二程文集(卷六),二程集[M].北京:中华书局,1981:540.

② 程颐.周易程氏传(卷一),二程集[M].北京:中华书局,1981:742.

贻天下之患。"①意思是天下之大,事情之多,不是皇帝一人所能独治的。必须求天下贤智之人,集思广益,共同协力,做到君臣共同治理天下。如果偏听偏信、用非其人、小人当权,则会误国事。程颐认为要坚持用人不疑的基本原则,这也是尊贤的表现。既然选择了志同道合之人,就必须至诚任人,待人有道。程颐所追求的是复先王之治的稳定的社会秩序,既有上下尊卑的等级之分,又能融洽成为一个和谐的整体。

三、重民爱民

二程从历代王朝的兴亡中,觉察到了王天下和保民这两者的为在联系,认为统治者想长久地统治下去,要时时以民为重。二程教化皇帝要王道治国,必须合乎民意、顺乎民心。君民关系是民不离君,君也不离民,如果君不能养民则有失君道。二程强调顺民的意识观念,规劝统治者不能依靠愚民政策维持封建统治,要在政治上重民、经济上养民的基础上,才能对庶民推行道德教化。二程突破传统的历史偏见,认识到民力、民生是教化的前提条件,提出了"厚民生"的民本思想,民是可明可顺可教化的。先解决庶民的衣食和物质需求,在实现经济富裕的基础上才能对他们进行道德教化,这种利民、富民思想在当时是难能可贵的,具有一定的积极意义和影响力,是一个较大的历史进步。

二程重视农业问题,认为农业为民生之本,为了抑制土地兼并之风的蔓延,程颢明确提出制民之产、平均土地、有田可耕。程颢上疏宋神宗帝在《论十事札子》②中说:

---

① 程颐.周易程氏传(卷四),二程集[M].北京:中华书局,1981:960.
② 程颢,程颐.二程文集(卷一),二程集[M].北京:中华书局,1981:453－454.

> 天生蒸民，立之君使司牧之，必制其恒产，使之厚生，则
> 经界不可不正，井地不可不均，此为治之大本也。……生齿
> 日益繁，而不为制，则衣食日蹙，转死日多，此乃治乱之机
> 也，岂可不渐图其制之之道哉？
>
> 古者四民各有常职，而农者十居八九，故衣食易给，而
> 民无所苦困。

程颢认为要使庶民都有一定的土地"恒产"，这样生活才能富足充裕。必须让土地的分界明晰，让井田的分块大小均匀，这是天下得到治理的最根本方法。但是如果土地问题不解决，庶民的人口增多、土地越来越少，则衣食将日益穷困、窘迫，死亡的人数增加，就有可能由"天下大治"转向"天下大乱"。解决土地的兼并问题、土地的公平分配与粮食的充分供应是关系到国家治乱和安危。程颢强调农民是"四民"之中的多数，只有端正了"以农为本"之根本，解决庶民的衣食问题，才能使民脱离贫困。

程颢上疏宋神宗《南庙试佚道使民赋》①，强调农业生产稼穑艰难，要求皇帝关心庶民疾苦，满足他们的物质生活需要。他说：

> 惟王谨以政令，驱之稼穑，且为生之本，宜教使以良勤。
> 大抵善治俗者，率俗以敦本；善使民者，顺民而不劳；道
> 皆出于优佚，令无出于绎骚，不夺其时，导以厚生之利；将求
> 其欲，岂闻力稼之逃！

统治者要重视农业生产，劝庶民辛勤劳作，解决民生问题，才能使社会安定。善于治理风俗的，往往是改变不良风俗而注重根本；善于使

---

① 　程颢，程颐. 二程文集(卷二)，二程集[M]. 北京：中华书局，1981：462 - 463.

用庶民的,则顺从庶民意愿而不使他们劳苦;为政的目的在于使庶民富裕安逸,所出法令不要干扰他们农时,如果符合改善庶民的愿望,他们怎么还会不努力耕作呢!

程颐也批判了统治者对农民剥削过重的弊政,曾先后上疏宋仁宗、宋英宗、宋神宗皇帝要时时以民生为重、重民保民思想。程颐希望统治者看到庶民的作用,厚待民生,以得到广泛的拥护和支持。程颐早在 18 岁就以平民身份写了《上仁宗皇帝书》①,从"民本"思想展开对当时政治的批判,提醒宋仁宗皇帝要高度重视对庶民的教化:

> 州县之吏,有陷人于辟者,陛下必深恶之。然而民不知义,穷迫困复,放辟邪侈而入于罪者,非陛下陷之乎? 必谓其自然,则教化。②

程颐强调为了使庶民不至于"放辟邪侈而入于罪",必须把教化列为当世急务,有效实行教化,向庶民灌输封建伦理道德之"义",从根本上使庶民顺从、接受封建主义统治。

程颐写《为家君应诏上英宗皇帝书》③,认为实现富裕的同时才能进行道德教化:

> 百姓安业,衣食足而有恒心,知孝悌忠信之教,率之易从,劳之不怨,心附于上,因而不可摇也。
>
> 今言当世之务者,必曰所先者,宽赋役也,劝农桑也,实仓廪也,备灾害也,修武备也,明教化也。此诚要务,然犹未

---

①　程颢,程颐. 二程文集(卷五),二程集[M]. 北京:中华书局,1981:510 - 515.

②　程颢,程颐. 二程文集(卷五),二程集[M]. 北京:中华书局,1981:511.

③　程颢,程颐. 二程文集(卷五),二程集[M]. 北京:中华书局,1981:518 - 527.

知其本也。

程颐重视经济问题,他强调百姓丰衣足食才有安定之心,才能顺从孝悌忠信的教化,让老百姓"率之易从,劳之不怨,心附于上"保证封建统治"不可摇"。程颐呼吁皇帝要将"宽赋役""劝农桑""实仓廪""备灾害""修武备""明教化"等措施作为重民保民、治理天下的要务,有大量的粮食储备才可以保证国泰民安。

程颐在《代吕公著应诏上神宗皇帝书》[①]中强调:"为政之道,以顺民心为本,以厚民生为本,以安而不扰为本。"程颐这里讲的三个"为本",实际上是具体的得民心的方法。程颐要求统治者应以顺应民心为本,以民生活富裕为本,以民安居乐业而不干扰为本。首先,以顺民心为本。程颐认为民心悦服是为政之道的根本。其次,以厚民生为本。关心庶民的一切利益,凡是有利于厚民生的事,皇帝都要努力去做。古代的皇帝为了让农民获得好收成,在春天播种、夏季干旱、秋季丰收时都要祭天。最后,安而不扰为本。皇帝要给庶民百姓一个安居乐业的环境,这样才能让他们安心生产和正常生活。

二程认为先王之世与后世的区别就在于,"先王之世,以道治天下;后世只是以法把持天下。"[②]尧舜先王实施道治,用道德去教化庶民,而后世君主则多用法律治理天下。程颐特别看重圣人辅养万民的作用,要求君王体尽天道,惠及社会大众,安治天下国家,处理好养民与被养的关系。在宗法制度下,君主是一国之家长,于是便有君主养天下的理论。当然,有时教化也不是万能的,老百姓一旦到了上不能赡养父母,下不能抚养子女的绝境,就不会有人理解和认同封建主义的"忠义"之说。程颐提倡统治者实施君主人道,看重民力、爱惜民

---

① 程颢,程颐. 二程文集(卷五),二程集[M]. 北京:中华书局,1981:531.
② 程颢,程颐. 二程遗书(卷一),二程集[M]. 北京:中华书局,1981:4.

力,因为百姓只有丰衣足食才有安定之心顺从教化。

程颐说:"为民之君,所以养之也。养民之道,在爱其力。民力足则生养遂,生养遂则教化行而风俗美,故为政以民力为重也。"①强调统治者必须在养民、爱民的基础上,才能推行教化并形成良好的社会风俗,才能保证人民不作乱,保证国家的长治久安。他说:

> 且如止盗,民有欲心,见利则动,苟不知教而迫于饥寒,虽刑杀日施,其能胜亿兆利欲之心乎? 圣人则知所以止之之道,不尚威刑,而修政教,使之有农桑之业,知廉耻之道,虽赏之不窃矣。故止恶之道,在知其本,得其要而已。②

民有利欲之心,迫于饥寒,他们会铤而走险、冒死犯难。仅仅靠刑罚是制止不了盗窃等犯罪行为的。如果置农桑之业,以解决庶民的饥寒问题,使庶民"知廉耻之道",懂得道德自律,即使赏以财物叫他们去偷窃,他们也是不会去的。程颐认为,要使教化奏效,必须通过制民产、宽力役、厚风俗等一切措施来使百姓具备维持生存的物质条件,推行社会教化,树立良好的社会风气,"在聚族而居的社会中,这种浸润于生活习俗方方面面的道德教化,逐渐将原本停留于儒家经典之中和士大夫思想之内的观念性存在,世俗化为庶民自觉认同的习俗礼法,并在其生活实践中恪守遵循。"③

---

① 程颐. 程氏经说(卷四),二程集[M]. 北京:中华书局,1981:1095.

② 程颐. 周易程氏传(卷二),二程集[M]. 北京:中华书局,1981:831.

③ 苏志宏. 论民生与教化并行的共识凝聚逻辑[J]. 江苏社会科学,2014(1):125 - 129.

第二节　臣道教化

从汉代开始官吏就重仁义,承担起教化的使命和责任,"中国古代地方官的德行和吏能对于朝廷来说还是至关重要的,德行高尚则可引领一地之风俗,更好地教化百姓,有治郡之才则能够处理好繁杂的地方政务,使治内安宁。"①宋朝的文官地位高于武官,待遇非常高。宋仁宗、宋神宗都特别尊重"士",实行文官政治,支持政治改革,为士人施展自身才华提供机会。北宋的一批有道德理想的士大夫,凭借自身拥有的学术声望,通过讲学、收徒来宣传学说,重建人文信仰,评价政治决策。范仲淹"先天下之忧而忧,后天下之乐而乐"把国家前途、民族利益和忧乐摆在首位;张载"为天地立心,为生民立命,为往圣继绝学,为万世开太平"打通天、地、人的伟大政治抱负,具有鲜明的时代性和独特性。对于官吏的选拔和任用,二程认为作为臣子的应当忠君爱国,臣必须具备德才兼备之品性,才能进行政治伦理规范。作为君子,其价值观、言行必须符合义德的本质特点,正确处理义利关系。二程认为对官吏要受重用、有特权,臣对君主、对国家要忠君爱国,君仁臣敬,臣必须具备德才兼备之品性,实现"得君行道"的理想。

---

① 徐红. 论北宋时期台谏对地方官的弹劾——以仁宗朝为中心[J]. 贵州社会科学,2017(2):64-70.

一、忠君之道

二程强调"三纲五常"中的君为臣纲、父为子纲、夫为妇纲的三纲至上的等级作用。封建社会中所有的家庭伦理关系最终都是为君臣关系服务的,君为臣纲,居三纲之首。君臣关系是最重要的政治关系,它是父子关系的扩大和延续,正所谓爱君如爱父,爱国必爱君。对臣子来说,君是一国之主,是治理国家的最高统治者,所以忠君爱国是符合天理、理所当然应该承担的一种道德规范和义务。臣民忠君长期居于官方意识形态宣传的主要话语模式中,臣要对君主怀有忠诚之心,"在与帝王关系上,其伦理向度依然是单向度的,官吏具有忠君的绝对义务,这是官吏的最基本原则。"[①]程颢说:"忠者天理,恕者人道。忠者无妄,恕者所以行乎忠也。忠者体,恕者用,大本达道也。"[②]

二程多次列举历史上伊尹辅佐太甲、周公辅佐成王、孔明辅佐刘禅等例子。太甲、成王、刘禅都只不过是柔弱之君,而伊尹、周公、孔明则都是中国历史上有名的三位贤相,他们辅佐君主竭尽忠诚、致其才力,二程认为臣子们要以这三位古之贤相为榜样。君主不是全知全能,不是生来就为圣贤,所以要全面理解忠君的涵义,它不是简单顺从,不是阿谀逢迎,能够直谏也是忠君。当知道君王有不正确的时候,一定不要阿谀逢迎、随便附和而讨好君主,而是要以理来开导他,格其心非,及时纠正偏差,程颐说,"人君有过,以理开喻之,既不肯听,虽当救止,于此终不能回,却须求人君开纳处进说。"[③]二程认为,

---

①　郑文宝.中国传统政治伦理研究[D].哈尔滨:黑龙江大学,2016:177.

②　程颢,程颐.二程遗书(卷十一),二程集[M].北京:中华书局,1981:124.

③　程颢,程颐.二程遗书(卷二上),二程集[M].北京:中华书局,1981:14.

君臣的政治关系是相互联系、相互依赖的。对于君主来说,二程认为要想融洽和谐,君要怀抚天下臣民,程颐特别强调君仁臣敬,君只有仁,臣才会敬,"君止于仁,臣止于敬,万物庶事莫不各有其所。"①意思是作为君主要达到并保持仁爱,能够宽恕他人,而作为臣子要达到并保持恭敬,这样万物庶事才各得其所,二程对君臣关系的理解具有一定的积极意义。

二程不仅是忠君理论的积极倡导者,而且他们本人就是最好的忠君榜样和实践者。程颢认为,地方官吏是国家权力的执行者,他在治县期间,通过兴办学校等措施,主导地方推行伦理教化思想,有效地实现了化民成俗的重任,对于基层社会的教化发挥了重要作用。程颐的忠君思想有报恩观念,认为得到君主赏识所以臣子一定要报君恩。程颐以布衣之身份,被朝廷召为"崇政殿说书"一职,担任年幼的哲宗皇帝的经筵官。他不仅律人,对皇帝要求非常严格,希望能在君臣的相互争论辩解中达成共识;同时他又律己,自我的言行处事有点偏激迂腐。程颐还经常上疏皇帝要求大臣按规定的要求去做,结果这些所作所为触犯众怒,被逐出朝廷。虽然程颐一生坎坷,然而却始终忠诚不渝地尽忠君爱国之心。

二、修己之道

针对宋代用人制度存在的弊病,二程在德才关系问题上,强调重德轻才。二程重道重德,以德来规范人才的本质,才能是为德服务的。程颐说:"君子不欲才过德,不欲名过实,不欲文过质。才过德者不祥,名过实者有殃,文过质者莫之与长。"②程颐把德与实、质,才与

---

① 程颢,程颐. 二程遗书(卷十一),二程集[M]. 北京:中华书局,1981:968.
② 程颢,程颐. 二程遗书(卷二十五),二程集[M]. 北京:中华书局,1981:320.

名、文相联系。认为君子不要使才能超过德,不要使名声超过实际本领,不要使文采超过本质。才超过德的可能会造成消极后果,名气超越实际情况的会遭殃,文过质的不能长久。程颐强调德是人的本质,才只是外在的表现,才不能凌驾于德之上。所以要任用天下贤臣集思广议,而要防止小人当权以误国事。

二程从重德轻才角度出发,反对宋朝推恩封荫制度中的世袭官职。二程指出:

> 古者使以德,爵以功,世禄而不世官,故贤才众而庶绩成。及周之衰,公卿大夫皆世官,政由是败矣。①

二程认为古者有德者才居官位,凡有功者封爵位以享世禄,但不可以世袭官职。官必须由贤才担任,才能"庶绩成"。二程批评周朝"公卿大夫皆世官",所以"周之衰""政由是败矣"。二程的人才思想,对于当时破除世官、消除冗官现象有积极意义。

程颢对于贤才有具体的选拔标准,他明确指出,要有德才的伦理标准:

> 凡选士之法,皆以性行端洁,居家孝悌,有廉耻礼逊,通明学业,晓达治道者。在州县之学,则先使其乡里长老,次及学众推之。在太学者,先使其同党,次及博士推之。其学之师与州县之长,无或专其私,苟不以实,其怀奸罔上者,师长皆除其仕籍,终身不齿,失者亦夺官二等,勿以赦及去职论。②

---

① 程颢,程颐,程氏经说(卷四),二程集[M].北京:中华书局,1981:1091.
② 程颢,程颐.二程文集(卷一),二程集[M].北京:中华书局,1981:449.

首先，不仅要考核其是否孝悌礼逊，也要考核其平时学业的通明、治道的晓达，包括德业和学业两个方面，"性行端洁，居家孝悌，有廉耻礼逊"，这是衡量品性、操行的道德标准；"通明学业，晓达治道"，这是衡量经义、治事的学业标准。在德才这两类标准中，程颢坚持把道德标准放在第一位，把才能放在第二位。程颢要求，按德才标准选拔的官吏，皇帝还可以亲自考核，通过观其材，再分别等差授以相应的官职。其次，在州县之学，由于推荐者熟悉被推荐者的人品和才能，由乡里长老、学众、同党、博士之间互相推荐，挑选出比较符合贤能标准之人。为了防止学师和州县长官心怀私心，对于那些不认真考核被推荐者的现实表现，并且不负责任地向朝廷推荐真正的德才兼备者，程颢还制定了严厉的处罚措施，如发现徇私舞弊者，就会开除仕籍，永不任用。

二程重视人才，认为贤才需要有官吏的推荐，要求州郡县的官吏，要在任职所在地悉心访求贤能之人。二程以身作则在任地方官时，每到一处都要访问当地贤才。对于官吏的治理能力，程颢则强调身教重于言教，他结合自己治县的体会，明确告诫为官者：不能攫取财政，要通过修身成为君子、圣人，成为修己安人的道德典范和德行榜样，这种无言的教化是德教的最高境界。强调"天行健，君子以自强不息"，君子要懂得顺应天道；"君子喻于义"，君子看重的是道义；"君子坦荡荡"，作为君子，应当有宽广的胸怀，可以容忍别人和各种事件，不计较个人利害得失；"言必信，行必果"，说出的事一定可信，说了就一定守信用，一定办到；"人而无信，不知其可也"，人要是失去了信用或不讲信用，不知道他还可以做什么？新儒家梁漱溟也认为，"士人'读书明理'主持风教，给众人做表率，担当着社会教化，培植礼俗的社会功用。"① 通过教化思想熏陶，士大夫官吏们都能以积极的入世精神投身社会，为了国家的首要利益而大胆改革，以期达到最高

---

① 梁漱溟. 中国文化要义[M]. 北京：学林出版社，1987：213.

道德境界、实现人生价值。在谈到地方官吏的职责时,程颢说:"夫以令之职,必使境内之民,凶年饥年免于死亡,饱食逸居有礼义之训,然后为尽。"①满足庶民的基本生活需要,是做好基层治理的首要工作。程颐对官吏也提出要求,在解决基本温饱问题之后,官吏必须教化庶民过上有道德的生活,程颐说:

> 以一郡而言,守之职岂不以养人为本? 然而民产不置,何术以济乎困穷? 吏繇有数,何道以宽乎力役? 比闾无法,教化何由而可行? 衣食不足,风俗何缘而可厚?②

程颐认为,作为一个郡守来说,他的职责岂不是以养人为本? 然而如果庶民没有财产,还有什么办法来救济穷困? 官吏的徭役虽然有数,可又有什么办法使力役减轻? 如果闾巷之间无法律约束,教化有什么办法可行? 衣食不足,风俗因何而可以醇厚?

　　北宋时期有台谏官这样的官名,侍御史、殿中侍御史与监察御史掌纠弹,通称为台官,谏议大夫、拾遗、补阙、正言掌规谏,通称谏官,合称台谏。宋仁宗时期,台谏官主要弹劾的就是地方官的道德、吏能这两个方面。

第三节　民道教化

　　先秦儒家的政治传统就是将民生关怀与道德教化相辅相成、并

---

① 程颢,程颐. 二程外书(卷十二),二程集[M]. 北京:中华书局,1981:429.
② 程颢,程颐. 二程文集(卷八),二程集[M]. 北京:中华书局,1981:581.

行互动。夏朝就已出现"民为邦本"思想,周朝开始,一些文化水平较高的神职礼官就专门负责教化庶民一些道德规范。《周礼》中涉及庶民教化的内容和方法有十二个方面。孟子提倡以民为本的思想,"民为贵、社稷次之,君为轻"。荀子认为教化万民,方有政治生活可言。二程继承儒家对君民关系的界定,遵循民本与忠君并存、民生与教化并行的思想,强调庶民实施教化对于治理国家、巩固封建统治的重要作用,"天而在上,泽而处下,上下之分,尊卑之义,理之当也,礼之本也。……夫上下之分明,然后民志有定。民志定,然后可以言治;民志不定,天下不可得而治也。"①表示天子居尊位,人民居卑位。上下分明,尊卑等级,都是"天理"的体现。庶民要自觉接受教化,顺从君主,只有"民志定",才能够"言治",做好地方治理。君主要创造一切有利条件,让庶民在能够满足基本生活需要、安居乐业的基础上,通过教化来引导民向善性发展。二程强调通过淳厚的民风民俗,使外在的"三纲五伦"之礼,在教化中逐渐地内化为自觉的心理要求、本能服从,从而培养出具有理想性、责任感的道德人格。对于天理人欲的关系问题,二程明显地是以贵义、轻利为基本伦理倾向,强调应该通过主观的内省反思来抑制私欲。二程始终强调道德原则对个人和社会的重要意义,倡导自我价值主体,注重内心活动和精神修养,具有安身立命、终极关怀的超越价值。

一、民风民俗

日用民俗作为一种社会意识形态,具有其相对独立的教化功能。民俗本质上是在一定社会条件下,人们生产实践的产物。当然,民俗的形成发展过程中,如果在理论、实践方面不符合社会发展,那就需

---

① 程颐. 周易程氏传(卷一),二程集[M]. 北京:中华书局,1981:750.

要通过改变民俗环境中成长的人来实现变革。在二程看来,民俗是理性化的,与人内心的气化有关,民俗的败坏与教化的缺失有一定关联,人们心中所存,多为巧伪机阱之事、恶浊之气,只有通过教化以养成良俗。

　　二程一生最主要的精力是投入在封建主义教化事业上。坚持以道德仁义教化庶民,经过长久的熏陶后,庶民自然会顺从教化,对封建统治矢忠不渝。君主所以有崇高的地位,是得之于上天,应当与天下的庶民一起分享,所以要想着如何报答庶民。古代的人君视民如伤,将庶民看作小草易受到伤害而加以用心保护,就像母亲保护小孩子一样。程颢不仅具有民本意识,在仕途生涯中更是身体力行地把民本思想付诸于实践。在程颢为官期间,在其管辖的范围内,重视教化在提高国民素质方面的作用,尽可能地普及封建主义教育,广泛地进行封建主义的伦理道德教化思想宣扬。强调必须在养民、爱民的基础上,才能推行"仁义礼智信"的封建伦理纲常教化,形成良好的社会风俗。

　　程颢 26 岁中进士,历任鄂县主簿、上元县主簿县令、晋城县令、监察御史里行、镇宁军任节度判官等地方和中央官吏等。程颢每到一地,就在县衙的大堂上悬挂"视民如伤"的匾额作为座右铭,并说:"颢常愧此四字"①。宋英宗治平元年(公元 1064 年),程颢迁任晋城令,在担任县令三年多时间里,运用儒家"仁者,爱人"的理义思想,崇尚"以教化为先"的施政方针和纲领,尽可能地利用一切机会广泛地对当地庶民进行全面的伦理教化思想的普及,劝导庶民建立起理性的生活秩序,深得民心和爱戴,在《晋城县令题名记》中有如下记载:

　　　　民以事至邑者,(颢)必告之孝弟忠信,入所以事父兄,

---

① 　程颢,程颐.二程外书(卷十二),二程集[M].北京:中华书局,1981:429.

出所以事长上。度乡村远近为伍保,使之力役相助,患难相恤,而奸伪无所容。凡孤茕残废者责之亲戚乡党,使无失所,行旅出于其涂者,疾病皆有所养,诸乡皆有校。暇时亲至,召父老与之语,儿童所读书,亲为正句读,教者不善,则为易置,俗始甚野,不知为学。先生择子弟之秀者,聚而教之。去邑才十余年,而服儒服者盖数百人矣。乡民为社会,为立科条,旌别善恶,使有劝有耻。①

程颢在治县过程中,主要实施以下措施:一是只要乡民到县府来办事,程颢就会"在教化方式上,程颢自然而然地给县民传授孝悌忠信等儒家礼教,指导他们在家怎样奉养父兄,善待弟妹,爱护妻子,出门怎样尊敬师长,遵纪守法……"②通过交谈加强教育和引导,传授家国一体等儒家礼教,提高庶民的文化素质,将道德修养视为一生的终极追求,真正将养民与教化联系起来,对良好的社会道德风尚产生影响和作用。对于一些问题少年的教化,程颢则是通过润物细无声的反复规劝,当他们有悔改之意时,则被分别安置在不同地方谋取职业,明显促进了社会风俗的改善和好转。二是订立治安契约,建立乡村"伍保"制度,维护地方稳定、整顿社会陋俗,做到"奸伪无所容"。年轻力壮者主动帮助老弱病残者,形成互相扶持、互相帮助的良好社会风气,更加有利于封建统治。三是兴办学校,使乡乡皆有学校,闲暇时还亲至乡校,亲自授课教化庶民。由于程颢措施得力,原本文化落后的晋城,后来登科者不断增加,进一步奠定教化的思想基础。这种从人心着手、潜移默化的教化作用,一定程度上消除了庶民反抗情绪,使他们自觉顺从封建统治,做到"旌别善恶"且"有劝有耻"。

---

① 程颢,程颐. 二程文集(卷十一),二程集[M]. 北京:中华书局,1981:638.
② 裴高才. 理学双凤—程颢 程颐[M]. 北京:中国文史出版社,2007:133.

程颢提出一些济时致用的思想和主张,在实际治理时加以贯彻实施。程颢在上元县任职时,制定了不准买卖土地的规定,平抑赋税,为庶民谋福,留下许多佳话。他还亲自率众堵住洪水决口,避免遭受水灾;及时修复池塘,保证灌溉,稻谷取得丰收。上元地处水运要道,程颢发现每天由上游下来的船很多,船上生病的船夫要留下来治疗,程颢凭着爱民之心向负责漕运的官员要求,把粮食就近贮存便于发放粮食,使百余名生病的船夫都活了下来。为晋城县令时,他首先稳定物价,不让关系民生的粮价和盐价影响生活。他预先让富户在低价时办理购粮储备,到需要粮食时,再按照合适的价格出售。这些措施虽然首先有利于富人,但通过有效的物价调节,维持了正常的市场交易防止物价飞扬,而且减轻庶民的沉重负担,与常年相比吃亏较小,因此受到百姓拥戴。程颢在治理扶沟时,整治水利工程组织打井灌溉,使全境得以抗旱保收。

二、天理人欲

二程认为"三纲五常"是客观的伦理秩序,"五常"也称五伦,是指怎样处理君臣、父子、夫妇、兄弟和朋友这五者之间的行为关系。二程认为:"五典谓父子有亲,君臣有义,夫妇有别,长幼有序,朋友有信也。五者人伦也,言长幼则兄弟尊卑备矣,言朋友则乡党宾客备矣。"①父子相亲、君臣有义、夫妇有别、兄友弟恭,朋友有信,这是二程教化思想所追求的最终目标。传统的教育模式是愚昧庶民,以维持封建统治。二程突破历史偏见,觉察到民是可明可顺,特别重视通过教化提高庶民素质,这种思想在当时是一种历史进步、难能可贵。

程颐一生都在以身任道,讲明正学。他在《为家君请宇文中允典

---

① 程颐.程氏经说(卷二),二程集[M].北京:中华书局,1981:1040.

汉州学书》提出"窃以生民之道,以教为本"①的教民思想,强调"文治教化"、"礼乐化民"的人文精神。程颐认为不应采取"愚民""威民""强民""欺民"政策,对于庶民,可通过教育使之明白道理,不可愚弄他们;民可教导,不可对之施威;民可顺其心而动,不可强力行事;民可使用,但不可欺侮。程颐对庶民的认识和看法是不把庶民视为卑贱者,而是要通过"明民""教民",加强教化和引导,融民力于封建主义统治,这样的民本思想应该说是进步的。当然,程颐之所以重视教化,相信教化的力量,是因为他认为每个人都有向善的因素,都会接受圣王的教化。对庶民教化目的就是要通过长期积累的教化环境和过程,教化得法、工夫到家,使庶民本然之性能够完全地展现,天命之性的善性在潜移默化中得到扩充,使改恶从善,使不善慢慢转化为有善,最终成为有德之人。

"理欲"之辨是中国思想史上的长期命题,二程在人性论基础上提出了"存天理去人欲"的修养主张,对后世影响较大引起了普遍关注。二程认为人性之本即为"天理",它是绝对的善,是社会的伦理纲常;而"人欲"与天理对立,它是不善的、过度的个人私欲,是恶的根源,损害人对天理的认知和诚敬。二程按照"三纲五常"的伦理道德教化庶民,宣称人并非是生而知之,必须通过后天的教化达到圣人境界,对欲望的克制由圣贤教化完成。二程兄弟还通过诠释《古文尚书·大禹谟》中,所谓"人心惟危,道心惟危,惟精惟一,允执厥中",来阐发其天理与人欲对立的观点。程颢说:

> "人心惟危",人欲也。"道心惟微",天理也。"惟精惟一",所以至之,"允执厥中",所以行之。②

---

① 程颢,程颐,二程文集(卷九),二程集[M].北京:中华书局,1981:593.
② 程颢,程颐.二程遗书(卷十一),二程集[M].北京:中华书局,1981:126.

"道心"相对于"人心"而言，"人心"、"道心"之分，彰显天理、人欲之别。"人心惟危，道心惟微"是指道德天理与感性人欲有别，表达出天理与人欲的冲突。"惟精惟一，允执厥中"是指存天理、去人欲的方法，强调以道心制约人心，涵养良知良能。

　　二程认为道德教化是礼治的基本手段，人首先是符合天道、然后通达人道，当感情欲望与道德意识发生纠结时，只能是自觉遵守礼，存理去欲、符合天理人情，程颐说：

　　　　视听言动，非理不为，即是礼，礼即是理也。不是天理，便是私欲。人虽有意于为善，亦是非礼。无人欲即皆天理。①

　　　　人心私欲，故危殆。道心天理，故精微。灭私欲则天理明矣。②

　　　　人之为不善，欲诱之也。诱之而弗知，则至于灭天理而不知反。目则欲色，耳则欲声，鼻则欲香，口则欲味，体则欲安，此皆有以使之也。何以窒其欲？曰思而已。学莫贵于思，唯思为能窒欲。曾子之三省，窒欲之道。③

程颐明确提出，"礼"即为"理"，"非理不为"就是非"礼"不视、不听、不言、不动。人的视听言动，要合乎"礼"的规范，符合伦理道德，不符合的就是私欲。程颐特别强调人的主观性动机，他连人们"有意于为善"的念头也认为是不合天理，只有完全符合封建道德并不出于勉强，才算真正体现了天理，才不算是人欲。"人心"就是"私欲"，"道

---

① 程颢，程颐.二程遗书(卷十五)，二程集[M].北京：中华书局，1981：144.

② 程颢，程颐.二程遗书(卷二十四)，二程集[M].北京：中华书局，1981：312.

③ 程颢，程颐.二程遗书(卷二十五)，二程集[M].北京：中华书局，1981：319.

心"就是"天理"。一个人只有消除"人心"中固有的私欲,才能存天理。"灭私欲则天理明"是二程教化思想的一个总纲领。

在天理人欲关系上,二程以存理抑欲为基本倾向。二程虽不主张禁止人欲,但却持明显的抑制态度,反对过分、奢侈的欲望。欲的存在必须以不危害天理为前提,通过主观的内省修养来进行抑制。为了恢复"天理",程颐大力提倡"窒欲"。人之所以不善,其根源在于被目、耳、鼻、口、体的色、声、香、味、安等物欲所引诱,以至"灭天理"而不能迷途"知反"。但目、耳、鼻、口、体对于色、声、香、味、安来说,并不完全是"私欲",它包含了人们维持生命的物质需要。如何"窒其欲"? 程颐认为内省反思是一种重要的修养方法。思是指反思、内省,像曾子那样三省吾身,"以内省反思来窒欲,这实际上是加强主观的修养和道德自律,属于伦理约束的范畴,体现了宋代理学道德修养论的特色。"①

在婚姻观和妇女的社会教化问题上,二程重视妇道,提出"以道制欲",主张要想夫妻和睦,家庭安定,女子必须听从男子的摆布,唯男子的意志是从,不可自行其是。对于婚姻问题,女子要顺从父母之命、同辈兄弟之议,"从一而终"的婚姻观强调女子的贞节,并以"饿死事小,失节事大"的说教来强化这一观念,程颐有一段有名的对话:

> 问:"孀妇于理似不可取,如何?"曰:"然。凡取,以配身也。若取失节者以配身,是已失节也。"又问:"或有孤孀贫穷无托者,可再嫁否?"曰:"只是后世怕寒饿死,故有是说。然饿死事极小,失节事极大。"②

---

① 蔡方鹿. 二程的人性修养思想与价值观[J]. 道德与文明,2014(2):28 - 35.
② 程颢,程颐. 二程遗书(卷二十二下),二程集[M]. 北京:中华书局,1981:301.

程颐认为，男子不能娶寡妇为妻。再嫁之妇已无妇节，与失节之人相配，也降低了自己的人格，"是已失节"。还有人问孤独的寡妇家境贫穷，无依无托，可否再嫁？他明确回答：寡妇不能再嫁。丈夫死后，即使家境贫困，冻死饿死，寡妇也要从一而终，不能再嫁。"饿死事极小"，但改嫁就是失节，即"失节事极大"。程颐所倡导的这种束缚、腐朽的守节、守贞之"礼教"，是为保守的封建统治阶级和宗法社会服务的。到了程朱理学官学化的明代，妇女更是深受其害，屈死在"饿死事极小，失节事极大"的制度枷锁之下，造成了极为恶劣的社会效果。

对于"义利之辨"，古代思想家主要是从学术上辩论说明二者的关系如何。而二程在理解义利问题时，赋予其政治意蕴，力求在更高的思维水平上去把握义利关系背后的终极原因。二程认为，"义"产生于最高之"天理"，具有客观性、公正性、权威性，是绝对不以人的目的为转移的。二程是以公、私，来讨论论义、利问题。二程的伦理思想是对整个社会，不仅限制君权，更是节制人欲，对以皇帝为首的统治者和广大庶民提出了共同要求，其思想中公、义与理相通，私、利与欲相联，存理去欲、克己为公、重义轻利的思想倾向和价值观是一致的。不仅要求下层庶民要做到存理去欲，而且统治者也必须按天理的原则办事，做到存天理、灭私欲、清心寡欲，以国事和庶民为重，而不得把君主的权威置于天理的权威之上。但由于历代封建统治者不断削弱存理去欲、重义轻利对自身的约束，而不断加强其对下层庶民的制约。二程所建立的理欲、义利和公利观思想中，上到"三纲五常"，下到各种"乡约""族规"，在历史的演化中异化成违背人性、维护封建秩序的礼教，扼杀人的个性自由和正常权利。

总之，二程所主张的政治教化模式是官方阶层、儒学士大夫的精英治国理念，教化的理想和目的在于培养圣人，教化内容以伦理道德为根本，二程的教化思想不仅为王道世界打开了更为广阔的思想视阈，也影响着宋代以后中华文明的人文走向。

第四章 二程教化思想的具体实施

　　二程的教化思想以天理为本体基础,产生出强烈持久的感召力和凝聚力,不仅是其作为封建社会主导价值观的逻辑结果,而且是因为受到普遍认同的教化方法,因此在中国教育史上产生了深远影响。二程的"内圣"目标实现强调由内到外、由个体到群体的道德修养过程。在方法上,二程的"教"和"化"兼重,注重外在"教"的途径和内在"化"的方式。以"教"为本,主要通过国家教育、学校教育、家庭教育等途径进行。"化"是内在的自我修养,通过风俗感化、礼法规化、自我内省等方式,养成道德品质,形成道德自律。二程的教化方法是教育与化成的内外兼重统一,是手段与目的协调。

　　中国传统教育格局是高度的政教合一,即教育政治化。从教化的具体方法来看,二程重视教育,将官学体制、兴盛私学、繁荣家学视为治理国家、推行社会教化的根本。国家设有公立学校,从中央的太学到地方的州县学,都处于政府的控制之下,官学教育的主要目的是为国家统治政权培养符合要求的治理人才。但同时,二程反对一考定终身的科举选拔制度,强调要以学校代替科举。批判旧教育的弊端,认为传统儒学的官学思想体系已经不能适应社会的发展和统治的需要。他们供职于国子监等机构,从事著书讲学工作,创办书院,二程提出学校要以"穷理、明理"为目的,以培养教化出道德高尚的圣贤君子为根本目的,要与以科举为目的,以文章词赋、注疏训诂为重点的教育相区别。在课程内容的更新上，二程改变了以传统经学为主要内容的教育模式，提倡以《四书》等为基本内容，教育方法以因材施教、循序渐进、情感教育、养正于蒙等为主，充分体现了其教化思想的特色。官方教育与私人教育、学校教育与书院教育同时并行、各有分工的体制对巩固国家政权、维护社会稳定起到了重要的社会作用和功能。宋末，"程朱理学"被定为官学，成为科举考试主要内容，宋代教育逐渐转变为官学统一教育。

除了学校系统的道德教育之外，家规族法、礼俗乡约等非正规的教育组织也承载着儒家思想、传播着教化准则的任务。二程强调受教育者的主体作用和实践，也重视礼乐教化、自我修养、自省慎独等自我教育作用的发挥，注重切实的义理涵养，实现王道仁政。对于礼与法的动态关系、双重路径，二程强调作为教化的礼治，要从其内在基础着手，逐步使"礼"由一种外在的仪式升华为内在的自觉。虽然二程也认为法治、刑罚有其存在的必要性，但总的看来，二程强调道德政治是以教化为本，是用教化来实现和推行的，这也成为后来影响中国政治的重要思想来源，因为"与现代政治观念不同，传统政治哲学并非不讲刑罚或法律，而是它们不能作为政治管理的主要手段。对实际政治而言，'政'的本质首先不在治理，而在教化。"①

第一节　"教育"途径

二程兄弟重视教育，强调教育为治国之本，"古人重视社会教化的系统性，通过发挥其教育作用与感召的综合效力，来形成持久的社

---

① 敦鹏. 二程政治哲学研究[D]. 保定：河北大学，2013：17.

会教化功能"①,二程主张教育目的在于培养圣人,以伦理道德为其根本,探究义理之学,强调自我修养,这在当时的历史条件下具有一定的必然性,其教育主张和思想对后世教育影响大。二程强调要通过国家官方、民间学校、家庭蒙学等系统教育,实践教育公平,推行民间教化。要求各级组织均要设学校,从家庭开始,家有私塾,乡有乡学,县有县学,国有国学。在中央设立太学,地方的主要教育机构有州县学和书院,各级学校都要以培养人才为目的,包括制度化的学校教育(即官学、私学)和非制度化的家庭教育,形成儒家教化的合力。出于"正人心,厚风俗"改善社会风俗目的,全国各地纷纷办学,已基本形成地方官学网络。

一、官学推广

二程认为教化之本在学校。官学是儒家教化的重要载体和表现形式,对儒家义理的阐扬是官学教化体系的主要任务,其目的就是培养为政权服务的经学人才,重在培养符合统治阶级要求的理想人才,培养实际治国安邦能力。总体来说,以儒家思想为指导的大一统中央政府、地方政府永远都是教化主体,庶民百姓是客体。官学受到政府支持、推广而在全社会范围内具备了比较大的影响,在建构官学教化体系的过程中,随着儒家意识形态地位的巩固、确立,官学呈现出不断完善、扩张的趋势和规律。学校教育是国家主导,学校分为中央与地方两级,中央教育是太学,官学承担着社会教化的主要责任,官学教育作为伦理教化的主要途径,发挥重要的作用。统治阶级严格规范、约束个体的言行,为稳定的政治统治提供道德保证,保证所培

---

① 王司瑜. 中国古代教化思想及方式研究[D]. 哈尔滨:黑龙江大学,2013:123.

养的人才符合社会的实际需要。

1. 科举制度

国家倡导教育是面向社会所有成员，注重通过公平的科举考试选拔人才，为文人指明一条通向皇权统治阶层之路。"隋唐以来，吾国科举之制，聚天下之士子，试之以经义、策论与诗赋，以文辞之高下定人才之去取而已。"①儒家坚持"学而优则仕"的选贤主张，体现出了任人唯贤、唯才是举的公平原则，通过科举制度的制度保障，极大地稳固了皇权统治的社会基础，保障了儒家正统的意识形态地位。从教学内容看官学教化体系，不可否认的是，在科举制度的引导下，民众对官学教化多持认可态度，因此对民众道德素养的提升、社会秩序的稳定、民族团结等都起到了比较好的促进作用。

宋代实行文官政治，重用文人参政，进一步完善科举制度，扩大科举名额，盛行解试、省试、殿试三级严格的过程。解试称乡贡，由地方官府组织，解试合格参加省试。省试由尚书省礼部主管，省试合格奏名朝廷，再参加殿试。朝廷把科举取士的大权收归自己掌握，殿试以考试成绩只决定名次高下和等第，惟进士前十名奏请皇帝最后确定。第一、二、三甲赐进士及第，为状元、榜眼、探花。第四甲赐进士出身，第五甲赐同进士出身。应该承认，当时的"科举制度这一柜对公平的教育政治导向，彰显了个体所拥有的平等参政权，客观上起到了催人向上、凝聚人心、教化庶民和加固王权社会基础的重要作用"②，"二程在选举取士问题上的议论，既有对现实制度的激烈批

---

① 张君劢. 义理学十讲纲要[M]. 北京：中国人民大学出版社，2006：126.
② 黄书光. 儒家的社会正义理想与教育价值建构[J]. 教育发展研究，2014（22）：1-5.

评,也有参酌古今而做的制度设计,可见道学之为实践智慧的品格。"①可以肯定的是,科举制度培养了大批德才兼备人才,为进一步提高官吏的文化素质发挥重要作用,实现了在思想上的引领和控制作用,为进一步推行和弘扬儒家教化思想、社会美俗打下坚实的基础。

　　二程兄弟以个人亲身经历,反对一考定终身的科举取士制度。程颢在给朝廷的奏札中几次提出改革的建设性意见,倡导由国家培养人才,充分发挥官学作为人才选拔机构的作用,培养符合统治阶级要求的人才。程颐则认为因为没有前期的考察,通过考试是无法真正了解人才的德行和能力的,他尖锐地在批判当时的科举制度,但也没有提出切实可行、实质性的改革文案。宋仁宗皇祐二年(1050年),18 岁的程颐在《上仁宗皇帝书》,指出国家需要的应该是懂得"帝王之道,教化之本"的贤能之士:

> 　　国家取士,虽以数科,然而贤良方正,岁止一二人而已,又所得不过博闻强记之士尔;明经之属,惟专念诵,不晓义理,尤无用者也。最贵盛者,惟进士科,以词赋声律为工。词赋之中,非有治天下之道也。人学之以取科第,积日累久,至于卿相。帝王之道,教化之本,岂尝知之? 居其位,责其事业,则未尝学之。譬如胡人操舟,越客为御,求其善也,不亦难乎?②

当时的科举取士有数科,程颐对其中主要的三科做了分析。贤良方

---

① 　方旭东. 道学话语的实践之维——就二程及其门下的科举改革论而谈[J]. 现代哲学,2012(2):103 - 107.

② 　程颢,程颐. 二程文集(卷五),二程集[M]. 北京:中华书局,1981:512.

正科：被选进的人数量不多，所选拔的只是一些没有实际才能之人；明经科：惟专念诵，不晓得义理，对于治国并无用处；进士科：取士人数是最多的，却也只是巧于记诵词赋声律，而词赋声律不包含天下之道和治理国家事务之才能。如果按此制度取得科第，最后甚至做到公卿相士，但是对于"帝王之道、教化之本"，却茫然无知。辅佐君主之臣，其学术水平一定要与治天下之道联系起来，必须具备实际治国安邦的才干。如果他们不晓义理，缺乏实际处理政务才干，又没有应变能力，这样的人如果为公卿，要求他们"居其位，责其事业"治理国家，就好比让不识水性的胡人操舟，让没有骑过马的越人驾车，那是非常难的，绝不是求贤之道，国家要选拔的是治国安邦之贤才。程颐批判记诵声律的科举制度，提倡义理教育，将学术与治理天下联系起来，这在当时具有一定的历史必然性。

北宋前期，进士科考试诗、赋、论各一首，时务策五道等。宋仁宗嘉祐年间，于进士、诸科之外加设明经科，考试问大义十条，试时务策三条，出身与进士同，宋神宗时废除。宋仁宗嘉祐二年（1057 年），大规模地扩大进士科的名额，"对于多次参加省试或殿试的落第举人，只要达到规定的举数及年龄，由礼部另立名籍奏申朝廷，参加殿试，称'特奏名'"。① 此外，还新创建明经科，要求儒生必须熟谙经学，兼以论、策定优劣。科目不同，考试内容也就不同。如明经科考试内容为《礼记》、《春秋左传》两大经，《诗经》《仪礼》《周礼》三中经，《尚书》《周易》《公羊传》《谷梁传》四小经及《论语》《孝经》。五经科考试内容为《诗经》《尚书》《礼记》《周易》《春秋》等五部经书及《论语》《孝经》等。三传科考试内容为《春秋左传》《公羊传》《谷梁传》。明法科考试内容为律、令、断案及《论语》《孝经》等。

十六年后，即宋英宗治平二年（1065 年），程颐代父撰写《为家君

---

① 邓广铭等著. 宋史[M]. 北京：中国大百科全书出版社，2011：125.

应诏上英宗皇帝书》中,心情变得更加激愤,他再次谈到取士之弊,强调要重视儒家道义:

> 今取士之弊,议者亦多矣。臣不暇条析,而言大概。投名自荐,记诵声律,非求贤之道尔。……果天下无遗贤邪?抑虽有之,吾姑守法于上,不足以为意邪?将科举所得之贤,已足致治而不乏邪?以今选举之科,用今进任之法,而欲得天下之贤,兴天下之治,其犹北辕适越,不亦远乎?①

程颐直截了当地指出,正在实行的"投名自荐,记诵声律"的考试办法根本不是"求贤之道"。学者如果靠记诵声律来做官肯定有弊端,因为词赋声律中,根本没有包含治理国家的道理。程颐还对皇帝发出一连串的质问:是否以为天下已经没有被遗漏的人材?还是知道有所遗漏却因循旧法而听之任之?是否以为科举所得人材已足够使天下至治?最后,他明确告诉英宗皇帝:如果还是采用这样的选举之科与进任之法,要想得天下之贤、兴天下之治,根本就是南辕北辙。接到这样的奏折,英宗皇帝内心为之震动并有所采纳。

宋神宗熙宁四年(1071年),明经科等科目逐渐减少,进士科成为最主要科目。以《诗经》《尚书》《周易》《周礼》《礼记》一经,兼以《论语》《孟子》。元丰四年(1081年),解试在考经义和论、策之外,还加试律令大义,可以促使举人平时注重学习律令、断案等法律知识,有利于实行法治,按照有关律令处理政务。总之,这次关于考试内容的改革意义重大、影响深远。

宋哲宗元祐四年(1089年),进士科又分为诗赋进士、经义进士两科。同一科目,解试、省试及殿试也不尽相同。诗赋进士解试、省

---

① 程颢,程颐.二程文集(卷五),二程集[M].北京:中华书局,1981:525.

试考试科目为诗赋、论、策,经义进士解试、省试考试科目为经义、论、策,殿试仍统一试策。在及第、授官等方面没有任何区别。后又罢废诗赋,专治经术,考试分为四场:第一场,试大经义三道,《论语》义一道;第二场,试中经义三道,《孟子》义一道;第三场,试论一首;第四场,试子史时务策二道。

宋徽宗崇宁三年(1104 年),实行三舍法,停止举行州郡解试、省试,全国取士主要经过太学参加殿试。士人必须由县学升入州学,再由州学升入太学。太学入上等者即可赐第授官;入中等者,则可参加每三年举行一次的殿试,第其高下,赐第授官。也就是说,只有取得太学生员的资格,才能参加科举考试。宣和三年(1121 年),举人无学历要求,科举取士的范围逐渐扩大,一般家世的人均可参加科举考试。以便选拔经国安民统治之才,维护封建王朝的统治。当然,科举取士重视应举人的品行,重视孝行,有规定:不孝不悌者,不得应举。

总之,科举制度确立了儒家思想的治国方针,也确立了理学在社会教化、国家意识形态中的统治地位。《诗经》《尚书》《礼记》《周易》《春秋》等五经是科举考试的主体,二程的著作成为科举考试必备。《伊川易传》不仅被奉为程朱理学的经典著作,也成为科举中的官方指定教科书。从积极的方面来看,北宋完善的科举制度,一方面有利于提高官员的文化素养,改变统治集团的成分结构,有利于整个社会文化素质的提高。另一方面严格的考试过程,使门阀势力消亡,一些出身寒门且卓有才干之人,包括二程都曾来到京师参加科举考试,等待揭榜、实现人生理想的日子。大批文人由科举而从政,进入仕途。他们的参政议政意识强烈,特别关心政治,对国家和民族的责任感增加,程颢、程颐等北宋新儒家代表相继出现,对儒家学说的普及产生了积极作用。

2. 中央太学

二程重视教育,强调学校在养贤育才、人才教化、兴国安邦上的重要作用,人才缺乏、风俗未美,主要是北宋王朝不重视教育所导致。程颢上书宋仁宗《请修学校尊师儒取士札子》,请求兴办官学、明教化、育贤才,更为全面地尊师重道,培养一批批符合封建阶级需要的人才。文章开篇就提出核心观点:

> 治天下以正风俗,得贤才为本。宋兴百余年,而教化未大醇,人情未尽美,士人微谦退之节,乡闾无廉耻之行,刑虽繁而奸不止,官虽冗而材不足者,此盖学校之不修,师儒之不尊,无以风劝养励之使然耳。窃以去圣久远,师道不立,儒者之学几于废息,惟朝廷崇尚教育之,则不日而复。①

程颢说明了"得贤才为本"的学校教育的重要性。宋兴百余年教育不兴,产生了种种后果:一是世风日坏,天下出现"人情未尽美,士人微谦退之节,乡闾无廉耻之行,刑虽繁而奸不止"的局面;二是贤才缺乏,"官虽冗而材不足";三是思想上"去圣久远,师道不立,儒者之学几于废息",缺乏良好的学校教育,师道不立是造成圣人之道不明、儒学正统地位时刻处于动摇的原因。所以,道之不明不行的关键就在于"教化未大醇","无以风劝养励之使然耳。"所以要扭转这个局面,程颢希望"惟朝廷崇尚教育之",兴办学校,兴国治邦,培育出治国所需的贤才。

程颢经常向想有所作为的宋神宗许诺社会理想图景,让宋神宗怦然心动。程颢说:

---

① 程颢,程颐. 二程文集(卷一),二程集[M]. 北京:中华书局,1981:448.

　　　　其道必本于人伦,明乎物理,其教自小学洒扫应对以
　　往,修其孝悌忠信,周旋礼乐,其所以诱掖激励渐摩成就之
　　道,皆有节序,其要在于择善修身,至于化成天下,自乡人而
　　可至于圣人之道。①

　　　　庠序之教,先王所以明人伦,化成天下;今师学废而道
　　德不一,乡射亡而礼义不兴,贡士不本于乡里而行实不修,
　　秀民不养于学校而人材多废,此较然之事,亦非有古今之异
　　者也。②

程颢认为天下的庶民都应该得到教化,从小就开始"修其孝悌忠信",
"周旋礼乐"与圣人之道。程颢所理解的古代庠序之教,应该是包括
明人伦,乡射礼,贡于乡等关于道德教育内容的规定。对于太学教师
的人选,宋神宗时期正式创立了学官考试制度,选择成绩优异者任命
为学官。元丰七年(1084 年),建立起一套统一的中央和地方学官的
考试制度。对此,程颢有自己的见解和主张:

　　　　凡公卿大夫之子弟皆入学,在京师者入太学,在外者各
　　入其所在州之学。……有当补荫者,并如旧制,惟不选于学
　　者,不授以职。③

程颢的意思是,确定家族出身、门第身份的恩荫制度不必废除,但是
不能授以恩荫补官者实际职权。只有经过太学的深造,证明是德才
俱优者才可"授以职"。程颢建议以推荐制作为学官选拔方式,程颢

---

① 　程颢,程颐. 二程文集(卷一),二程集[M]. 北京:中华书局,1981:445.
② 　程颢,程颐. 二程文集(卷一),二程集[M]. 北京:中华书局,1981:453.
③ 　程颢,程颐. 二程文集(卷一),二程集[M]. 北京:中华书局,1981:448.

设想的推荐制与科举取士相比，虽不是经过书面考试，但仍有一套保障监督措施。宋哲宗元祐元年（1086 年），开始废学官考试，改由推荐产生。

程颢还在《论十事札子》中，满怀信心地向宋神宗建议和许诺：

> 去其声律小碎、糊名眷录、一切无义理之弊，不数年间，学者靡然丕变矣。岂惟得士浸广，天下风俗将日入醇正，王化之本也。臣谓帝王之道，莫尚于此，愿陛下特留宸意，为万世行之。①

程颢认为，目前的科举考试存在"声律小碎"的陋习，只注重方法上的"糊名眷录"，却不重视内容上以义理思想为指导。只有去除"无义理之弊"，才能广泛求得贤士。由于不行古制所以才导致目前人才的极度缺乏，如果宋神宗能采纳他的新方案，未来就会出现有所作为的理想图景，这就是"天下风俗将日入醇正""帝王之道，莫尚于此""为万世行之"。

宋仁宗庆历四年（1044 年），建太学，作为当时国家人才培养的高地和社会教化的本源。国子监是当时掌管中央教育的最高行政管理机构，下辖太学、武学、医学、律学、算学、书学、画学等专门学校。太学作为官立的最高学府，设在国都，在朝廷的直接管辖之下，以培养官吏为直接目的。培养的人才既可以政治上绝对忠诚于国家，又会处理实际政务，对推行教化统治起到了不可替代的作用。太学聘请高明的教师，用系统的儒家经典教育贤士，发展才能、趋善成德。二程的著作被列为学校教育的重要内容和考试标准答案。国家每年都从太学中选拔、选派品行兼优的学者担任各级官吏，按照儒家的一

---

① 程颢，程颐. 二程文集（卷一），二程集[M]. 北京：中华书局，1981：450.

套统治方法去教化万民。

宋神宗熙宁四年（1071 年），太学实行三舍法，全称为三舍考选法。太学生分为外舍、内舍、上舍三个等级。初入学者称为外舍生，人数不限，内舍生定额 200 人，上舍生定额 100 人。外舍生根据品行与考试成绩逐级升为内舍生、上舍生。在太学学习期间，学生们享有非常优厚的待遇，所有太学生都可以免去差役，由政府提供住宿处所，并按月发给津贴。有明文规定：外舍生每月 850 文，内舍、上舍生每月 1090 文。因此，经过学习和考试，品学兼优的上等学生，可以直接授官；中等学生免省试，可以直接参加殿试；下等生则可以免解试而直接参加省试。北宋国子监下属的学校，除太学之外，还有武学、律学、医学、算学、书学、画学等等。宋神宗熙宁六年（1073 年），朝廷开始设置律学，置律学教授。凡命官、举人皆可入学，学习断案和律令，成绩优异者，可按吏部试法授官。

宋徽宗崇宁三年（1104 年），停止进行州解试和省试，全国取士都必须经过学校升贡，太学成为全国士人参加殿试的主要途径。朝廷扩大太学规模，太学三舍法有新的变化，外舍生、内舍生、上舍生人数继续增加，太学规模达于极盛。有明文规定：外舍生三年不能升入内舍，即除名退回本州；如果内舍生品行与学业不好可以降为外舍。

3. 地方州县学

北宋前期，地方的州县学不多。从宋仁宗开始，地方州县学第一次大规模发展。宋仁宗庆历四年（1044 年），曾令各州县开始有计划、有步骤地建立学校，提高教育素质水平，但当时并未形成一整套比较完备的制度。

宋神宗期间，全国掀起第二次办学高潮。宋神宗熙宁四年（1071年），诏令各州县普遍设立学校，并计划逐步以学校"升贡"代替解试。朝廷赐田以充学粮，办学经费的稳定性，切实保证州县学的发展。州县学还专门为学生提供宿舍、伙食及其他相关学习条件,设立奖学金对成绩优秀的入学贫困学子进行资助。

宋徽宗崇宁年间,全国又兴起了第三次办学高潮,正是州县学发展最盛时期。停废州郡解试、礼部省试,规定天下取士都由学校升贡,州学生每三年可贡太学。各州县还建起了小学,招收十岁以上儿童入学,其主要教学内容为识字、诗赋、经术等。各地总的在校学生、学田之多,校舍、房廊之大都是空前的。《宋史》有记载统计:"大观三年(1109 年),北宋二十四路共有学生十六万七千六百二十二人,校舍九万五千二百九十八楹;经费年收入钱三百零五万八千八百七十二贯,支出二百六十七万八千七百八十七贯;粮食年收入六十四万零二百九十一斛,支出三十三万七千九百四十四斛;校产中有'学田'十一万五千九百九十顷,'房廊'十五万五千四百五十四楹。"[1]在此期间,各种制度也日趋完善,太学三舍法普遍推行于各州县学。设立提举学事司,掌管一路州县学,是地方教育的管理机构和监督机构。而实际掌管州县学的教学、人事、财政的是各州县的行政长官即知州、知县等。各州县学的学官则为教授,由品行端正、学有专长的教授担任,以经术行义之道教化学生。在兴学过程中,还陆续颁布了一系列"学令""学规",对州县学的教学、考试、管理等都有详尽具体的规定。

二程十分重视教育,认为人才的培养主要靠学校。为此,程颐代父亲程珦写《为家君请宇文中允典汉州学书》[2],聘请名士宇文中允到汉州(今四川广汉)州学任教,学子纷纷前来求学。程颐在书中提出"以教为本":

> 窃以生民之道,以教为本。……既天下之人莫不从教,

---

① 邓广铭. 宋史[M]. 北京:中国大百科全书出版社,2011:171.

② 程颢,程颐. 二程文集(卷九),二程集[M]. 北京:中华书局,1981:593.

> 小人修身,君子修道,故贤能群聚于朝,良善成风于下,礼义
> 大行,风俗粹美,刑罚虽设而不犯。此三代盛治由教而致也。

教育普及,人人都接受了应有的教育,小人、君子都修身修道,因此形成了良好的社会风气,即便设立了刑罚也没有人犯法,国家得到治理,这就是三代盛世的原因。与此同时,程颐还代父亲拟了考试州学士子的试题《为家君作试汉州学策问三首》,所问为治学之道、儒学经典要义和为政之方。

程颢非常重视县学,在历任鄂县(今陕西户县)主簿、上元县主簿县令、监察御史里行等地方官时,为实现理学济世的抱负,二程致力于教化事业,潜心教育研究,形成一套教育思想体系。在晋城任三年县令时,程颢本人首先身体力行,大力提倡县学,教化县民,改善社会风俗,取得显著成效。为了保障学校的正常教学秩序,避免学校流于形式,他规定在县学学习半年以上者,方能被推荐到太学学习。程颢在短时间内创办六十多所学校,乡乡建起了学校,促进了晋城乡学的蓬勃发展,程颢还走进乡间教室,亲自为学生们讲读,激发学习热情。他挑选学生中的优秀者,重点培养,使得晋城县穿儒生衣服者已达到百人,登科者十余人,一改当地"朴陋"风俗,提高了人们的文化素质,促进了良好社会风气的形成。由于程颢教化有方,使晋城这个几万户大县民风淳厚,俨然成为一个礼义之邦。据记载,程颢离别之日,百姓哭送。

二程年轻时在外求学。嘉祐初,二人在洛阳安家,以后长期居住洛阳。求学者不远千里而从之,渊源所渐,皆为明士,有史可考者即达八十多人。除在家讲学外,二程在外仍志于兴学传道。程颢于嘉祐三年进士及第后,在各任处都"以教化为先",广施教泽,如为晋城县令时,他创办了六十多所学校,一改当地"不知为学"的野风陋俗,最大限度地发挥出其教化功能。

二、民间普及

北宋时期教育较为发达,学校类型较多,在振兴官学的同时,民间办学组织兴盛,出现繁荣景象。各地私人竞相办学,几乎遍布全国,士人读书求学的机会又明显增加了。私学不同于官办之学,它不以培养官吏为直接目的,延续着中国传统的教育理念,通过自由讲学将儒家文化在民间传播和发展,扩大了社会影响力,具有重要历史价值,"私人讲学活动和书院的兴起与长盛不衰,为传播和推广儒家教化打造了良好的人文环境土壤,促进了社会的人文教化水准。"①二程在民间讲学的时间,程颢有三十年、程颐长达五十年。二程的教育实践分为洛阳讲学和外地兴学,他们在洛阳一直积极从事的学术活动,影响波及全国,二程将思想与教育紧密结合,讲学活动大都取法孔孟,以追求道德至善为首要,是中国思想史、中国教育史上的进步,对于接续儒家道统起到了重要作用。

二程创办书院式的民间教化组织,通过讲学活动,宣传德行教化,对于推进教化思想的社会化、民间化发挥重要的作用,使广大民众受益。在书院式教育过程中,他们所提出的教育内容、教育方法具有不可替代的地位和作用,引领风尚、移风易俗,极大地改善社会风气。与国家取士制度有所不同,以书院为代表的特色教育是一种创新,由学者个人名义创办,来自全国各地的弟子们都可以前来读书治学。书院教育的真正目的是形成良善的道德品格和风气,弘扬、普及儒家文化和核心道德价值,传播渗透儒家教化精神思想,规范庶民修身行为,做到言忠信、行笃敬。鼎盛时期的书院数目不多,规模还比较小,有藏书堂、学员宿舍等,学生数十至数百人不等,但这些书院大

---

① 刘华荣.儒家教化思想研究[D].兰州:兰州大学.2014:70.

多都能得到官方的认可支持,书院不列于里甲管理,不向官府交纳税赋,不出徭役,书院的日常开销还能得到资助和捐赠,如所赐的弓、自有的"学田"等。著名的在中国历史上影响深远的"北宋四大书院"是白鹿洞(今江西庐山)书院、岳麓(今湖南长沙)书院、应天(今河南商丘)书院、嵩阳(今河南登封)书院或石鼓(今湖南衡阳)书院等,促进了地域性学术中心形成,为仁、义、礼、智、信等价值观的传播做出了卓越贡献。

宋仁宗景佑二年(1035年),朝廷重修"嵩阳书院",赐田百亩以供学生膳食。宋神宗时,嵩阳书院名声益高,文化内涵深厚,师生达数百人之多。二程的教育和学术生涯与嵩阳书院有着密不可分的联系,他们都曾先后在此讲学,嵩阳书院因二程而名声显赫,因此后世称嵩阳书院为"新儒学"的发祥地之一。宋神宗元丰五年(1082年),文彦博赠十亩庄园给程颐,在洛阳城伊川县创立了"鸣皋书院"。程颐在此立言讲学,写下一系列重要著作,讲经传道、培养了众多弟子,对理学的发展和传播起了重要作用。程颢在开封任职期间,与程颐一起讲学,创办二程书院。程颢任扶沟县令时,与程颐一起创办明道书院,后又到宝丰县创办春风书院。二程创立书院文化,基本不受官方的约束,发扬了儒学关注人格发展、世俗民生的精神,达到了传播学术思想、培养人才,推广庶民教化、社会教化标准,树立良好社会风尚的目的。

首先,书院教育宣扬自由思想。书院教育属于私家讲学,大多是由体制外的儒学士人参与创办,所以具有相对独立的办学自由风格。以前儒家的传经是偏学术意味,而书院讲学作为一种社会活动,多讲些现实人生与伦常内容,有时还会自由议政。程颢前期从事政治活动较多,40岁以后开始将更多的时间和精力用于教育活动,而程颐一生主要从事教育活动和学术研究,终身推行教化思想。与官学教育过于功利化的方式不同,书院更强调学术自由精神,其目的就是重建儒家崇高的义理教化的精神价值。主要表现为办学目的不为科举考试，而以做人、明经、发展学术为根本。讲义利之辩，强调养心、修身、读书，强调精神、道德、气质、人格的养成。参与制订、推行民间礼仪、乡规民约，主导社会舆论与道德评判，特别是在民间社会担当精神领袖、发挥范导作用，这是中国传统教育理念中最有价值、最有生命活力的内容。二程所提倡的书院教育理应承担着传承道统、学统，发展学术思想的重任，也体现出二程在中国思想文化传统中的地位和重要性。

事实上，由于科举制度没有根本性变革，书院作为民间办学组织，"四书五经"仍是二程理学教育内容，通过儒家经典来渗透儒家伦理教化思想。宋以前人们主要研读《诗经》《尚书》《礼记》《周易》《春秋》等"五经"，但从二程开始将《论语》《孟子》《大学》《中庸》等"四书"作为理学经典，逐渐取代"五经"在经学史上的地位。《论语》和《孟子》乃孔孟经典之作。二程对《孟子》一书高度重视，《孟子》原先只是"子"不是"经"，经二程的宣扬，《孟子》一书由"子"入"经"，二程还把《孟子》与最具权威性、反映圣人之言的《论语》并列，提高《孟子》的地位。在二程看来，《论语》《孟子》是诸经之本，涵盖仁义、礼乐等伦理道德规范及治理国家的原则，通过研读便可掌握圣人义理。同时，《大学》《中庸》原先只是《礼记》中的一篇，不能与完整的经典相比，二程把《大学》《中庸》从《礼记》中提取摘录出来。程颐把《大学》视为"初学入德之门"要籍，《大学》列出道德修养的八条目，教导自我修养方法，如格物致知、诚意正心等，以达到修身齐家、治国平天下之目的。二程推崇《中庸》一书在道统中的重要地位，肯定《中庸》体现天命、性、道、教、诚等中国儒家的形上学观念，传授使人终身受用不尽的圣人之道。二程要求学者以研读"四书"为先为中心，领悟圣人之道，其余经典则可不治而明。二程推崇的"四书"记载了中国思想史上重要的史实资料，蕴含了儒家思想的核心内容和核心价值，是儒学认识论和方法论的集中体现。二程学说中的心性哲学、道德修养论、格物致知论等穷经明理思想,均可在"四书"之中找到理论和思想资料。"四书"中一些重要内容已成为当时人们安身立命之道、为官从政之道的基本信仰与信念,教化人们接受并自觉实践"仁爱""忠恕"等为人处世的道理,这些有益的圣言至今对现代人具有积极的教育意义和深远的启迪价值。后经朱熹集注,《四书集注》被列为科举考试的应试教科书,扩大了理学在社会上的影响,这不仅是中国经学史上的重大事件,而且对中国文化产生重要影响。至此,"由二程在北宋开创的注重四书的学术运动,到朱熹手中真正定型和兴起,并借助后来朱子学派的努力发扬,使四书成为宋元明清儒学思想的新的经典体系。"①

当然,儒学基本经典《诗经》《尚书》《礼记》《周易》《春秋》等"五经"虽然没有提供一套哲学系统,但仍然体现着中国文化的历史价值。程颐认为《诗经》中的诗歌与"教化"有密切关系,把释《诗经》也纳入了道德教化的范畴;《春秋》之大义是以民为本,重民生,也说到夷夏观、道统观等民族认同意识。程颐批评当时"以博闻强记,巧文丽辞为工,荣华其言"②的文风倾向,认为经典应该不是谨守官方钦点经书的僵化注疏训诂,而是对儒道内在义理的阐释,能唤起人生哲理和感悟。由此可见,二程以求义理、明明德的教化思想得以一直延续发扬,从而提升基层民众伦理道德水平。

二程对中国经学发展的最大影响就是将经学理学化、实学化。经学作为中国古代学术的主体,是一种解释其字面意义、阐明其蕴含义理的学问。蕴藏了丰富而深刻的思想,保存了大量珍贵的史料,是

① 汤一介,李中华,陈来等. 中国儒学史·宋元卷[M]. 北京:北京大学出版社,2011:334.
② 程颢,程颐. 二程文集(卷八),二程集[M]. 北京:中华书局,1981:577.

儒家学说的核心组成部分。经学理学化，是指经学由传统的"章句训诂"之学转变为"义理说经"的理学。二程反对汉学考据注疏，强调义理之学的鲜明特色。经学实学化，是指二程的经学是明道致用的实学，与单纯讲求训诂章句存在着差异和不同。二程实学的涵义是要研读经书中的圣人之道，将经与道联系起来，贯彻到人生日用和治理政务的具体实事中，"儒学传统仿佛成了人们的天性，儒学被称作'礼教'，实际上是指明了儒学由礼制而实现了教化的价值。"①二程批评博闻强识有空言无实之弊，实学取代汉学这是发展的必然。程颐的易学是二程经学思想的重要内容，程颐以"体用一源，显微无间"的思想方法研究《周易》，并结合对现实问题的关注，编撰《伊川易传》，提出了独具特色的易学思想，这在思想史、宋明理学史上具有重要的学术价值，意义深远。后世思想家中之所以会有批判二程的言论，是因为程朱之学被定为官学后，有人将程朱对经典的解释和注疏又当成新的章句教条，又开始空谈义理心性，而不把义理贯彻到日用之中，不讲通经致用的行为又走到了二程实学思想的反面。

第二，书院教育规定教化内容。基于伦理型的人才培养目标，二程通过日常生活中自身的言行、待人处事接物的方式，将儒家的伦常道德观念作为书院教育的基本内容。熙宁变法之后，二程在嵩阳书院讲学十余载，收徒聚众讲学，学生多时达到二百余人，号称"程门四大弟子"的杨时、游酢、谢良佐、吕大临，都曾在书院读书，他们后来都成为宋代非常著名的学者。书院的体制一般都比较完善，对教学目的、教学内容、教学过程、教学方法等都有全面、详细的阐述和规定。二程贯彻明道的目的和原则，在教化中贯彻义理思想。程颐曾说："知道者多即道明，知者少即道不明也。知者多少，亦由乎教也。"②

---

① 　吴新颖. 儒学与中国传统文化[M]. 北京：中央民族大学出版社，2012：295.
② 　程颢，程颐. 二程遗书（卷十七），二程集[M]. 北京：中华书局，1981：175.

二程认为,为学要以圣人之道作为志向,做人要以成圣为最高追求。只有将最高目的定在教人立志成德,所受到的教化和产生的影响才会非常深远,才能激发道德修养的积极性和自觉性。二程关于立志的基本观点和做法,是符合心理学关于动机的培养和激发这一原理的,蕴含有丰富的教育心理学原理。学生把伦理道德的完善作为终身追求和最高精神境界,通过"存诚""居敬"的教化方法,"知善""明道",培养学生在为学、行为、待人、接物、处事等重要原则方面,形成懂"理"、合"礼"的道德品质,把传统伦理道德观念牢固树立在心中。将儒家的理想追求、价值取向和做人准则惠及于每个人,提升了自我的内在道德修养,从而铸就了中华民族的优秀品格和精神气质。在长期教育实践中,二程强调教育者的主导地位,实行有教无类,提出因材施教、循序渐进、启发式教育法等施教方法。

因材施教。因是根据,材是资质,施是施加,教是教育,指针对受教育者的志趣、能力、特点等具体情况,采取不同的方法进行教育,才能收到较好的教育效果。二程认为大多数人都是可以教化的,可以因材施教、不拘一格地扩大教育对象。育其所长,补其所短,根据特点进行教育,发挥其所长,呵护个性,弥补不足。程颐沿用孔子培养学生的方法,他说:"孔子教人,各因其材,有以政事入者,有以语言入者,有以德行入者。"[①]当时孔子的弟子中,善于从事政治事务的,就培养他们从政的能力;善于言辞的,就发挥其语言方面的优势;善于德行的,就培养他们成为道德方面的模范。根据弟子的某些方面的优势去培养,就可以收到前所未有的政果。

因龄而教。即根据认知发展的规律,在各年龄阶段都各有其特征,所以要因不同的年龄特征,施行各有所异的教育方法。程颐认为:

---

① 程颢,程颐. 二程粹言(卷二),二程集[M]. 北京:中华书局,1981:1238.

> 古者八岁入小学，十五岁入太学，择其才可教者聚之，
> 不肖者复之田亩，盖士农不易业，既入学则不治农……自十
> 五入学，至四十方仕，中间自有二十五年学，又可利可趋，则
> 所志可知。须去趋善，便自此成德。①

程颐强调环境影响，要尽量使可以教育的都能入学受训，放在良好的
社会氛围之中进行熏陶。古人八岁入小学，进行最基本的文化知识
和道德训练，知道什么可为，什么不可为。十五岁入太学，进行文化
知识的训练，加强对更深道理的理解。小学中择其才可教者升入太
学为士，其余的人复归田亩为农，士农的分别由于此。学习是一个需
要不断培养的过程，经过长期的学校教育，其中品行兼优的在四十岁
左右致仕。如果在此期间，有趋利之心，便不能明道，只有趋于善，才
能成德。

因能力差异而教。能力有大有小；能力的充分发挥也有早有晚，
有人早熟也有大器晚成；能力的结构上也有差异等等。因此必须根
据能力的个别差异而教，掌握教学的深浅度。

二程在强调实行因材施教的同时，进一步发挥了启发式教学。
如果不经过艰苦思索和勤学好问，就能得到现成的答案，这种"知"是
不巩固的。程颐说：

> 圣人之语，因人而变化；语虽有浅近处，却无包含不尽
> 处。如樊迟于圣门，最是学之浅者，及其问仁（人），曰：爱
> 人，问知、曰：知人，且看此语有甚包含不尽处？②

---

① 程颢，程颐. 二程遗书（卷十五），二程集[M]. 北京：中华书局，1981：166.
② 程颢，程颐. 二程遗书（卷十七），二程集[M]. 北京：中华书局，1981：176.

要针对学生的智力水平,用可以接受的语言向学生讲明道理。樊迟是孔门诸弟子中"最是学之浅者",如果用很深奥的道理去进行教化,很难使其领悟。孔子对樊迟问仁,问知的回答是"爱人"和"知人"。语言简明,深入浅出,包含有深刻的道理,能够奏效。

　　因性格而教。性格不同,教法各异。根据学生不同性格,采取不同的教育方法。作为教化者的二程兄弟在境界取向、性格特点、待人接物等方面有着明显的差异。从性格因素看,"程颢的性格偏重从容、洒脱,具有外倾型性格的特点;程颐的性格则倾向严谨、持重,是比较典型的内倾型性格。"①程颢更多表现出来的是圣人气象,程颐则是贤人气象,所以,程颢有"如坐春风"之誉,而程颐则有"程门立雪"之典。程颢追求自由、活泼、和乐,不仅能以诚意感动皇帝,而且也感染学生。学生问学程颢,都能感受到"在春风和气中坐三月而来",因此"如坐春风"四字成为千古佳话。在日常讲学中,程颢善于用启发式教学,如果弟子们提出不同的义理观点,程颢常说"更有商量",充分尊重大家的讨论意见,在师道尊严的时代,这样的教学模式是非常难能可贵的。所谓"程门立雪"典故,说的是一个冬日,程颐瞑目静坐,弟子杨时、游酢侍立于侧,不敢打扰,不能离去。久之,程颐静坐毕,二人才辞离,门外大雪已深过尺了。这不仅说明杨时等人的敬师之诚,也与程颐平日的师道尊严有关,此后"程门立雪"就成为尊师重教的美谈。程颢也曾说:"异日能尊师道,是二哥。若接引后学,随人才成就之,则不敢让"②,夸奖程颐严尊师道、培养后学、成就人才。二程不仅以渊博的知识教育学生,而且以自己的高尚品德和气节感染学生。但可惜的是,程颢五十几岁就去世了。程颐则活到七十几岁,在程颢去世的二十多年中,程颐还在独立讲学,继续宣传理

---

① 王黎芳,刘聪. 二程理学中的性格因素[J]. 青海社会科学,2007(3):95 - 97.
② 程颢,程颐. 二程外书(卷十二),二程集[M]. 北京:中华书局,1981:427.

学思想。

　　二程按照循序渐进的教育方针和原则,把进定义为渐进,不能越次序。主要是先要了解教育对象的志向和才能,其次是适应个别差异去进行教育,使各尽其才,发挥潜能。程颐认为学习是一项长期的修养工夫,一个人的知识能力有逐步提高的过程,不能在短时间内完成,所以不能急于求成,必须注重循序渐进的原则,脚踏实地,成为具有高深学问的圣贤。程颐说:"学欲速不得,然亦不可怠。才有欲速之心,便不是学。学是至广大的事,岂可以迫切之心为之?"①对于一些无知或知之甚少的初学者而言,他们一开始接受不了一些深奥难懂的知识,因为学习应该是一个由近及远、由低到高、由浅入深的发展过程,所以必须从一些小的、容易接受的事物开始正确引导,先教之以浅显好懂的知识,在此基础上逐步加深教学内容。二程这个观点符合教育规律,值得肯定。陈钟凡在《两宋思想述评》一书中认为"盖(程)颢之为人也恭而安,绰然而有余裕。(程)颐循序渐进,密征精察,而后豁然贯通。故一重自得,一尚穷理。一贵两忘,一求寡欲,其造就各殊也。"②相比较而言,程颐的突出特点是注重循序渐进,密征精察,在此基础上而豁然贯通,比较侧重于穷理的修养功夫。

　　总之,二程以人文精神、道德情操为宗旨,形成书院自由、独具特色的学术氛围,保证书院教育的教育质量和学术水平。书院不仅提高庶民文化水平、促进教育发展,而且也移风易俗,促进社会的稳定与良性发展,对社会风尚和淳朴民风的引领作用非常明显。

---

① 　程颢,程颐. 二程遗书(卷十八),二程集[M]. 北京:中华书局,1981:189.
② 　陈钟凡. 两宋思想评述[M]. 北京:东方出版社,1996:94.

三、家学渊源

作为中国最基本的社会结构,以血缘为纽带的家族承担着重要、必要的教化重任。古代的家族文化施教于门户之内,以儒家文化价值观念为依托,整合当时的社会价值观念,可以有效增强家族凝聚力。"家学渊源"属于绵延不绝的文化传统,和教育方式和家族制度有关,这意味着家庭教育、环境熏陶都会奠定个人的气节、品行等,于家于国,影响深远,都成楷模。二程所在的程家是名门望族,其祖父程遹曾在黄陂县任县令,后被朝廷赠开封府仪同三司吏部尚书,他去世后,程珦按荫庇被任为黄陂县尉。程珦一生先后任黄陂县尉、兴国县令、徐州县令、当过陕西凤州知州、四川汉州知州,官至国子博士。程珦历官 12 任,享禄 60 年,知廉慎宽和,一心为民,政绩突出。程颢的母亲侯氏知书达理,善辞赋,对程颢、程颐影响很大。程颢、程颐兄弟就是在这样的家庭环境中长大的。家庭教育中的家训、家风等都起着严格的教化作用,家规族法、兴办乡约的活动是更具民间色彩的儒学教化途径。

1. 家风家训

中国自古重家风家训,它是中国传统文化的重要组成部分,关系到家族的兴衰荣誉,对个人的立身修养、德性成长、齐家治国、生活方式等都发挥着重要的作用,产生了很大影响。家风是中国优秀传统文化的积淀和传承,家风的核心要素都是当时社会主流价值观、伦理理念、道德规范的体现。二程把家风概括为"五常八德",将仁、义、礼、智、信等"五常",忠、孝、仁、爱、信、义、和、平等"八德"作为家庭教育的主要内容。"仁"是五常之首,是所有美德的总体性范畴,它是儒家思想中最基本的核心价值理念和道德精神。二程从家庭的血缘亲疏关系引申出"仁爱"思想,"仁爱"的功用是由己及人,由内而外,倡导人与人之间的相互关爱、相互信赖,平等友善,人的价值得到尊重和重视,体现了人道主义和人本主义精神。在"家国一体"的古代中国,"家"与"国"只是规模上的大小不同,"家"是国之基础,有家才有国。"家"对于社会、国家的稳定和发展功能日益突出和重要。从"家"到"国"的辩证关系上,二程认为,"孝悌"是"仁"的根本,以"孝悌"为核心的家庭教化是整个社会道德教化的本位和基础,在大家庭中的"孝悌"主要体现在儿女孝敬父母的"父慈子孝"及兄弟相爱"兄友弟恭"上,建构这样的人伦关系和家族道德,才有可能实现"家和万事兴"。孝道文化不仅仅体现家庭伦理,只有首先孝敬父母,保持家庭内部伦常秩序,然后才能有国家的安全稳定。程颐认为,父母是一家之长,其他成员必须对长辈有尊敬、赡养的责任和义务。作为国家政治的延伸,如果天下的家庭成员都能尊重、孝顺长辈,家庭内部就能团结和安定,社会国家就能安宁巩固,就能更好地保证国家政令的推行。

传统的家训是良好家风形成的基础,具有强大的渗透力和约束力,其核心在于宣教伦理纲常,对于封建意识形态家庭化有较大的影响力。成文的家训是父对子、兄对弟、夫对妻等所做出的某种训示和教诫,主要体现儒家精神的礼法制度、道德规范、行为准则。这些家训的内容丰富,包括注重家法、国法;和睦宗族、乡里;孝顺父母、敬长辈;合乎礼教、正名分;祖宗祭祀、墓祭程序;修身齐家等方面内容,其最为核心的内容是道德修养和人格教育。表现形式多样,家训主要是通过家书、诗文、家谱等,用一定的图文形式进行世代传诫。如得以流传下来、最为人称道的北齐颜之推的《颜氏家训》、南宋朱熹的《朱子家训》、晚清的《曾国藩家训》等一系列相关典籍,至今脍炙人口,成为可以借鉴的宝贵精神财富。二程就将"诚"列为家训,视为为人处世、做事交友、家庭伦理的必要品质。君子伴随着家训的家庭教化形式,完成个体的社会化进程,严家法、正家道走进日常意识。二程要求家庭成员信奉和践行正确的价值观、义利观,要"节制欲望",在处理义利关系方面,要"重义轻利",不要过于看重财利,而要以义制利,有时为了实现"义"必须放弃"利"。对于从政的家族成员,二程积极倡导"为公去私""爱国济民"的行为规范,要求做到人格养成、清廉为政、实现善治,这些都为家风建设提供了丰厚滋养。由于家训具有相当的情感性,因此较之传统说教更容易接受。家庭成员会在前辈的关爱中,接纳以天下为己任的传统精神,认同儒家所崇尚的理想人格和家庭观念,从而将教化的目的落实为个体的自觉追求。

乡约是在家庭、家族教化的基础上,将儒家教化实践范围进一步扩大化、制度化,是对人进行德性教化的延续,与人的德性成长密切相关,也是在思想文化和意识形态教育领域连接个人、家庭与国家之间的一个重要桥梁。中国首部乡约出自宋代吕大均、吕大防、吕大忠、吕大临四兄弟,他们师从张载和程颐,对于儒家义理推崇备至,并将儒家教化思想付诸实践。到了明清两代,乡约的制度性教化特色日益明显。例如王阳明的赣南乡约教化,他在宋代吕氏乡约教化的基础上,根据时代发展要求和赣南地区发展实际情况,制定相关政策和制度,提高了教化效果。乡约发展开始呈现出由单纯教化型向综合管理型转变,虽然有学者"将此转变看作是乡约的教化职能有所削弱的表现"①,但这恰好是儒家政教理念在具体实践中的不断践行和验证,教化形式虽然有所变化,但同样有助于儒家意识形态的巩固、国家社会秩序的安定,促进了社会的文明进步,走出了一条独具特色的教化之路。

---

① 段自成. 清代北方官办乡约研究[M]. 北京:中国社会科学出版社,2009:131-189.

　　2. 蒙学养正

　　古人早已把治家与治国联系起来,传统儒家的立人宗旨是修身、齐家、治国、平天下,从而达到家国一体、家国同构的体制,齐家是实践上走向政治教化的一个基本前提,家庭的日常教化服务于整个封建道德教化,体现民族性格。正所谓国之本在家,最基本的家庭关系可以扩大、扩充,从家庭教育的立志修身、慎独自省,推广到社会教化的"家国一体"、发展繁荣。家庭是个体从小接受教化的公共生活场所,家里德高望重的父母长辈的约束力影响一代代后辈。普遍的、小范围的家庭教化是实施道德教化的重要基础和环节。二程强调以"蒙学"为代表的家庭基础教育,以礼制来养成必要的日常行为习惯和伦理道德意识,为将来的成长和发展奠定了基础,维系更大范围的社会秩序。

　　中国人重视家庭教育,家对每个成员都具有浓厚的凝聚力和亲和力。个体成长第一个阶段所接受的教育被称为"启蒙"或"开蒙"教育,教育的成果产生终生影响。全方位实践有效的家庭教化,有利于实现儒家思想社会化、大众化。二程进一步发展蒙学教育,提出"养正于蒙"的观点,强调道德修养要从幼年时期开始,幼儿的模仿力和记忆力很强,所见所闻多是善的,而辨别是非的能力较弱,因此在这个阶段进行道德教育特别重要。将婴幼儿往好的方面引导,长大后才有可能形成良好的道德品质,蒙养教育的内容主要是针对道德品质。以孩童容易接受的形式,将仁义礼智、孝悌忠信之类的伦理道德核心,将君臣、父子、夫妇、男女、长幼、朋友之道根植于孩童的意识形态之中。

　　程颢通过古今对比,详细阐释了社会大环境、有效的儒家教化对人的德性健康成长的重要意义,他认为古今差别不仅体现在器物和制度的表面,也体现在社会的"风气"中。因为社会风气的好坏,取决于教化能否到位和有效。程颢说：

> 古人虽胎教与保傅之教,犹胜今日庠序乡党之教。古
> 人自幼学,耳目游处,所见皆善,至长而不见异物,故易以成
> 就。今人自少所见皆不善,才能言,便习秽恶,日日消铄,更
> 有甚天理。须人理皆尽,然尚以些秉彝消铄尽不得,姑且恁
> 过,一日之中,起多少巧伪,萌多少机阱。据此熏蒸,以气动
> 气,宜乎圣贤之不生,和气之不兆也。寻常间或有些时和岁
> 丰,亦出于幸也。不然,何以古者或同时或同家并生圣人,
> 及至后世,乃数千岁寂寥?[1]

"古人"良好习惯的养成,会带来"易以成就"。而"今人"自幼便习于
秽恶,日日消铄其内在固有的善性,久而久之,坏习惯的积累会失"天
理",因此好习惯要早日养成。同时,只有通过儒家教化,改造社会风
气才能解决。

从教化内容上看,二程宣扬家庭教育中的日常伦常不可忽视,尤
其强调培养提高儿童的德性。程颐针对儿童的心理状况,提出了养
成教育法,即提倡尽早有规律地训练儿童良好的伦理道德习惯,从具
体的、细微的礼节入手,帮助儿童将社会道德规范"内化"为自我要
求,在日常生活中养成符合礼节要求的良好的行为习惯,形成高尚的
道德情操和品格。程颐在《坤》卦中还强调很多事情的发生都是积累
的效应。积聚善行之家,定有不尽的吉庆,积聚不善行之家,定会殃
及自己后世。臣杀君,子杀父的结果不是一朝一夕就形成的,应该在
人刚产生恶行时就要早早地明辨并加以制止。程颐的《蒙》卦说:

---

[1] 程颢,程颐. 二程遗书(卷二),二程集[M]. 北京:中华书局,1981:35.

　　未发之谓蒙,以纯一未发之蒙而养其正,乃作圣之功
也。发而后禁,则扞格而难胜。养正于蒙,学之至善也。①

人处童蒙阶段,极易受外界影响,对不明事理的幼童,要用圣人之学
加以潜移默化的培养、教化,使他们养成良好习惯,归于正道。学习
之初就要走上正路,否则有可能入于异端,形成恶性习惯。如果学坏
了再去教化,难度就大多了,这也正是"养正于蒙"教育方法的重要作
用所在,程颐的这一见解非常有价值的。

　　针对孩童的启蒙教化,程颐认为这是一个长期熏陶的过程,孩子
在教化的家庭环境中耳濡目染,潜移默化,渐磨而进,才会使善质不
断扩充,最终成善,成为有德之人,政治教化的根源和功用即在于此。
父母是孩子的第一任老师,有着不可替代的作用,应该有较高的道德
修养。父母应当谨慎自己的言行,采取以身作则的形式,修养自己的
品德,从更积极的方面对孩子进行身教示范。要通过诗教、礼教巩固
家庭伦理道德规范,进行人伦教化,培养美德美行,塑造理想人格。
孩子们会产生情感上的认同,从而自觉自愿地接受教化。诵读学习
儒家经典,体悟、践行儒家圣人的品行是教育的重要途径。无论官方
还是民间的教材,都应该充分利用孩童的语言天赋、敏锐的感知能
力,将仁、义、忠、信、谦、恭、孝、敬等道德概念,用体验、感知等实践性
方式予以传播和宣扬。流传久远的《三字经》《百家姓》《千字文》等蒙
学教材大多采用的是以儿童喜闻乐见的诗歌、故事等形式,内容上至
天文,下至地理;既有自然知识的窥探,又有人生哲理的探讨,无论是
识字读本、知识读本,传递着理学所提供的传统知识、社会原则,把道
德教化与知识传播有机融合,寓伦理教育于文化教学之中,具有伦理
道德化的意味。在宋以前,《大学》《中庸》原来只是《礼记》中的两篇,

① 　程颐.周易程氏传(卷二),二程集[M].北京:中华书局,1981:720.

《论语》的地位有所下降，《孟子》更是少有人问津。从二程开始，提倡把四者并行作为独立的经书《四书》。传统蒙学的教化功能在不断强化与普及，要求在实践中理解基本内涵并践行基本要求，努力将道德认知转化为道德信念并进而形成道德行动。事实证明，中国古代蒙学的道德教育有着极其成功的一面，这种学习不仅仅是追求专门知识，亦需要从日常生活中的经验着手，以德性修养为最终目标，最终起到维护封建统治秩序的基础作用。从历史所载的家训来看，二程的人性伦理、个人修养等思想在家训中居于中心地位，对个人、家庭和宗族都起到深刻影响。

第二节 "化成"方法

儒家教化在引导人们德性不断升华的过程中，当遇到对德行的外在规范与人的自我完善这两者发生矛盾时，如果只是单纯采用外部的力量试图实现对人们德性的引导，其结果并不乐观。正所谓"内化于心、外化于行"，任何具有教化意义的思想，必须有其内在的修养、体验，必须与风俗、礼仪、礼乐相关，才能实现正人心的功能，才能切实影响社会生活，实现王道仁政。钱穆在《国史大纲》中曾经强调："宋明理学精神乃是由士人集团，上面影响政治，下面注意农村社会，而成为自宋以下一千年来中国历史一种安定与指导力量。"①二程的教化思想有其生命载体，提倡教化依存于赖以生存的氏族宗法制度和礼仪民俗规范，获得道德知识，形成道德行为，成就圣德之人。"化"是内在的自我修养，通过礼乐感化、刑教规化、自我内省等方式，

---

① 钱穆. 国史大纲（下册）[M]. 北京：商务印书馆，1996：812.

养成道德品质，形成道德自律，通过改变自己的行为，从而越来越接近有道之人。

一、礼乐感化

中国传统社会是"礼治社会"，教化作为最理想的教育手段发挥着重要作用。中国几千年来一直注重道德教化，化成天下的内容丰富，文明之风俗习惯就是儒家长期社会教化的结果，它能让人们在不知不觉中日益善良，形成纯朴敦厚的风俗。尧、舜、禹三代，风俗最为淳厚，具有选贤任能之人的道德风貌，这是儒家理想政治的标准，也是后世效法和无可企及的思想特征。余英时曾说："中国古人自觉地要把大传统贯注到民间，以改造小传统，这便是历史上所常提到的礼乐教化与移风易俗。"①

礼通常解释为礼仪、礼法，泛指古代社会的典章制度和道德规范，在《论语》中有"礼之用，和为贵"，圣人制作礼仪，贵在能够和谐。先秦时期的《礼记·礼器》中可以看到，为推动人的德性成长，教化的规定是繁密的，带来的益处也是显而易见的。二程推崇伦理教化思想，明确要求个体要按照礼乐的规范行事，为维护封建统治服务。二程的教化思想主张将儒家以礼治国的政治理念、原则精神、制度规范运用到政治领域，改造现实的社会秩序。二程遵循天理，以道德为核心、礼法为背景推进教化思想，相对民主和谐的社会是二程追求的目标、向往的更高境界。一方面强调德为政教之本，二程认为仁、义、礼、智、信的道德原则符合人情和民心，只要推行礼治教化并加以正确引导，使礼由一种外在的仪式规范内化为个体的自觉意识，就能呈现本然之性和良好道德品质；另一方面二程隆礼重法、礼法并重，坚

---

① 余英时.学术思想文选[M].上海：上海古籍出版社，2010：536.

持道德教化，王道为主、霸道为辅，教化为本、刑罚为辅。二程的教化思想既有道德内涵，又有法的功能，维系有序安定的社会政治秩序和道德秩序，其目的都是为了实现社会的长治久安。二程对作为教化的礼治功能达到共识：礼的作用既包括法律层面、政治性的"治国之礼"，也包括道德层面、社会性的"成俗之礼"。

1. 政治性的"治国之礼"

二程的礼治主义主要体现在以礼治国方面，有学者认为，"礼治是将礼的原则精神和制度规范运用到政治领域，是礼的政治化。"①二程认为，礼的作用不仅在于承担仁、义、礼、智、信等道德观念和伦理规范，更重要的是在其所彰显的政治教化功能。礼治教化是建立理想政治秩序、治理国家的主要手段，而不进行礼义教化则是社会动荡的重要原因。中国古代社会是男耕女织的家庭，从家庭伦理放大到宗族关系，"二程认为宗族是整合社会之基础，要整合社会应该从这个基础做起。"②宗族的力量是重要的基础力量，宗族习惯就是根据这种组织特点传承起来的。宋代肯定乡里血缘的宗法关系，通过宗族改进风俗习惯，把代表着文明的合理性的知识与信仰，广泛地传递到庶民之中。北宋时期的乡约、乡校、乡礼等之类规定的创立，基本上都体现了合乎礼教的原则。

"礼"是治国之本，更多地表现为政治面向，所要解决的中心问题是尊卑贵贱的区分，即等级森严的宗法制、父权制等制度规范。儒学一直强调政治的道德作用，强调"礼治"，从道义上教化人们信守礼制规范，其根本目的是为了巩固统治、维护君臣上下的等级秩序。二程

---

①　惠吉兴. 宋代礼学研究[M]. 保定：河北大学出版社，2011：125.

②　庞绍堂，季芳桐. 中国社会思想史[M]. 武汉：华中科技大学出版社，201□：284.

继承了儒家"以礼治国"的政治理想,通过重教化、重礼义的方法严肃等级秩序和社会关系,安治天下国家,维护社会政治。二程熟悉礼仪典制,认可"礼"在经世治国、巩固统治方面的功能,从内圣的心性之学,达至治国平天下的外王领域。

> 圣人循此,制为冠、婚、丧、祭、朝、聘、飨之礼,以行君臣、父子、兄弟、夫妇、朋友之义。其形而下者,具于饮食器服之用;其形而上者,极于无声无臭之微;众人勉之,贤人行之,圣人由之。故所以行其身与其家与其国与其天下,礼治则治,礼乱则乱,礼存则存,礼亡则亡。①

礼仪制度中有冠、婚、丧、祭、乡、射、朝、聘等,还有一系列严格的君臣、父子、兄弟、夫妇和朋友的礼仪制度,"礼"的作用体现了父慈子孝、兄友弟恭、长幼有序的行为标准和伦理规范,这是反映亲疏、尊卑、贵贱的礼乐制度。社会成员的身份和等级差异区分得越明晰,就越能最大限度地避免社会无序引发的混乱。振兴礼乐,国家"礼治"则治,"礼乱"则乱。"礼"在稳定社会秩序中起到了关键作用,彰显出政治的教化功能。程颐在《明道先生行状》中指出:

> 明道为学,尽性至命,必本于孝悌。穷神知化,由通于礼乐。②
> 人往往见礼坏乐崩,便谓礼乐亡,然不知礼乐未尝亡也。国家一日存时,尚有一日之礼乐,盖由有上下尊卑之分也。除是礼乐亡尽,然后国家始亡。虽盗贼至所不为道者,

---

① 程颢,程颐. 二程文集(卷五),二程集[M]. 北京:中华书局,1981:688.
② 程颢,程颐. 二程文集(卷十一),二程集[M]. 北京:中华书局,1981:638.

然亦有礼乐。……礼乐无处无之,学者须要识得。①

程颐教导人要把"尽性至命"与"孝悌"相融合,"穷神知化"与"礼乐"相结合,循序渐进地由"本于孝悌"到"通于礼乐"。程颐认为"礼乐"作为一种合理性形式,"无处无之",普遍存在于现实社会之中,凡是有人群的地方,就有礼乐存在,即使是盗贼叛乱集团内部也有一定的程序和规范,只是盗贼所持的"礼乐"一定不是程颐理想中合乎天理的"礼乐"。程颐还认为,圣人不仅个人修养很高,还根据百姓的实际制礼作乐、教化民俗,他说:"礼之本,出于民之情,圣人因而道之耳。"②程颐强调利用父权、夫权的家庭关系来巩固君权,体现三纲五常对人们思想和行为的潜移默化的影响,强调子女对父母行孝是理所当然的事,而只有在家行孝的人,才可以更好地忠君,希望天下的宗族、家庭都能各行其道,家风纯正。作为国家政治的延伸,家族的有序才能维持国家的安宁巩固,而在其中君臣关系是最重要的。他说:"父子兄弟夫妇各得其道,则家道正矣,推一家之道,可以及天下,故家正则天下定矣。"③

2. 社会性的"成俗之礼"

儒家教化主张人应该具备君子、贤人、圣人一样的仁者品德,要按照儒家义理所规定的标准去做好心、性、行实践,以自身的德性起到感化作用,为社会的良风美俗尽力。生活中的种种礼制规矩形成了儒家义理教化之网,对于性善之人,可以起到扩充善端的作用。而对于性恶之人,这些礼法规约则可以实现对人的道德性引导,遵礼而

① 　程颢,程颐. 二程遗书(卷十八),二程集[M]. 北京:中华书局,1981:225.
② 　程颢,程颐. 二程遗书(卷二十五),二程集[M]. 北京:中华书局,1981:327.
③ 　程颐. 周易程氏传(卷二),二程集[M]. 北京:中华书局,1981:885.

行、循礼而为，人们从中获得成长与进步。

推行礼治教化主要是通过充分展示人的潜能德性、人性品格来实现的。礼是道德的外在言行，指社会生活中实行的礼仪规范，重在人们道德修养的提高和社会道德状况的改善，形成和而不同、等差有序的文明秩序。各种礼仪规范都是为产生善性服务的，通过教化人们讲礼节，将这种心理情感和内在体验，落实于个体人格的形成，让人们齐心向善，恭敬辞让、互爱互敬，懂得礼让之道。"礼"的教化方法具有禁止邪恶的教化作用，是隐性的、不易被觉察。乡规民约等在社会乡村治理中发挥着重要的教化功能。

二程提倡日常伦常、礼乐教化，将"礼"转换为合乎标准的日常伦理规范和礼仪实践，充满艺术之美，滋育道德，形成良好的精神风尚，社会秩序安定和谐。程颐说：

> 古人自八岁入小学，十五入大学，有文采以养其目，声音以养其耳，威仪以养其四体，歌舞以养其血气，义理以养其心。今则俱亡矣，惟义理以养其心尔，可不勉哉！①

程颐指出古礼有五个方面的至善涵养，一是"文采养其目"，二是"声音养其耳"，三是"威仪养其体"，四是"歌舞养其血气"，五是"义理养其心"，但今天耳濡目染的礼仪环境都不存在了，只有追求"义理"这一种修养方法。程颐更为重视的就是以义理养心。义理养心，体现在日用生活中，修养于未发之时，遵循义理而行，不为外物所扰。所谓习惯成自然，一定会成为人们的天性。

二程认为"孝行"是现实中践行"仁德"的具体行为，程颐强调爱

---

① 程颢，程颐. 二程遗书（卷二十一上），二程集[M]. 北京：中华书局，1981：268.

亲之情：

> 不敬其亲而敬他人者，谓之悖礼，不爱其亲而爱他人
> 者，谓之悖德，故君子"亲亲而仁民，仁民而爱物"。①

能亲亲者，自然能仁民，能仁民者，自然能爱物，这是自然而然的次第。二程认为，一个人要"成人"，就要学礼、知礼、立于礼，孝道在日常生活中表现在各个方面，要使父母体安、心安，事亲以礼。在祭亲以礼的问题上，程颢认为三年之丧是人人都应该遵守的。因此，孝悌亲情、敬老尊长等不仅是具有社会影响力的礼仪形式，更是一种重要的文化现象和心理情感原则，能很好地起到调节人际关系的良好作用。

学习礼，不仅仅是要依礼而行，更重要的是要随时警惕自己不做任何违反礼法之事，正如孔子所说"非礼勿视，非礼勿听，非礼勿言，非礼勿动"（《论语·颜渊》）。程颐认为心常被刺激感官的外物所扰，要控制感官作用。程颐专门针对视、听、言、动，作《四箴篇》，提倡"克己复礼"的严肃修养和严格约束，内省自己以克服种种不良习性和私心。程颐说：

> 视箴：心兮本虚，应物无迹；操之有要，视为之则。蔽交于前，其中则迁；制之于外，以安其内。克己复礼，久而诚矣。
> 听箴：人有秉彝，本乎天性；知诱物化，遂亡其正。卓彼先觉，知止有定；闲邪存诚，非礼勿听。
> 言箴：人心之动，因言以宣；发禁躁妄，内斯静专。矧是

---

① 程颢，程颐．二程遗书（卷二十三），二程集[M]．北京：中华书局，1981：309.

枢机,兴戎出好;吉凶荣辱,惟其所召。伤易则诞,伤烦则
支。己肆物忤,出悖来违。非法不道,钦哉训辞!

　　动箴:哲人知几,诚之于思;志士厉行,守之于为。顺理
则裕,从欲惟危;造次克念,战兢自持;习与性成,圣贤
同归。①

程颐认为,只要践履以上内容,遵循儒家伦理规范,就能够滋养天命
之性,能够"习与性成,圣贤同归"。用义理养气养心,就会取得"天理
自然明"效果。朱熹在《论语集注》中全部抄录了程颐的《四箴》,要求
视、听、言、动都要合"礼"。

　　程颐还认为移风易俗是一个长期的变化过程,必须持之以恒,才
能成功。他说:

　　人之进于贤德,必有其渐,习而后能安,非可陵节遽至
也。在己且然,教化之于人,不以渐,其能入乎?移风易俗,
非一朝一夕能成,故善俗必以渐也。②

一个人要树立高尚道德,肯定是要有逐渐的变化过程,不可超越阶
段、急剧而至。一种良好风俗的建立也是渐变的绝非一朝一夕所能
发展成功的。应该说,程颐关于正风俗需要一个逐渐变化过程,不可
遽至的思想,具有合理性,有借鉴价值。程颢也认为:

　　夫民之情,不可暴而使也,不可猝而化也,三年而成,大
法定矣。渐之仁,摩之义,浃于肌肤,沦于骨髓,然后礼乐可

---

①　程颢,程颐.二程文集(卷八),二程集[M].北京:中华书局,1981:162.
②　程颐.周易程氏传(卷二),二程集[M].北京:中华书局,1981:974.

得而兴也。盖礼乐者,虽上之所以教民也,然其原则本于民,而成于上尔。①

程颢宣称,教化有一个过程,要使仁义等道德逐渐渗透于心,只要根据圣人之道化成天下,三年即可收到成效,因为礼乐风俗原本就来自于庶民。

　　适应社会稳定的家规族法、礼俗乡约是符合统治者的需要。二程认为,"理想政治的实现还要求生活在这个世界的人应合于'礼'的规范,礼是处理家庭伦理的行为准则,礼的确立与遵循意味着社会、国家制度的建构与完善。"②三纲五常是国家安定有序的保证,将家庭关系扩大至国家,将父子、兄弟、夫妇的关系转化成君臣、上下、尊卑等社会关系,利用父权、夫权来巩固君权,正是体现了三纲五常对人们思想和行为潜移默化的影响。父慈子孝,是二程父子关系的完整表述和伦理原则。二程十分重视夫妇关系,认为夫妇之伦是人伦关系的根本,必须首先摆正关系处理好,夫妇关系的和谐是父子关系、兄弟关系的基础。在夫妇关系中,程颐在《恒卦》中提出了一个重要原则,"夫妇之道,不可不长久,故受之以恒,恒,久也。"③应该建立稳定的夫妇关系,强调夫妇关系终身不变,但这主要是对妇女而言。当然,二程对人伦纲常的强化以此所形成的礼治主义也产生了一系列的负面效应,二程所宣扬的父慈子孝、男女有别、长幼有序等伦理秩序其实就是封建等级制度在家庭伦理中的体现,有时父慈子孝的血缘道德会高于客观公正的法治,为了确保家庭中所沿袭的人伦亲情的至上地位,会不惜以"天理"来加以美化禁锢。

---

①　程颢,程颐. 二程文集(卷一),二程集[M]. 北京:中华书局,1981:471.

②　敦鹏. 理想政治的道德承诺——兼论二程政治哲学的伦理之维[J]. 道德与文明,2013(2):106-112.

③　程颐. 程氏易传(卷三),二程集[M]. 北京:中华书局,1981:860.

3. 乐教致中和

重视乐教是二程鲜明教化思想的一个重要特色，教民向善，其"和"的价值观本质，体现了中华民族根本的价值取向和追求。遵循乐的本质规律，谐调人性、人我关系，与礼之教化相配合而成就了礼乐教化，中华民族在精神文明领域获得了长足发展。

中国古代儒家教育推崇礼乐教化的合理性，通过创造出真性情、感动人的诗歌、音乐等形式达到教化人的目的。如周公制礼作乐定义日常生活，孔子的精神生活途径也不离礼乐与五伦。从《舜典》中可知，乐最早应用于祭祀上帝、神灵及用于移风易俗的教化当中。《论语》说"智者乐水，仁者乐山"，意思是智者之乐就像水一样是动性的，仁者之乐就像山一样是静性的，智、仁均包含了乐的特色，道德境界有相当大的影响。《论语》有记载孔子和子路、曾点、冉有、公西华这四个弟子一起畅谈理想，曾点的志向是"暮春者春服既成，冠者五、六人，童子六、七人，浴乎沂，风乎舞雩，咏而归"。孔子认为曾点所说的自得之乐是太平盛世的图景，是礼治的结果，与孔子的"仁政"的教化主张相符，因此也表示赞赏"吾与点也"。音乐有教化作用，如《礼记·乐记》所载：凡是音都是在人心中生成的。感情在心里冲动，表现为声，片片段段的声组合变化为有一定结构的整体称为音。所以世道太平时的音中充满安适与欢乐，其政治必平和；乱世时候的音里充满了怨恨与愤怒，其政治必是倒行逆施的；灭亡及濒于灭亡的国家其音充满哀和愁思，百姓困苦无望，声音的情感体验是与政治相通的。二程也主张把对民众的教化内容编成诗歌，天天诵读，增进教学效果。

二程认同"颜回之乐"，认为这是一种真正的做人境界，摆脱了以自我为中心的意识，超越束缚达到心灵的自由解放。"程颢的浑然与物同体之乐，程颐的循理之乐，实际上都是一种精神境界，是远大人生理想和高尚道德情操的体现。"①二程的文学作品在"理"的思想前提下，不在乎外在形式和华丽文辞，而是进一步把儒家的伦理教化和圣人道德，体现于感动人的诗歌创作中，文学遵从天地之序、人伦之序，达到教化效果和目的。要求从修德养性做起，提倡"诗合教化"，强调文学的"真"与"善"，表达内心真实感受、道德义理心得，这在当时的历史条件下，具有非常重要的思想理论意义。程颢十分重视诗词歌赋等艺术形式在教育中的作用，他一生留下了很多诗作。直觉自然，景言理、借文显道的诗歌，体现了人与万物一体的自得之乐，包含着深刻的哲理之思。在程颢看来，将诗歌用于道德教化中，可以提高学道者的兴趣，便于表达情感，有助于道德教化。悟道就是以个体的心性去追求天地万物的至真、至善、至美，由此达到"自得"的乐意境界。如程颢的《春日偶成》诗曰："云淡风轻近午天，傍花随柳过前川。时人不识余心乐，将谓偷闲学少年"②，诗人信步时所看到的"云淡风轻""傍花随柳"都是愉悦欢快的，这体现出一种主体不介意世俗间的富贵贫贱以及一切个人得失的胸怀。程颢的《秋日偶成》诗曰："万物静观皆自得，四时佳兴与人同。"③是说人放下自我，在对万物的静观中获得惬意舒心，一切物我、天人的界限消失了，心无所系完成了解脱。达到了一种人与万物合一之境，一种推己及物的快乐。这种直觉体验就是人在天地万物中陶冶自身性情，最终天人合一的自由意蕴、自得体验和仁者境界，这种自我精神对应的生命意识很显然是一幅人与万物生命相关联、统一和谐的生态图景。相比较而言，程颐更为重道而轻文，他很少作诗，认为有些诗文不关系教化、不利于道德修养。程颐强调，"观乎天文以察时变，观乎人文以化成天下，

---

① 洪梅，李建华. 寻"孔颜乐处"的生态价值取向[J]. 齐鲁学刊，2012(4)：17-21.
② 程颢，程颐. 二程文集(卷三)，二程集[M]. 北京：中华书局，1981：476.
③ 程颢，程颐. 二程文集(卷三)，二程集[M]. 北京：中华书局，1981：482.

此岂词章之文也?"①程颐明确地指出,观察天道运行规律,以知时节变化,注重伦理道德,用人文教化推广于天下。这不仅是词章之文,更是包含着深刻义理的载道之文。

二程不仅从理论上知道有乐,还从实践中感觉到乐。强调礼乐并用、内外兼修的道德教育,从道德礼教中寻求生命的快乐,实现王道仁政,完成重要的社会教化。礼乐教化侧重于道德感化,体现在耳闻目见、起居应对的日常生活熏陶中。程颐认为:"礼"强调"别","乐"是从容自得,其作用是"和",礼乐教化有别有和、相辅相成、相互匹配、相互关联,共同发挥教化作用:

推本而言,礼只是一个序,乐只是一个和。只此两个字,含蓄多少义理。

又问:"礼莫是天地之序,乐莫是天地之和?"曰:"固是。天下无一物无礼乐。且置两只椅子,才不正便是无序,无序便乖,乖便不和。"②

"礼"是一种秩序,以规范社会各阶级、阶层的关系;"乐"是一种和谐,大家都遵守这样的秩序就是乐。如果不遵循社会秩序和规范就乖,乖便是不和。任何一个社会都有其秩序,也必然达到一定的和谐。秩序是达成和谐的途径,和谐是遵守秩序的结果。礼乐中蕴含了天地万物的普遍道理。

二、刑教规化

中国是一个提倡以德治天下的传统社会,儒家政治传统一直以道德教化为本,大力推行礼治教化,强调内在的道德性需要通过外在的礼义规范来充分体现,坚持依靠人的德性成长,以期达到成就人的圣贤品格、实现社会的美善和谐。政治教化的本来目的是为中华民族的文化心理结构奠定下长久基础,为了引导人民实现更为美好的秩序。礼作为一种治理国家的指导思想,通常只是规定人们应当如何做,虽有教化劝善、维护社会秩序的功用,但礼只是一种行为规范的软约束,它靠的是人的自觉遵守,没有强制力量做后盾。从社会管理角度而言,儒家教化的理想主义特质也走向极端化,出现以礼代法的错位,一再提高道德标准、过分相信道德伦理的自律作用。

在维持封建统治的过程中,二程虽然崇尚道德教化,但也不轻视刑罚,思考用制度的硬性约束来弥补德性教化软性约束的不足,因此,"刑教"作为德性教化的有益补充,在仁政为民过程中发挥着重要作用。二程认为"刑罚"与"教化"都是治国工具、实施方法,功能不同,缺一不可,二者相互补充和兼顾。二程肯定法律的重要现实意义,刑罚也是教化的一种方法。刑教方法的规范作用有利于社会的安定有序,帮助民众树立正确的价值观。虽然刑罚有强迫的消极意味,与道德的基本要求相违背,但二程的政治哲学在实践层面完成了礼与法的动态结合,处处彰显着礼法之间的体用关系。刑法和礼乐皆是教化,互为补充,刑法也是教化的一种方法。礼治于心,法治于行。二程认为要维护国家政权建设与巩固,促进民族和谐与团结,必须强调政教合一、礼法并存。在对庶民进行礼仪教化的同时,坚持以法治国,将礼乐与法治相结合、相融通。二程的王霸杂用、以"礼法"成"仁"的两手策略对后世封建统治者影响极大,应引起足够重视。

程颐认为从理性角度看,不能以道德教化为实现理想的单一手段,要重视立法与刑罚在维护社会秩序、避免社会动荡时发挥的作用,他说:

> 凡为政,须先善法。后人有所变易,则无可奈何。虽周公,亦知立法而已,后人变之,则无可奈何也。……治身齐家以至平天下者,治之道也。建立纲纪,分正百职,顺天揆事,创制立度,以尽天下之务,治之法也。法者,道之用也。①

程颐认为,治理国家就应该创立一定的制度。虽然像周公那样的圣贤,想要治理社会也只有立法。至于后人要修改前人之法制,那也是无可奈何的事。程颐崇尚道德教化,也不轻视刑罚对社会的规范作用。因为法把人们之间的行为关系的原则固定化、稳定化,以防止少数拒绝接受教化的人做出悖于社会所不允许的行为。

为进一步巩固强化封建统治政权,程颐在利用封建伦理纲常的同时,肯定法的公正性,特别是对于推行教化的重要作用和意义,具有不可替代性,不可偏废。他说:

> 自古圣王为治,设刑罚以齐众,明教化以善其俗,刑罚立而后教化行,虽圣人尚德而不尚刑,未尝偏废也。故为政之始,立法居先。②

程颐强调,圣明的君王治理国家时,制定"刑罚"是用来"齐众",规范

①　程颢,程颐. 二程遗书(卷十七),二程集[M]. 北京:中华书局,1981:179.
②　程颐. 周易程氏传(卷一),二程集[M]. 北京:中华书局,1981:720.

庶民行为,是为了多数人的利益而不是为了满足少数人的私欲。"教化"是用来"善俗",改善风俗,教化人们从善。"刑罚立而后教化行"的意思是要先确立刑罚,在法治建立基础上有利于推行道德教化。圣人虽然崇尚道德教化,但也不轻视刑罚,"未尝偏废"。程颐强调"为政之始,立法居先",这意味着将"法"看作是防患未然的特殊手段,是解决实际问题的有效办法,这也是另一种手段的教化功能。程颐认为公正的法律可以保证道德教化的贯彻。如果没有刑罚,对百姓的道德教化不便推行。"法"的惩罚性使人在作恶之前就先行具有畏惧感。程颐认为,普通老百姓气质昏蒙,既不知天,又不安命,容易无所顾忌,无所不为,单凭教化和自律的方法行不通,必须对他们实行严刑峻法,程颐说:

> 治蒙之初,威之以刑者,所以去昏蒙之桎梏,桎梏谓拘束也。不去其昏蒙之桎梏,则善教无由而入。既以刑禁率之,虽使心未能喻,亦当畏威以从,不敢肆其昏蒙之欲,然后渐能知善道而革其非心,则可以移风易俗矣。①

老百姓是未发之蒙,如果不先"威之以刑",去其昏蒙桎梏,就进行圣人之道的教化,他们根本无法领悟圣人的教诲,无法有所启发,"善教无由而入",接受不了圣道。因此,去其昏蒙就是要对百姓的行为有一定的强制约束和限制。虽然当时他们还无法理解"刑禁"的原因,然而由于有一定的畏威作用,他们"不敢肆其昏蒙之欲"。接受封建教化的时间比较久了,老百姓的昏蒙桎梏会慢慢解除,习惯成自然,"知善道,而革其非心"后,就会积极地遵守礼制道德。因此在刑罚的基础上,可以进一步教化人们有善恶之分,遵守礼制道德,形成淳朴

---

① 程颐.周易程氏传(卷一),二程集[M].北京:中华书局,1981:720.

的世风,达到"移风易俗"的效果。因此,治蒙之初,应该先"刑禁"后
"教化","刑禁"是"教化"的必要前提。他还说:

> 治民之始,立其防限,明其罪罚,正其法也,使之由之,
> 渐至于化也。或疑发蒙之初,遽用刑人,无乃不教而诛乎?
> 不知立法制刑,乃所以教也。盖后之论刑者,不复知教化在
> 其中矣。①

程颐认为,一开始"立法制刑"的目的,就是要对于昏蒙之老百姓"明
其罪罚",让他们明确法的界限,知道哪些事情能做,哪些事情不能
做,让他们在指定的范围内行事,给他们立下了立身处世的"防限"。
到一定的时候,昏蒙之民就会知道其中的道理,他律变成自律,驱而
从善,而"渐之至化"。这种"立法制刑"看上去虽然令人畏惧,但其本
身就包括了教化因素,也是一种教化方法。

刑罚与礼乐是一个事物的两个方面,刑罚使人不敢为恶,礼乐使
人乐于从善。程颢重视教化,坚持法治与德治相结合,严厉的法治也
是教化的另一种方式。程颢在担任县令的过程中,将刑法与教化放
在同等重要位置,主张以罪量刑,对于一般县民的"小过"不可小视,
一旦有小过失,就要让他们接受惩戒,从而使他们从心里感到害怕,
再也不敢有越轨行为,并且能够改过自新,也就不至于由小过发展为
大恶了。而对于那些罪大恶极的犯罪分子,一定要严惩不贷。程颐
则认为,相比较而言,道德教化的作用要比刑罚更为重要。治理天
下,不能没有善法和惩戒,但法是临时性的,只是一种起补充作用的
辅助手段,用来弥补礼乐之不足,其最终目的还是教化人们从善如
流。程颐强调:

---

① 　程颐.周易程氏传(卷一),二程集[M].北京:中华书局,1981:721.

> 刑罚虽严，可警于一时，爵赏虽重，不及于后世，惟美恶
> 之谥一定，则荣辱之名不朽矣。故历代圣君贤相莫不持此
> 以厉世风。①

刑罚严厉，可以整顿一时的社会秩序，爵赏厚重，仅荣及一身而不延及后世，这都不是维持社会稳定的万全之计。惟有以美恶之谥、荣辱之名激励人们改恶从善，形成普遍淳厚的社会风气，才有利于封建统治的根本巩固。总之，在礼、法两者的关系问题上，二程的态度是比较明确的，主张德刑兼顾，两者不可偏废，以德礼为本，刑政为末，主张先礼后法，先教化后惩戒。二程认为刑罚之中贯彻了道德教化的原则，刑罚对于推行教化的重要意义和作用。道德教化的贯彻离不开刑罚的保证，法治与教化是紧密联系的。

刑教依据在于人性善恶的理论，随着程朱理学的官方化，儒家教化实践过程中，刑教始终是以保卫真、善、美的身份出现，起到抑恶扬善的教化之功。朱熹曾引用程颐的观点评论称："为政须要有纲纪文章，谨权、审量、读法、平价，皆不可阙。"在朱熹看来，古圣人虽"竭耳目心思之力，然犹以为未足以遍天下，及后世，故制为法度以继续之，则其用不穷，而仁之所被者广矣。"②然而，这种补充充其量仍然只是补充，如果完全依靠道德伦理规约指导下的礼制，来成就社会的有序，显然不足以适应社会发展要求。在宗法等级制的严格控制的儒家教化思想中，忽视个性与自由的成长，人变成了只为秩序而生，所倡导的礼法关系异化为维护封建政权的利器，反映出一定的消极影响。

---

① 程颢，程颐.二程文集(卷五)，二程集[M].北京:中华书局，1981:805.
② 朱熹.四书章句集注[M].北京:中华书局，2011:257-258.

三、自省内化

与抑恶扬善的刑教相比,道德教化是一种软约束,侧重德性的内省自修,需要道德主体发自内心的自省、慎独、恪守。自省修身是儒家教化的基本方法,在提升道德修养、升华道德境界方面发挥作用。中国传统教育中最有价值、最有活力的特征就是注重人性教化,达到自我完善。修身的过程是个体政治社会化的过程,儒家要达到治理国家、安定天下的崇高目标也要以修身为基础。

在长期教化实践中,二程不仅强调教育者的主导地位,而且极力倡导主体的个人修养和自觉约束,主张读书要思考,要通过经常性、诚敬地内心反省,实现敬畏自律。无论是深思,还是自得,都是内心修养的方法,二程的深思自得的内省修养方法,其实质是在强调要尊重和发挥受教化者的主体性和能动性。当然,空有道德的自省精神是不够的,还需要进一步完成道德与实践的自觉,做到内外兼修,自觉在教化中立人、自我提升,把自己培养成为仁者、君子、贤人乃至圣人。

以孔子为代表的儒家先贤们认为通过内省的方法,加强自我道德修养成为圣贤君子,追求"内圣"的理想人格。孔子提出每天都要对于学习、道德修养进行不断自我反省,他最有名的一句话就是:"见贤思齐,见不贤而内省也"(《论语·里仁》),孔子的弟子曾参更是具体实现了孔子的自省理念,坚持"吾日三省吾身,为人谋而不忠乎?与朋友交而不信乎?传不习乎?"(《论语·学而》),意思是我每天都要对三件事进行自我反省,帮别人办事是否尽心尽力?和朋友交往是否做到诚实守信?老师传授的知识是否认真复习?通过自我的不断反省、不断改进,获得许多"自得"的知识和智慧,最终达到身心和谐的全面发展。孟子主张"反省内求",用仁、义、礼、智等道德内容反思自身行为，不断自我反省而成为圣贤之人。荀子也肯定内省在学习和品德形成中的重要作用，《荀子》中专门设《修身》一章，更为详尽、系统地论述个体自我修身的重要性，提出了重视践行、学思结合等原则和方法。汉代以后的儒学士人也主动承担社会责任，自觉践行儒家道德规范，提升完善道德能力。唐朝画家张璪说出"外师造化，中得心源"的不朽名句，意思是应以大自然为师，再结合内心的感悟，然后才能创作出好的作品。

二程的教化思想强调在修己克己、复礼达仁的伦理修养过程中，自省作为自我修养的最有效、具有独特风格的方法，通过内在的反省来加强主观修养和道德自律，潜移默化地将内心包含的人伦道德完全呈现出来。二程兄弟的严谨修养之路，是以"自得"著称的。所谓"自得"即反身而求，通过自身的省察反思而明理。二程的"自得"修养方法是一种平和的自我满足感，有其积极合理的一面，对中国伦理文化影响很大。中国文化特别强调学问之道必须在内省上下工夫，所谓"学而时习之"的"学"就是内心觉悟的意思，就是诚心的自学自省。程颢认为知识的来源在内心，通过反省内求就可以认识真理，"程颢把认识论和伦理学结合起来，把知识的源泉归于内心，求知的方法在于内省。"①陆九渊的思想方法源于程颢，认为宇宙之理不可求于外，应当反求于内。

二程强调要不断地学习、不断地反思，从而达到自省内化的境界，这主要包括三方面内容：

首先，学习贵在"深思"。深思是指经过内心深思熟虑的思考求索后，获得知识或道理。二程认为博学和守约是相对、也是相互变化的，一般是博的基础上，才可以掌握精要内容，但也不主张越博越好。

① 屠承先.程颢、程颐本体功夫思想之比较[J].浙江大学学报（人文社会科学版），2000(5)：59-64.

程颐提出"学不贵博,贵于正而已矣。言不贵多,贵于当而已矣"①的观点。这里的"正",就是在儒家经典范围内的博,不能超出这个基本范围。二程也反对单纯的博学强记,"以记诵博识为玩物丧志"②。程颐认为诚、理、道三者之间本质一样,诗文就是要表达内心真实感受、道德义理、治经体道之心得,如果只是些不关教化的闲话,会不利于道德修养。程颐将《诗》《书》等先秦儒家著作奉为经典,认为这些传统经典是与道德教化密切联系的,真正具有道德教化的服务功能。程颐还认为,"学原于思"③,学本于思,学习来源于自己的思考。学与思两者都不能偏废,但程颐强调只有善于思考,才能求道,明道的前提是深思,他反对读书不求甚解,"不深思则不能造于道,不深思而得者,其得易失。"④学习修养必须以思考致知为根本,思考才能得到知识,圣明之人经过深思才能自得。二程不仅强调深思,而且提倡在深思的基础上坚持善问,把思与问结合起来才能体现出二程的教育特色。

第二,学习贵在"贯通"。知识经过学习积累才能达到通义理、精于道的明理目的。程颢着眼自然状态,强调"情顺万物而无情""物来而顺应"⑤的豁然贯通,通过观察天地生物气象以体贴"天理",顿悟天然本性,强调仁者的心灵和乐和自由生活,在任何情况下都能保持内心的充实满足,并将之提升为普遍的宇宙关怀。他的学生记载道:

　　明道书窗前有茂草覆砌,或劝之芟,曰:"不可!欲常见造物生意。"又置盆池蓄小鱼数尾,时时观之,或问其故,曰:

① 程颢,程颐.二程遗书(卷二十五),二程集[M].北京:中华书局,1981:321.
② 程颢,程颐.二程遗书(卷三),二程集[M].北京:中华书局,1981:60.
③ 程颢,程颐.二程遗书(卷六),二程集[M].北京:中华书局,1981:80.
④ 程颢,程颐.二程遗书(卷十五),二程集[M].北京:中华书局,1981:324.
⑤ 程颢,程颐.二程文集(卷二),二程集[M].北京:中华书局,1981:460.

"欲观万物自得意。"草之与鱼,人所共见,唯明道见草则知
生意,见鱼则知自得意,此岂流俗之见可同日而语!①

程颢观小草而见造物生意,观小鱼而见万物自得意,所谓生意与自得
意的背后,就是小草、小鱼生命的畅然展现,体现着宇宙间生命律动。
程颢把自身热爱生命、广泛而深刻的生命观与悠然自得的生命精神,
投射到眼睛所能看到的一切事物中去,愉悦身心、净化心灵,在与自
然生物的对话中实现了万物同乐、生命美感。程颢认为,自得之乐是
"悟道"之乐,是在人们主观内在体验基础上达到的顿悟之乐,自得有
其标准:

学至于乐则成矣。笃信好学,未知自得以为乐。好之
者,如游他人园圃。乐之者,己物尔。然人只能信道,亦是
人之难能也。②

程颢认为读书是件很辛苦的事,要做到以读书为乐,这是难能可贵
的。这时书本知识,人之所知,都会变为"己物尔","己物尔"就是自
得。程颐还说:

大凡学问,闻之知之,皆不为得,得者,须默识心通。学
者欲有所得,须是笃,诚意烛理。上知,则颖悟自别;其次,
须以义理涵养而得之。③

① 黄宗羲. 宋元学案(卷十四),二程集[M]. 北京:中华书局,1989:578.
② 程颢,程颐. 二程遗书(卷十七),二程集[M]. 北京:中华书局,1981:11.
③ 程颢,程颐. 二程遗书(卷十七),二程集[M]. 北京:中华书局,1981:178.

读书明理的教育奥妙在于，如果是"闻而知之"，仅是通过感性认识，听说了某一道理还不能算真正掌握了知识，必须在理性思考的基础上"默识心通"，才能"自得"，这是可取的见解。这里讲的"默识心通"，就是经过思虑后而获取知识。总之，二程的贯通思想不是科学的归纳、总结，而是一种内心的直觉体验境界。对天下普遍的理有贯通的了解，掌握天地万物的根本法则和总规律，达到一种脱俗的深入理解。这是符合人类追求真知的过程，而且包含了人类认知从经验积累到理性觉悟的合理因素。

第三，学习贵在"自得"。自得是指用心修养领会。二程认为："不求诸己而求诸外，以博闻强记巧文丽辞为工，荣华其言，鲜有至于道者"①，求诸外是指博闻强记，求诸内是指求道明理，强调应该求内。二程反对巧文丽辞，它会妨碍心性道德的追求和明道，二程强调向内心求索、自我体验式的学习。学习必须自信，程颐说：

> 信有二般：有信人者，有自信者。如七十子于仲尼，得
> 池他言语，便终身守之，然未必知道这个怎生是，怎生非也。
> 此信于人者也。学者须要自信，既自信，怎生夺亦不
> 得。……学者须是务实，不要近名，方是。有意近名，则大
> 本已失，更学何事。为名而学，则是伪也。②

程颐认为，学者首先要相信师说并终身守之，比如孔子的七十弟子便是这样做的。但如果仅仅是相信别人，也只是知其然，不知其所以然。只有完成从信人到自信的过程，这样所学到的知识，无论在什么情况下都不会动摇。学习要专心致志，要求实学。研究学问的人要

---

① 程颢，程颐. 二程文集(卷八)，二程集[M]. 北京：中华书局，1981：578.
② 程颢，程颐. 二程文集(卷十八)，二程集[M]. 北京：中华书局，198：188.

务求实际,不应图虚名。如果有意识地靠近虚名,那已经失去了大的原则。如果为了出名而学习,一旦出名了,就再也不会用功学习了,这实质上是一种浅薄的表现。

二程说:"学莫贵于自得,得非外也,故曰自得"①,要掌握圣人之学不能求学于外,流于文章训诂而不知义理之本。强调正心养性的向内心世界探索的方法,实现个体自身的内在超越,寻求内在天理的显现。为了让学者明确"理本文末"的主次关系,把理置于求内、求本的首位,程颐反对追求文章训诂,他说:

> 学也者,使人求于内也。不求于内而求于外,非圣人之学也。何谓不求于内而求于外? 以文为主者是也。学也者,使人求于本也。不求于本而求于末,非圣人之学也。何谓不求于本而求于末? 考详略、采同异者是也。②

二程强调"自得"是一种日新日进的学习,"君子之学必日新,日新者日进也,不日新者必日退,未有不进而不退者"③,君子的学习天天都要有新体验、新收获,这是一种创造性的学习。不进则退,学习者如果真正做到"日新者日进",就一定可以学有所成。二程强调尊重受教育者的主体性和能动性,需要强有力的自我内省、自我约束、自我监督。

虽然二程都强调"敬以直内""深思自得"等内在方法,但程颢与程颐外在的精神气象和践履方法有所不同。程颢要求以自我修养为基础,需以"诚敬"之心内求,就可以凭直觉体会真理,当然自省的修

① 程颢,程颐. 二程遗书(卷二十五),二程集[M]. 北京:中华书局,1981:316.
② 程颢,程颐. 二程遗书(卷二十五),二程集[M]. 北京:中华书局,1981:319.
③ 程颢,程颐. 二程遗书(卷二十五),二程集[M]. 北京:中华书局,1981:325.

养工夫不能伤害内心的和乐,他追求浑然一体、物我合一的精神境界。程颐采用道德约束与内心体认的修养方法,他不仅对敬的内涵做了具体规定,还增加一些较为实际系统的治学方法,教人如何获得知识。程颐还从人与自然现象相互感应的角度,突出不断地反观内省、道德约束的重要作用。

总之,二程强调"内省"的求知方法和道德修养功夫,认为只要内省反思,就可以认识一切客观事物,尽性而知天命。"敬"的内心修养不能脱离日常的伦理纲常,对待君主、父母、兄弟以诚心态度。要在内心专注的基础上,将诚意内化于心并躬行践履,提升人之修养境界和社会责任感,将修养规范化成为一种更有普遍意义的"天理"。二程强调平时加强道德修养的重要性,要在耳闻目见的日常生活中,接受礼乐文化的教化。因此,加强主观修养和道德自律体现了二程的道德修养论的特色,在中国伦理思想发展史上占有重要地位、具有时代意义。

第五章　二程教化思想的历史价值
及当代意义

　　二程教化思想是中国封建社会后期文化发展的重要组成部分，具有独特的历史价值。文化即"以文教化"，用教育感化的方式将人的精神意识和行为方式从个别性状态转变普遍性本质。任何文化都有特定历史性，其中的个性修养、价值锤炼等都具有时代、民族、阶级的特异性。在当今探讨中国传统文化与现代化的过程中，客观认识和评价二程教化思想，消除特定的封建作用，它在哲学、政治、伦理、经学、教育、理想人格、价值取向等各方面都产生了深远意义，"探讨二程对中国文化的影响，不仅可以进一步把握二程在中国文化史上的地位，而且有助于认识中国传统文化的本质和客观面貌。"①

　　二程兄弟作为宋代教化思想的创始人，最大特点就在于他们根据时代需要，在保留传统儒学伦理特色的前提下，形成了自己独具特色的学术风格。二程创造性地提出"天理"哲学体系和本体论基础，并逐步取得了官方哲学的地位，为中国文化发展开辟新的道路，具有重要历史价值。二程认为应该通过重教化、重礼义的办法实现政治上的外王层面。同时，二程在思想的内圣层面获得了新的特色发展，在独特的二重人性论基础上，二程在教育实践中形成了有特色的教

_____

① 蔡方鹿. 二程在中国文化史上的地位[J]. 孔子研究,1995(1):56－64.

化思想、治学经验。二程"教化"思想具体包括外在的"教育"与内在的"化成"两方面内容,是教育与化成的统一和协调。二程思想之"教",主要是实践以"仁"为核心的道德教育,可以化归为当今的德育范畴,当时的道德教化思想并不是简单的道德说教,更多的是一种理性教育、情感教育。二程之"化",主要是以成就理想人格的动态的化成过程。在人性的情感需求前提下,通过礼仪道德、礼乐教化培养道德素养,形成道德风尚,在以德为先的修身之道、民本之道、义利之道、用人之道等方面体现出社会治理的教化作用。二程的教学方法体现其教化思想特色,后经朱熹的宣扬和发展,与学术和政治紧密结合,对中国传统教育产生较大影响,都能看到二程教化思想的痕迹。当然,二程教化思想虽然从一定程度上顺应了时代需要,并在道德教化方面有其积极意义,但也不可避免地表现出一定的局限性。

当代中国要创造具有中国特色的社会主义文化,弘扬中国传统文化,掌握二程的思想精华,继承其思想中与时代性、民族性相适应的具有生命力的合理因素,将传统教化思想中适合于爱国思想、道德建设的积极向上的内容,与现代思想政治教育、与时代条件相结合并予以发扬,树立起正确的世界观、人生观、价值观。保留民族特色,提供有益启示,发展现代意义,促进中国文化由传统向现代、由中国走向世界的创造性转化。增强民族认同感、提高民族自尊心,建设中华民族共有精神家园,兴起社会主义文化建设新高潮,构建起有中国特色的社会主义和谐社会和精神文明。

第一节 二程教化思想的特点

二程的教化思想有其特色,在对"天理"体认基础上,突出表现在独特的天理论基础、独特的分类分层视角、独特的教化方法。首先，天理论是二程对儒家伦理哲学的最大贡献；其次，二程教化思想的研究具有独特的分类分层视角；再次，基于独特的天理论基础、分类分层视角，二程兄弟提出了具有各自特点的教化方法。

一、天理论基础

与北宋之前的思想家不同，二程的最大特点是"天理"作为本体的确立。二程在更为抽象的水平上，用形而上学的思考方法论证"天理"的超越本性。二程首次以"天理"作为最高范畴，创立以天理论为核心的哲学体系。二程思想实质上是一种"教化哲学"，追求"天人合一"的主观意识，天、地、人都有共通的道。二程密切了哲学与伦理学、政治学的相互关系，以伦理为本位，政治特色鲜明。二程的理本论把握了天与人、自然与社会生活的普遍法则，使其所主张的伦理政治思想获得了一种客观性、必然性。二程以"天理"确立正统理学的核心话题，是对封建礼教的本体论证。二程的认识论是其主要哲学思想突破，是其最富有创见的成就。二程的认识论也从属于伦理学，强调的是自觉意识下的伦理责任，进而把中国传统的政治学说的哲理化程度提升到一个更高的层次。

二程将"天理"与心性相对应，用"天理"来解释人性问题。二程人性论的基本特点就是将人性和"天理"内在地统一起来，建立起伦理学的道德学说。二程运用"理一分殊"理论，对于人性论有了新的研究和学术发现，"提出二重人性论，完成了儒学史上的综合创新，推进了儒家人性论思想的发展。"[①]二程的人性包含两个方面，"天命之性"是至善、本然、理想的人性，强调人有自我完善和教化的价值依

---

① 宋志明.二程与正统理学的奠基[J].河南社会科学,2009(3):18-20.

据；而"气质之性"作为现实的人性，是可善可恶的。二程的"二重人性论"将天性、才气进行区分，注重人格塑造和品行养成，通过道德修养来成就、实现崇高的理想人格，将儒家外在的伦理规范约束变为内在心性的自觉修养。二程所强调的人伦规范推崇具有个人美德的君王圣贤来创造和教化。二程的天理尊君思想被封建统治者用来为专制集权服务，"三纲五常"的伦理规范被上升到了"天理"这个至高无上的地位和高度。二程的"格君心之非"的王道思想，成为后世进步思想家用来限制君权的思想武器。

二程的工夫论也是以"敬（天）"为核心展开，其特点是重视"仁"的工夫论，发挥人的主观能动性，将仁学提升到"浑然与物同体""定性"的最高境界，着眼于理想人格的塑造，这也正是二程教化思想的创新之处。现今因为道德权威、道德律令的式微，使得道德信仰缺失，"不德"或"失德"现象都在一定规模和程度的存在，人不能失去了心灵的宁静与精神的自由，要寻找能够安身立命的伦理价值和意义。

二、分类分层的教化内容

二程教化思想中内圣外王的内容，彰显了道德伦理方面的特质，突出地表现了"道统"的儒家精神，二程在政治生活中所进行的是分类分层的教化内容，具有重要意义。

对于皇帝，二程从理论到实践提出了"天理治国""格君心之非"等一系列具有鲜明特点的政治举措，突出了二程义理治国、王道治本的思想特点。传统的政治思想是尊贵君主，但二程强调应该以"理"来规范君主，为封建专制主义服务，这是二程政治教化思想的一大特色和进步。二程以"格君心之非"的思想武器约束君权，对后世理学家和封建政治产生了重要影响。二程看重皇帝的"立志""仁德"对国家和社会的责任与义务，强调只有先"内圣"最终才能达到"治国平天下"。二程强调教化与刑罚是紧密联系的,教化是最终目的,确立刑罚是贯彻道德教化的原则和推行道德教化的保证。

对于官吏,二程认为,"对'理'的解释的话语权已经并非皇帝所独有,而是要回到以师道自居的儒家知识分子手中,以思想的权利抵消君权的独断"①,以道德理想为思想话语权的文化士人不满足于单纯的讲学授徒,而是试图以思想的力量参与天下的治理。程颐更是以师道自居,坚持在大殿坐讲,开导并纠正皇帝不符合"天理"的思想和言行。二程强调以义为先、先义后利的义利观、公私论,要求官吏把国家的前途命运、民族利益置于首位,对后世价值取向有一定影响,成为中华民族的优良传统和文化精神。

对于庶民,二程不赞同传统的愚民政策,明确坚持民本思想,加强对庶民的教化,才能从根本上维持封建统治,这是一个较大的历史突破和进步。传统文化中的"圣人"指高不可攀的知行完备、至善之人,但二程认为以圣人为榜样,经过长期的学习和道德修养积累后,追求成圣的理想人格,就可以达到成圣目和圣人境界,这是一个思想上的突破。二程适应当时的政治与社会需要,教化思想中含有很多的道德规范。二程继承发展了"三纲五常"的伦理道德体系,即君为臣纲,父为子纲,夫为妻纲的"三纲"、仁、义、礼、智、信等"五常"范畴。二程重视伦理教化,其伦理思想特点是以明天理、灭私欲为特点,建立起相应的道德标准,即重义轻利,公而忘私的道德价值。在婚姻妇女观的问题上,二程所谓"饿死事小、失节事大"的说法体现了他们教化思想的特色。二程认为,儒家伦理纲常必须通过礼仪和社会风俗,才能起到移风易俗的效果,这种道德培养的思想具有一定的合理性。

---

① 惠吉兴,敦鹏."二程"政治哲学的超越向度[J].西南民族大学学报(人文社会科学版),2013(6):89-93.

　　不同社会、时代、民族的伦理内容虽然各不相同甚至彼此对立，但也会有共同的要求和历史的延续性。南宋后期，程朱理学成为官方学说，逐渐占据主导地位，其伦理思想也逐渐成为社会意识形态及中华伦理的主流，得到人们普遍认同，这些伦理观不仅成为中国后期封建社会的指导思想和文化特点，而且作为民族潜意识和中华文化的深层结构而积淀下来，对价值取向问题产生了深远的影响。

三、自省内化方法

　　作为中国传统文化的精髓，二程在长期的治学和教化实践中，积累了丰富的践履道德规范的修身之道。二程以伦理道德为根本，教育目的在于穷理、明理，"二程重视教育的社会作用和功能，注重道德教化，反对单纯追求功名利禄的教育思想，仍有一定的积极影响和借鉴意义。"①二程的教化思想被后世的教育家继承并发扬，成为中国教育的重要内容，对中国伦理文化产生重要影响。

　　一是慎独内省。二程注重道德自律，程颐强调采用内在的反省修养的方法遏制有害于天理的人欲，他轻视对物质方面的追求。通过加强主观修养和伦理约束，发挥重要的道德教化意义，引导人们道德自律。二程的心性论思想重视主体的心性修养，重视理想和道德的实现，把人的道德自律提升到本体论的高度，保持人格尊严和独立人格，弘扬民族精神。二程作为中国传统知识分子的代表，主要追求读书做官，对于世界观等外部世界的视野受到局限，更多关心的就是国家观、政权观，因此他们所形成的价值取向是内向、内省、形而下的。当然，教化不是狭义的意识形态灌输，礼乐教化的作用非常重要，二程也强调通过令人敬畏的礼、令人振奋的乐，形成伦理教化和

---

① 　蔡方鹿.程颢程颐与中国文化[M].贵州：贵州人民出版社，1996：319.

提升人格的体系。乐则可以善民心、陶冶心灵,加强道德教化的作用,达到"内圣"的最高修养境界。

二是主敬修养。二程注重内心的道德修养,提出"立志""诚敬"等内省修养方法,强调修养中主观能动作用的发挥,实现伦理规范和心理需求的融为一体。二程强调坚持正心诚意的性命道德之学,在内专一纯净,在外整齐严肃,做好敬的工夫,对待百姓以崇敬之心相待,这是敬的气象。当然,人的本性并非天生获得,要想建立起自己的社会本质,就必须接受特定的社会教化,进行传统理想人格教育,积极推动中华民族优秀品德的形成,空前树立起人的伦理主体性、社会责任感、历史使命感。作为一种由内而外的修养进路,它关注内省、强调慎独,它将道德的根基建立在个体的内心世界。

三是深思求道。二程提倡学本于思、勤于思,善于深思是求道明理的前提,在思考过程中发展思想,这与不求甚解、因循固守的旧教育形成鲜明对比,对后世理学教育产生深远意义。二程在教育方法上有所创新,实施行之有效的方法。二程不仅强调教育者的主导地位,更强调受教育者的主体作用,提出了诚敬为本、内省自得等自我教育方法,提倡深思自得的学风变革,在读经和思考过程中,体会到蕴藏在经中的"义理"。这些方法不仅曾积极推动中华民族优秀品德的形成,也对当今德育、教育学研究具有可借鉴的价值和意义,被广泛探讨。二程重视内在精神,强调自我修养的内在自觉,发挥主体的能动性,体现出独特的修养论特色。当然,道德问题还要在践行上不断教化,二程的教化思想颇具特色,内容丰富,博大精深,对于理想人格、价值取向提出了自己道德标准、道德精神,是不可忽视的宝贵遗产,具有非常重要的理论价值和现实意义。

第二节 二程教化思想的历史影响

一、二程教化思想的继承发展

中华优秀传统文化是影响整个中华民族的、具有稳定的心理状态和价值取向的精神成果的总和。二程教化思想所倡导的大公无私的道德理想、修身为本的道德价值、自省内化的修养方法具有陶冶良知的较大作用，是当代思想政治教育的重要资源。

首先，继承创新德育至上的教化理念。二程的教化思想本质上是一种伦理政治型文化，其最高理想就是通过个体的道德修养、道德活动而达到治国平天下的政治目的。二程强调德育至上，重视群体价值，提倡爱国主义和集体主义精神。培养忧患意识、克己为公、以义为先的理想和价值观念，弘扬的是对国家和社会的责任感和使命感。二程强调要通过社会教化和自我修养，成为被社会和群体需要和接纳的人。将道德教化和政治教化思想结合起来，强调"修身"只是一种手段，其目的在于以天下为己任。这与强调以"我"为中心标准的个人主义的西方文化是有本质不同的，使得中国传统文化具有超强的生命力和价值，具有现实意义。二程的民本思想也与当今为人民服务的宗旨和方针是一致的，所以还应当继承、弘扬民本之道。

其次，提倡发扬以修身为本的教化内容。二程在教化目标上，强调培养具有理想人格的"圣贤"和"君子"。二程认同以"仁"为核心的价值观，强调慎独、诚意、修身等都是中华民族的传统美德。通过典籍、语言文字等教育载体，使儒学的教化理念与庶民社会生活形成一种良性的互动关系，影响人们外在的行为方式。二程认为"诚"具有永恒的生命力,是儒家伦理思想的哲学基础,是人伦的最高道德标准。广泛而深入地开展社会教化,使"诚"的伦理思想得到发扬光大,在全社会形成诚信为本的和谐风俗,塑造出中国礼仪之邦的形象,形成中华民族特有的人文精神。当然这并不只是个简单的礼俗问题,而是一种文化现象和心理情感。二程也强调通过国家、学校、家庭、社会等环境因素对人们进行教化,重视人的主观能动性,培养人们健全的道德人格、提高人们的道德选择能力、激发人们的高尚道德情操,这也是当代中国人的道德资源和精神底蕴。

第三,重视强调自省内化的教化方法。二程将实现"存天理、灭人欲"的人格作为永恒的理想追求。在教化方法上,二程注重教化与修身的统一。二程非常强调自省的内化方法,强调个人的自我认知、自我反省和自我教化,倡导个人自觉地进行自我克制。二程认为法治虽然可以限制人的行为,却控制不了他的思想。要从内心感动教化人,让庶民不做违背良心的事,让一个人的人格得到净化和提升才是最重要的。教化统治者,要想长治久安下去,不仅要用法律去约束人们的行为,更需要用道德去教育感化人,重理性自觉,以理性控制感性欲望。当然,二程虽然崇尚自我修养,但是他们并没有把自我修养变成了一种远离现实生活的闭门思过,也提出一些改革主张,如强调重教化以正人心、兴办学校、改革科举以育人才等变革。

二、二程教化思想的消极方面

二程教化思想在中国政治思想史上占有重要地位,它不断强化封建专制思想意识,对于巩固封建统治起到了很大作用,强烈地实现了德性伦理要求。但是由于历史条件的制约,二程的教化思想也存在较大的局限性,我们应该遵循科学发展观,以一种自觉的批判态度来对待二程教化思想,对于其中的流弊要进行反思、批判、清除。

首先,维护封建伦常纲纪。二程过度推崇政治伦理、等级伦理,以"三纲五常"为核心的伦理道德是用来规范人们的言行、处理人与人之间的关系。父子、兄弟、夫妇、长幼的关系转化成君臣、上下、尊卑等社会关系,并加之以"天理"来进行规范、美化。按照这种政治文化逻辑,父慈子孝的伦理规范自然凌驾于客观公正的社会法律制度。在重建以人的伦常秩序为本体轴心的孔孟之道过程中,"法"被认为只是强制威慑、缺乏说服教化的工具。二程教化思想在定于独尊地位、成为统治权威后,特别是随着程朱理学的官方化,其流弊也日益显露,阻碍了新思想的产生,遭到批判,需要理性而辩证地看待。"二程重义轻利,忽视功利和客观效果,这与现代社会发展生产力,讲求社会经济效益的要求已不相适应。"①在二程看来,整体的集体利益是高于一切的,个体对物质的追求微不足道。但在进行社会主义市场经济建设的今天,要促进整个社会的发展,就不能轻视对物质利益的关注。但如果走向"见利忘义"的另一种极端,则必然形成道德化与功利性的对立和冲突。要立足现实,创造性地转化传统,更好地为现代化服务。

其次,束缚抑制个性自由。二程认为个人的需要和欲望不属于较高层次的人生价值观念,将"人欲"摆在"天理"的对立面,人欲是万恶之源,所以要经常反省个体的道德修养水平,发扬德性。二程"理欲之辨"的伦理思想表现在克制欲望、压抑个性、造成"以理杀人"的现象和恶名,对整个民族文化心理的发展造成了消极后果。摧残人性的礼法制度,如"饿死事小,失节事大"要求妇女守节的贞操观念等,属于压制扼杀人的自然欲望,并逐渐演变成为束缚人们思想的礼教封建内容。这一思想的负面影响对后世影响比较大,经后世的宣扬提倡,成为妇女们必须遵照执行的行为准则和道德标准并深受其

---

① 蔡方鹿. 程颢程颐与中国文化[M]. 贵州:贵州人民出版社,1996:364.

害,这样的教条遭到了后世进步思想家的抨击和批判。二程用统一的伦理意识干预人性,灌输各种社会规范,使得人们在日常生活中接受刻板划一的教化法则影响和支配,并世世代代、自然积淀到个性心理的最深层,成为各种群体间无意识的自发倾向,严重禁锢着人们的思想观念,桎梏人们对新思想的探索,造成中华民族自主性不足、缺乏批判创新精神。

当面对近代"西学"的挑战时,传统教化思想的主流地位开始动摇,"迫使传统教化结构呈现出新旧杂糅的状态,一些头脑清醒的有识之士开始自觉反思传统价值观,并将传统教化的'体用一致'改造成近代意义上的中体西用。"[①]同时,我们也应当清醒地认识到,当今是个性充分张扬的时代,传统教化思想中的一些封建思想流弊自然与当代社会的科学理性和民主精神相违背,人们的个体价值日益受到关注和重视,自然会形成传统与现实的对立和冲突,成为观念革新、社会进步的较大障碍。要坚决地摒弃其中的糟粕而取其精华,这样才能有效地促进中国传统文化的现代转型。

第三节　二程教化思想的当代意义

二程教化思想是中国优秀传统文化的重要内容之一,包含着丰富的思想政治教育资源,其重要观念"内圣外王"即指个人通过道德修养、君子理想人格,实现修身、齐家、治国、平天下的政治理想,体现家国情怀、使命担当,实现个人道德价值与社会规范价值的完全统

---

① 　黄书光. 中国社会教化的传统与变革[M]. 济南:山东教育出版社,2005:
　　366.

一。二程的教化思想具有一定的合理性、时代性,建构起了民族精神和人文传统,要发掘二程教化思想中的核心内容、基本精神,确立和倡导大公无私、义重于利的道德理想,把学校教育、家庭教育、社会教育有机统一起来,不断推动现代教育内容的优化和发展,探寻相应的新途径、新方法。推动现代性教化,从精神层面帮助青年人确立正确的、牢固的,能适应社会发展潮流的价值观和世界观,培养出适合时代发展、国家进步要求的新青年。

现代思想政治教育是指"社会或社会群体用一定的思想观念、政治观点、道德规范对其成员施加有目的、有计划、有组织的影响,使他们形成符合一定社会、一定阶级所需要的思想品德的社会实践活动。"①通过对人的教化、塑造,通过文化的传承、创造,促进教育个体的社会化、文明化,促进教育个体的生存和发展。加快推进教育治理体系和治理能力现代化,把加强社会主义核心价值观教育、完善中华优秀传统文化教育作为公民教育的主要内容。现代教育的难题之一就是在社会主义市场经济体制条件下,一些传统的道德教化模式、道德规范面临着困境和挑战,"传统民生与教化并行的共识凝聚逻辑,面临着中国特色社会主义历史条件下的法制化制度化规范化的时代转型。"②用现代思想政治教育术语来说,就是要确立正确的价值观、世界观和人生观,提升自我的道德素养,安顿好自己的身心性命,然后在此基础上,为齐家、治国、平天下等教化实践,并最终为成己成物之圆满完成做好准备。

国家中长期教育改革和发展规划纲要(2010—2020 年),所强调的重点之一就是要"完善中国特色现代大学制度,完善内部治理结

---

① 陈万柏,张耀灿.思想政治教育学原理(第二版)[M].北京:高等教育出版社,2007:4.
② 苏志宏.论民生与教化并行的共识凝聚逻辑[J].江苏社会科学,2014(1):125-129.

构,加强章程建设";"坚持德育为先";"立德树人,把社会主义核心价值体系融入教育全过程。"高校坚持育人为本,以理想信念教育为核心,以立德树人为根本任务,以青年学生全面发展为目标,积极培育和践行社会主义核心价值观,着力增强思想政治教育工作的针对性、实效性和吸引力、感染力,不断坚定广大青年学生对于中国特色社会主义的道路自信、理论自信、制度自信和文化自信。基于教育供给侧改革的战略引领,高校要破解现实难题,处理好教育规模、结构与质量之间的结构性矛盾。

现代思想政治教育是一项系统工程,需要进一步强化全员育人工作理念,在教学、管理等各个环节、各个方面形成合力,营造教书育人、管理育人、服务育人的全方位、全过程工作格局和长效机制。高校坚持立德树人,以新的发展理念、新的思维视角、新的宣传阵地,进行价值引领,构建起文化育人、实践育人的立体化、全方位的德育体系和人才培养模式,将社会主义核心价值观教育融入育人全过程。激发教师"教"的积极性、学生"学"的主动性以及校园文化精神,从而更好地为学生成长成才服务,培养出政治素质高、实践能力强,更富有社会责任感、使命感,全面发展的社会主义事业建设者和接班人。

一、坚持思想引领

在中国传统文化中,"立德"是人生之本、德育之道,坚守理想,承认人的善性是进行道德教育的基础和保证。"教化"的当代价值意味着一种教育重心的转移,"由侧重于外在规范的教育转向尊重个体自身的独特追求与社会基本规范要求之间和谐共存的教育,即由'教化'式教育转向'培育'式教育。"①高校要始终把握正确方向导向,坚持用中国特色社会主义理论体系武装师生头脑,始终把强化理论武装放在意识形态工作的突出位置,深入学习宣传贯彻党的十九大精神和习近平新时代中国特色社会主义思想,使马克思主义成为学校意识形态工作的主流话语。

习总书记强调:"时代越是向前,知识和人才的重要性就愈发突出,教育的地位和作用就愈发凸显。要想实现中华民族伟大复兴之梦,必须更加重视教育,努力培养出更多更好能够满足党、国家、人民和时代需要的人才。"高校思想政治工作者要保卫并巩固意识形态阵地,以更饱满的信心投身立德树人事业中。思想引领关乎立德树人的根本任务、关乎理想信念教育、关乎核心价值观引领,也同时涉及到思想政治教育对于党的领导、高校稳定、社会责任、人才培养、方法创新等等,是一项庞大、重要的系统工程。青年学生是国家发展的财富,是治国理政的最终目标。高校思想政治工作者要牢固确立人才培养中心地位,遵循青年学生成长成才规律,抢占阵地、依托载体,用坚定信念和沉稳历练,从本能的、强烈的信仰和责任感出发,投入立德树人的事业,影响和辐射着新时代青年学生的信念信仰和社会价值观,使得青年学生能饱浸马克思主义科学理论的滋养,认同社会主义核心价值观,扎根于内心的心智成长,终身受益。国家要把培养学生社会责任感、创新精神和实践能力作为立德树人的重要目标。

1. 社会主义核心价值体系

儒家教化在其千百年来的实践中,从以人的发展和完善为核心,到逐渐发展出具有参考标准的共同的价值体系,"任何时代、社会、国

---

① 王晴. 从"教化"到"培育"——中国重教传统的演变及当代困境[D]. 上海:华东师范大学,2011:161.

家都离不开社会教化与核心价值观的确立与弘扬,这是整合社会秩序、培养公民素养的必要措施。"①对于中国当代教育而言,德育是教育的核心,当前阶段的德育主要以社会主义核心价值观为参考标准和培养方向,为当代社会主义先进文化建设提供理论资源。以爱国主义为核心的民族精神,以及具有参考标准的社会公德、职业道德、家庭美德、个人品德,中国的"核心价值观"具体体现在:国家层面的"富强、民主、文明、和谐"、社会层面的"自由、平等、公正、法治"、公民层面的"爱国、敬业、诚信、友善"等。共同的"核心价值观"才能维护祖国统一、领土完整、凝聚民心。要推进和加强社会主义核心价值体系建设,深入践行社会主义核心价值观,把核心价值观内化为自己的价值观,自觉按照价值观的要求行动,并时刻以核心价值观的标准检验自己的言行。当然,政治观教育不是空洞原则和抽象概念,而是针对社会出现的一系列新问题、新情况,坚持从客观实际出发,着重研究和解决重要问题,使政治观教育具有现实性和可操作性。

高校的立身之本就在于立德树人,立德是教育之魂,树人是教育之本。高校把握好立德树人的办学大方向,加强高校意识形态工作的主体责任和全员育人意识。按照"讲政治、守纪律、有担当"的要求,建设一支政治坚定、素质优良的高校意识形态工作队伍。提出引领学校发展的理念和办学使命,落实立德树人的根本任务,坚持教育以育人为本、以德育为先,把关爱学生作为教书育人的本能、大学文化和精神的内核。立德树人的任务就是要解决培养什么人、怎样培养的重大问题,要从民族精神、社会责任、道德修养等方面加强教育。教师要带头弘扬社会主义核心价值观和中华民族传统美德,引导青年学生坚定理想信念,形成追求崇高信仰的理论自信,自觉践行社会主义核心价值观,形成良好的政治素质和道德修养。高校思想政治

---

① 肖群忠."礼义之邦"的礼义精神重建[J].江海学刊,2014(1):68-73.

教育要充分引导对青年学生思想的教化,当学生在价值观的制约、调节、激励功能有所下降时,要以制度的外化形式确定下来,保证教化的正常实施。随着互联网的迅速发展,海量信息的传播方式发生了根本变化,要把握好网络文化育人的主动权。构建网络时代的思想政治教育平台,从传统的单向模式向现代的双向互动模式演变。

儒家坚持忠、仁、义、信的教化原则。忠于祖国是爱国主义精神的表现,要做忠于党、忠于人民、忠于中国特色社会主义、忠于法律的好公民。加强理想信念教育,以重要时间节点为契机,运用学生喜闻乐见的形式和载体,开展理想信念教育。充分发挥爱国主义教育基地对师生的教育作用,组织到各类博物馆、纪念馆、展览馆、烈士陵园等地进行爱国主义教育活动。"礼义"教化是治理国家、化民成俗的重要国策,具有民族性与现代性,是当代社会教化重点。知礼晓义,培养仁者情怀,是人走向真、善、美人格的准备。诚信是一个人修养的表现,即说真话、言必信、行必果,不欺不妄。"诚"是真实无妄,它是对内的自我追求和把持;"信"则是言而有信,它属于对外的关系范畴。诚信是生命之本,它存在于人们之间交往的人格信任以及经过社会评价系统确认的系统信任之中。诚信是人的内在规定性,表现人理性的自制性;诚信是做人的基本内涵;诚信是象征人格的高尚,它是一种人性美、人格美、道德美;诚信改善人的素质,尤其是促进人的核心的道德素养的提高。诚信是人类走向文明的成果、诚信是现代社会的必需、诚信是人类自我实现的必然要求。诚信是处理好人际关系的基本前提,是规范人与人之间关系的基本道德要求,国家、社会及人们相互之间各种关系的平衡发展需要这些道德规范的支撑。

家庭教育也是一种重要的道德教化方法。家训家风是中国传统家教原则的集合,以"重德修身"为核心,讲孝道、勤俭的内容较多,二程的"蒙以养正"、乡规民约都是以倡导社会公德为主要的教化内容,具有通俗性、针对性和渐进性的特点。这些伦理内容打动人心，成为"言传"和"身教"的典范，其中有些内容可以对此进一步继承、创新，以适应现代社会、家庭的发展。"作为中国优秀传统文化的重要组成部分，良好家风的传承能够促使社会主义核心价值观真正内化于心、外化于行，促进当代中国社会有效治理和可持续发展具有积极作用。"①学习中华民族关于家规家训的优良传统，把立家规、正家风、严家教等内容融入家庭建设中，发扬光大传统家庭美德，更好地醇正政风民风，带动家庭成员模范遵守社会公德、职业道德、家庭美德。

2. 加强师德师风建设

立德树人是根本任务，更是天责。先正己之德，再正别人之德。既要立意高远，又要立足平实。要从小事抓起，不跟风，要从现在抓起，不急于求成。十年树木，百年树人，只有踏实，才能务实。教师是思想政治教育的引领力量，学校把涵养师德放在首位。构建和谐校园文化，加强师德师风建设，发挥典型示范作用，弘扬立德树人、爱岗敬业、无私奉献的职业道德精神，引导教师弘扬教书育人、为人师表的好风尚，坚定不移地履行立德树人的职责。教师要主动承担立德树人的使命与责任，增强教书育人的责任感和使命感，自觉做有理想信念、有道德情操、有扎实知识、有仁爱之心的"四有"好教师。教师要因材施教，尊重学生身心发展规律，以道德人格和学识魅力教育学生。对于师德的要求包括：理想信念坚定，贯彻党的教育方针，自觉践行社会主义核心价值观；道德情操高尚，恪尽职守，甘于奉献，模范履行岗位职责，真正地做到学为人师，行为世范；坚持以人以本，关爱学生，在教学、科研、管理、服务等方面令人感动，受人尊敬。"社会发

---

① 陆树程，郁蓓蓓. 家风传承对培育和践行社会主义核心价值观的意义[J]. 苏州大学学报(哲学社会科学版)，2015(3)：14-20.

展的现实也在强调师德的重要性,这里突显社会赋予教师培养人才责任,特别是道德教化、立德树人的要求。"①

教学是学校教育的主要活动,它对个体个性养成、能力培养、情感陶冶和德性教化负责。相关教学活动是教师对学生德性进行教化的基础,也是教学行为合伦理性的内在保证。教化是师德建设的坚实基础和前提,具有范围广、持久性强、容易接受等特点。"教化有助于教师道德的丰富与完满,师德教化意味着把社会认可的道德观念、道德规范作用于教师个体,并转化为社会所期望的教师的内在品格。"②从本质上而言,师德教化是外在的,通过外在的舆论习俗、熏陶说教、榜样示范等方式,建立起内在的道德认同感,服从道德规范。但在当今文化多元、价值多样的社会中,如果忽略教师道德学习的主体性和心性修养的长期性,教化的理想和效果就难以得到保证。在教师道德认知水平不高的情况下,师德教化作为内化的外在保障,可以强化教师对师德规范的认同程度。但同时,师德教化也是以教师的自觉和自律为基本特征,只有将师德规范的内容、要求转化为教师的自我需要和道德图式,才能真正实现师德教化的终极意义。"由于教育工作具有人本性、教化性、传承性、崇高性等特点,伦理规范则是教育工作者作为直接影响、教化他人所必须遵守的职业规范。"③教师要加强对习近平总书记治国理政新理念、新思想、新战略的学习和研究,以政治上的真信、理论上的真懂,以社会主义核心价值统领教学的原则、方法和思路,优化教学内容和创新教学方法,全面提高思

---

① 林崇德.基于中华民族文化的师德观[J].西南大学学报(社会科学版),2014(1):43-51.
② 张家军.论德建设的教化、内化和制度化[J].课程·教材·教法,2015(7):108-114.
③ 靖国平.教育智慧伦理:教师职业道德新境界[J].上海师范大学学报(哲学社会科学版),2015(1):46-51.

想政治理论教育教学效果和实效性。充分发挥思想政治理论课的主渠道作用,加强思政课体系建设。进行教学内容开放、教学体系开放、教学过程开放,促进教师与学生的互动、学生与社会的互动、学生学习过程的互动,从而提升思政课教学质量。教师运用网络信息技术教学手段,把学生吸引到思想政治教育的课堂上来,激发学习热情。推进中华优秀传统文化融入思政课教学,深入研究网络热点问题、网络思想政治教育的创新问题,引领青年学生成长与发展。改革课堂讲授,进一步提升思想政治教育亲和力和针对性,满足学生成长发展需求和期待,使各类课程与思想政治理论课同向同行,形成协同效应,构建起基于协同育人的新时代高校"课程思政"工作模式。

教师负有一定的教养责任,教师具有教化学生的品格、素养,在教师的自我意识进程中实现自我领悟、自我教化与成长,获得可持续发展。教师以自己的实践行动示范出可模仿的榜样,学生会从教师的引领和教化之中获得价值信念,涵盖了道德教化的真正意义。德性教化是保障学生全面健康发展,从内心深处激发学生的想象力与创造力,使学生由被动地教化转为自主地学习自己所需要的知识系统。因此,师生之间的互动与交往只有建立在平等、自由的对话基础上,才能促进师生之间真正的心灵契合。教化模式是以教师为主导、学生为主体。教师要关爱学生,充分发挥育人功能,以需求导向,围绕学校办学特色,培养基础扎实,知识面宽,实践能力强,具有创新精神和社会责任感、德才兼备的高素质人才,所有工作的根本价值和最终体现都应当落在特色育人上。

3. 影响社会文化发展

在社会教化的视野里,文化知识本身不是目的,人才培养才是最终目的。不同于追求知识和技能的教育内容,教化追求的是人之本质,难以一蹴而成。将立德树人贯穿于学校、家庭、社会教育的各方面,融入教育教学、社会实践、改革创新中的各环节,丰富德育内容、创新德育形式,增强德育工作的感染力、吸引力,提高德育工作的针对性、长效性。大学校园早已融入社会整体系统之中,一所高校的教风与学风对青年学子潜移默化的影响对其未来发展会产生难以估量的结果。站在世界高等教育大格局的角度看,世界上的著名大学,无一不把培养富有社会责任感的高素质人才作为学校的根本任务,大学的声誉也是靠培养出一批又一批高素质人才,引领社会风尚,推动社会进步赢得的。而一所大学的教育者的一言一行,直接影响着大学的校风、教风和学风,最终影响着学校的人才培养质量。总之,要坚持以大学生思想政治教育载体作为研究对象,高度融合信息技术手段,采用"互联网+"的思维方式寻找工作对象的痛点,增强思想政治教育工作的时代感和吸引力,从而培养中国特色社会主义事业的建设者和接班人。

在时代大背景下,高校必须承担起大责任和大挑战,完善制度和队伍建设,进行目标导向和对象细分,全员合力,从严、精细、示范地进行普世价值的教化。除了必要的理论上的知识、技能获得外,更重要的是以人的存在为前提的心灵教养和文化素养。"在传递人类文明、培养学生自由探索精神的同时,学校还承担着社会教化的责任。这种社会教化最主要的体现就是向学生传递国家民族意识。"①责任是内心的一种需要,个人有什么样的心灵,就会承担什么样的责任。要将责任担当的教育渗透和贯穿到社会生活的每一个环节和时段,教会人们主动承担社会责任。从具体的教化内容上看,一是要弘扬爱国主义精神。文化决定了民族信仰,社会主义价值观提倡爱国、尊礼、守法等公德。热爱自己国家优秀的传统文化,就是爱国的一个具

---

① 靳玉乐,李叶峰.论教育自由的尺度及实现[J].高等教育研究,2015(4): 21-26.

体表现。教化学生要加强思想道德修养，自觉弘扬爱国主义、集体主义、社会主义思想，倡导社会公德、职业道德、家庭美德，将以爱国主义为核心的民族精神融入到更为实际的热爱社区、热爱家乡、爱岗敬业的行动中。二是要坚持德性优先。人文教育的本质就是培育理想精神的教育，通过公共教育的教化力量推动理想人格的塑造，提高人的生命质量。教化人如何生活得更好，更有价值和尊严。教化学生如何尊重自己、尊重他人、尊重自然。以德为核心建构卓越人格，享有以承担责任为前提的自由、能设身处地为别人着想的善良和胸襟，以及举手投足自然流露出来的优秀品质和良好习惯，这就是仁爱、道义、诚实、守信、孝悌、和睦等个人基本道德。三是要实施全面教育。学生既要有做人之道、做事之道的价值观与道德观，更要有一种自我认知、自我提升的能力。高校的育人目标一直在强调强烈的道德色彩，道德教化是个人对于中华传统美德的传承，当今时代要从更新和改善道德教化的主要内容着手，建立与社会发展相适应的积极健康的道德教化体系，提升个人的生命价值，达到人作为普遍存在的认同与教化，提升社会责任感，增强服务社会能力。

二、坚持文化铸魂

中国教育历来重视"以文化人"的传统，教化思想兼顾人文性、道德性与审美性。儒家教化所采取的礼、乐、刑、教等教化方法有效提升了人文素养，以润物无声、潜移默化的方式给予人们精神滋养，所积淀的重要治国理政思想和资源，值得汲取、借鉴和利用。以二程为代表的仁人君子，以自己的行动承担起了为天下教化的责任，为以儒家义理为主干的中国文化的源远流长提供了动力、保障。"中国优秀传统文化中丰富的人文教化思想、伦理道德理念，都可以为当前的社会道德建设提供有益启发。"①作为中国优秀传统文化的继承者、实践者,重在提高思想境界、道德情操,通过学习践行传统文化,推动文化传承与创新,建设有中国特色、有时代特征的先进文化,推动中国人文精神的进步。

1. 弘扬中华优秀传统文化

思想政治教育本质上是一种实践道德、文化理念,要重视中华优秀传统文化的思想熏陶和教化功能,充分发挥文化育人功能,用中华优秀传统文化、社会主义先进文化浸润师生思想和言行。二程时期所领办的"书院"教育相当于中国古代大学,对当时传播学术思想、培养人才,进行社会教化起到了重要作用。所推崇的儒家经典中的大部分内容都和"礼"有关,要求以圣人为榜样,用"礼"约束自身行为,修身养性、道德养成,其根本价值取向是传道、授业、立德、育人,宣扬的是爱国情怀、人格修养等,这些中华优秀传统文化对整合人格、培育和弘扬社会主义核心价值观起到基础地位和根本作用。近年来,实施书院制教育已成为中国高校教育改革的一项积极探索和有效尝试,是一个创新传统文化的良好契机,可以更有效地发挥大学的育人功能。2014年全国"高校书院联盟"宣布成立,创造性地传承传统书院精神。现代书院作为学生自主活动的中心和载体,集生活和文化功能于一体的空间,书院调动学生自身的积极性,通过文化影响力,营造文化环境,并以读书会、学生活动为补充形式,以通识经典课程为中心,不断满足学生成长成才的需求,立体化、多层次地培养学生的博雅素养。

大力推行本科生经典名著阅读计划,倡导"多读书、读好书、会读

---

① 张晓昀.加强青年学生优秀传统道德认同教育[J].中国高等教育,2016(10):55-56.

书"，文化典籍中体现的传统文化精神理念无疑是更加直接、更加明显的。用优秀传统文化提升学生的自律意识、诚信意识、创新意识、责任意识。大学通识教育通常包括语言文化、历史、哲学、美学艺术、社会科学、生态文明等有利于学生人格养成、品德修养的综合素质教育课程。支持教师增开中华优秀传统文化方面的人文、社科类核心课程，帮助学生认识历史上的道德文化，为学生提供更多的课程选择，不断增强综合素质教育课程的育人作用。据了解，在学习诗词歌赋、琴棋书画等优秀传统文化方面，青年学生都表现出浓厚兴趣，愿意参加学校组织的"经典诵读"等活动，积极主动地传承和弘扬中华优秀传统文化。这些经典名篇是优秀道德的智慧结晶，是道德教化的教材，强调对学生行为教化的功用，是一种学习、审美和陶冶德性的完美结合。开展学校文化、院系文化、专业文化、宿舍文化、班级文化的建设，融入传统文化的精华和元素，深入发掘学校历史和底蕴，形成与历史文化传统相承接、与时代发展相一致的学校传统文化教育体系。优秀的传统文化教育，还应注意的是不能泥古不化，而是要推陈出新，把文化传承与文化创新结合起来，创造一种新时代的以生态和谐和审美生存为指向的生态审美文化。

2. 培育大学精神

当前高校正在全面、协调、可持续发展，除了人才培养和科学研究是大学的主要功能之外，社会服务、文化传承与创新也是大学对社会不可替代的贡献。高校既要教化人陶冶德性，也要学习研究，更需要服务于社会。对于大学精神的本质特征而言，大学文化理念应该是学术自由、尊重个性，可包容、可质疑的，有更多自由的火花可供选择。不同于科学的理性"求真"精神，人文教育是一种"求善"精神，它的根本指向是观念、精神、情感和价值等心灵层面，它给予的是生命层面的终极关怀，强烈的历史责任感、社会责任感。具备批判精神、不迷信不盲从，将科学之"真"与人文之"善"协调统一，才能体现一种真正的"美"，陶冶精神气质，使大学真正成为人类的精神家园。但当下存在的模仿主义、实利主义等，使大学的知识体系趋同、人文精神缺失，存在工具理性和价值理性的关系、科学主义和人文主义的关系处理问题。大学文化应该更加关注价值追求，对大学的教育实践起到根本性的定向作用，探索大学如何遵循发展规律、履行自身职责、培养出为时代所需的创新人才、杰出人才。高校必须立足于时代要求，与时俱进，牢牢把握先进文化前进方向，把科学态度、文明风范、价值观念等带到社会，影响和感染他人，以自己独特的精神风貌对社会文化建设起到示范和引导作用，引领社会文化的建设和可持续发展，发挥大学文化在社会发展中的应有的教化作用。用开放、先进的理念，高尚的情趣来影响、引领社会时尚、潮流，从而树立起文化自觉、文化自信，突出文化品牌，形成文化特色。

新媒体视阈下，虚拟与现实交织的大学校园文化在实现育人功能的机制方面值得研究，有问题、困境，需要进行进一步的路径探索。校园文化的主要特征是"润物细无声"，在学生的成长过程中发挥着潜移默化的重要作用，要加强校园文化载体建设，强化校园文化平台建设。充分发掘、利用校园文化的教育功能，营造良好的校园文化环境。高校要着力打造兼具思想性、教育性、服务性、娱乐性和安全性的网络思政育人高地。建好官网主页及手机版、英文网、新闻网、图片网、专题网、官方微博、官方微信和二级部门网站、微信公众号等共同构成的宣传思想网媒矩阵。积极开展各类特色鲜明、参与面广的校园文化活动。继续办好"高雅艺术进校园""青年学生文化艺术节""青年学生科技节"等特色活动，深入推进"一院一品牌"文化建设，着力打造校园文化活动精品。鼓励和支持各种原创校园文化作品的创作传播，形成一系列在校内外享有赞誉的校园文化品牌，提高学校的知名度、美誉度。同时，彰显学校特色、体现崇高价值追求的校园文化产品,也能引领青年学生确立正确的价值取向。有品位、有时代特征的校园文化可以引导和帮助广大青年学生积极认知自我,更主动追寻生命意义和价值。学生们作为校园文化建设的主体,正逐步从信息的被动接受者转变为信息传播者、校园环境的传承创造者、校园网络文化建设的主导者。此外,中国的整体化思维和西方的逻辑思维相结合,容易形成批判性思维。培养批判性思维与宽松的校园文化氛围有直接、紧密的关系,大学校园文化是活跃、自由的,就容易培养学生的批判性思维;反之,封闭、专制的大学校园文化,很难让学生形成批判性思维。批评、质疑也是一种对大学文化的回归。当前传统的人文社会科学领域,也在通过引入"互联网+"的思维和方法,对其内涵和外延进行丰富和扩充,通过思维和研究方法的改变,点燃人文精神。

3. 提升人文素质

现代社会,学校教育从范式到内容基本移植的是西方教育,基本知识的获得和个人教化密切相关的传统思维已经过时,中国教育的教化功能也日渐式微。那么,如何建设有中国特色的现代人文教育呢? 从理论上看,在汲取他人之长的同时,要重视经典创新性阐释和学习,造就与儒家基本精神同质的担当主体。重视已内化的有价值的教化资源,采用简易化、常用化、生活化的道德教化方法,指导人们在面临善恶时做出"应然"的道德选择,遵守道德规范。现代教育也在不断强化国学经典教育,为在校教师提供经典教育与修身培训,以促进教师在学校的身教言教。学校可通过直接的课堂教学,向学生传授基本价值观、伦理规范等个体道德和社会道德。思想政治教育从理论上讲,对道德的灌输无法体现对道德主体的尊重和道德主体性的高扬。在这个多元复杂的后现代时代,人们更多是期待着个体能在真善美的生活追求中有所领悟,践行道德与培养德性。但是从实践上看,思想政治教育的说教作用是客观的,还是要正确理解好、运用好正面灌输应有的价值内涵。在具体的课堂教学实施过程中,要突出层次性较强的特点,课堂教学突出个性化,尊重学生的主体性和体验,重视开发学生的潜能,通过引发启发诱导,共同探讨道德问题。可喜的是,在社会学、心理学、历史学、政治学、经济学等人文学科领域都在创造性地运用儒学的中心理念与思想资源,开发出不同的视角与路径的新型教化理论体系。

高校是文化创新的重要力量,在进一步传承中华优秀传统文化方面具有重要作用。当代社会思潮、信息化浪潮冲击,并与中国传统文化相互碰撞,各种道德价值观念影响青年学生,赋予青年学生多元的文化追求和思想特点。加强当代青年学生对优秀传统道德的认同教育,是培育与践行社会主义核心价值观的基础和立足点。持续开展内容丰富的校园传统道德文化活动,营造出良好的道德文化氛围,这是推动高校大德育环境形成、更好地发挥育人功能的重要手段。近年来在全国各高校开展了"文明修身工程""礼敬中华优秀传统文化"主题教育活动、道德文化大讲堂等校园文化活动,提升学生教养,让青年学生在社会关爱、人文精神教育中进一步提升对核心价值观的文化共鸣,弘扬社会主义的道德信仰和道德价值观。学校应将个性化教育内容渗透到校园文化环境中,结合社会需求、自身特点与学生成才需要,注重学生的兴趣和特长培养,构建特色鲜明、个性创新的自主学习、研究和探索活动,培养优秀人才的可持续发展、团队合作能力等。

三、加强实践育人

伽达默尔的教化思想认为,"理论教化"与"实践教化"两者都是统一于人的成长成才,是人获得普遍性意义的必需。"理论教化"属于思想文化、意识形态领域,具有认识论意义和指导性作用。而相对而言,"实践教化"则与人的个体、集体性的实践活动有直接而紧密的关系,具有本体论意义,对人的生存发展有着决定性。

二程兄弟在进行思想教化时,为了保证其效果,注重实践的养成,注重社会生活的熏陶,让教化思想、教义内容能够渗透进人们日常生活中。当代思想教育同样重视道德知识与道德实践的关系,强调践履道德规范,将内在的道德良知外化为治国平天下的行为,通过教化实践不断将儒家思想发扬光大,为中华民族传统文化的可持续发展提供了支持。"'知行合一,躬行实践'是自古以来中华民族思想史上一直传承的实践观,也是教育实践中一直秉持的教育理念,其所关注的问题是个人修为与道德—政治教化",①判断一种教化实践模式是否合理,主要看它能否把握恰当尺度,使人能够受到理性的教化方法和最佳的自我改造,走向人与他人、人与自然、人与社会和睦相处、彼此助长的共生世界,从而担当起社会责任。"政治是德性教化的形式。政治与伦理的目的具有共通性,二者都是通过对伦理生活的教化而实现人之为人的优秀品质。"②现代思想政治教育是一门实践科学,实践育人是拓宽思想政治教育工作的主要途径。将教育融入到学习、工作和日常生活等各方面,本质上不是"言教",而是"身教",只有躬行实践,才能及时发现问题并解决问题,增强思想政治教育的针对性、有序性和时效性。通过丰富和加强社会实践活动,增强青年学生对社会的认知感、使命感和责任感。

①　冯向东. 实践观的演变与当下的教育实践[J]. 高等教育研究,2013(9):15 - 22.

②　金生鈜. 何为教育实践[J]. 华东师范大学学报(教育科学版),2014(2):13 - 20.

1. 建立协同育人

实践育人是系统性工作,贯穿于高等教育的全过程,落实到教育教学的各环节,体现在学生成长成才的各方面。"在家重礼为教养,在校习礼为教育,在社会讲礼为教化,全方位的生活道德教育,无处不在,行动化,日常化,符合道德品德养成的规律。"①礼仪、礼节、仪式等教化,形成行为习惯和道德自律,渗透到个体、家庭、高校、企业、政府等全社会的各个领域。当前的高等教育正处在加快分化、整合、提升的重要阶段,开展好实践育人的全覆盖工作,着力培养人才的实践能力,能显著提升青年学生综合素质。高校要对实践育人进行科学规划,围绕高等教育培养目标,进行顶层设计、明确实现路径,进一步丰富内容、拓展形式、完善机制,把育人工作落到实处,切实提升实践育人的实效性、长效性。充分发挥教师的主导作用和学生的主体地位,激发学生参与实践活动的热情,师生筑牢共同思想道德基础。

建立协同育人机制,扩大社会合作,推进校企合作、校政共建,把社会资源转化为学校育人资源,把理论与实践、培养与需求对接起来,实现资源整合、资源共享、合作共赢,推进社会进步、服务社会发展。目前实践活动的设计、组织、开展主要由高校承担,比较缺乏社会力量的广泛参与和有效引领,实践育人成为学校人才培养中的"短板"环节,需要社会支持系统,完成从封闭到开放的转变,全面提升育人水平。强化教育实践,优化人才培养方案,构建创新创业教育与专业教育相融合、理论与实践相结合、校企产学研协同的人才培养体系。重构创新创业课外教学体系,创新实践教学模式,强化巩固基础理论的课程实践、真实生产环境的创新实践、职场环境的创业实践。

---

① 董美英,金林祥. 中国传统生活德育的五个基本实践理路[J]. 现代大学教育,2014(2):77-84.

总之,通过实施全员全方位的队伍建设,学生们应该树立起正确的大学学习观,理解专业、认同价值;教师们夯实专业知识、从专业方向中帮助学生进一步挖掘个人特长;校友们注重校外资源整合,提供岗位实习,分享成长心得。

2. 扩大实践领域

当今大学生在其信念、价值观和生活意义追寻方面存在着严重的教育空白,要多开发贴近学生、贴近生活的实践课程、实践活动、实践教育,使迷茫的大学生获得信念和意义。构建具有特色的第二课堂理想教育、文化育人、科创实践三大育人体系,丰富校园文化生活,引导学生开展与学生学业、未来发展有意义的工作。丰富文化科技活动,注重学生社团建设,扶持理论学习型社团,鼓励学术科技型社团,引导兴趣爱好型社团,积极发展社会公益型社团。科技类社团提升了学生创新能力,开展各项科创活动,弘扬科学文化,营造校园科创氛围,培养青年学生创新精神。公益实践类社团开展各类志愿服务活动,增强学生社会责任感。文化艺术类社团提升了学生综合素质。大力开展理想信念教育为主题的社会实践。积极组织青年学生参加力所能及的校内外社会实践活动,开展好学生"三下乡"暑期社会实践、西部计划等主题活动。进一步完善实践教育教学体系,加强实践课程和活动课程的开发和实施,培养青年学生分析问题和解决问题的能力。进一步建设好学生社会实践、实训教育基地、道德教育基地,促进高校道德教育生活化,将社会所提倡的道德理念渗透在丰富多彩、喜闻乐见的实践活动中。通过建立引导学生参加各类社会实践活动,让青年学生在亲身经历中了解认识社会、提升道德境界,促进全面健康成长。

深化志愿服务实践活动,大学生志愿活动是高校学生实践活动的形式之一,是高校校园文化建设的重要内容,在教育青年、服务社会、促进发展等方面具有创新性意义。以社会主义核心价值观主导青年学生参加公益服务,引导广大青年学生持续、稳定地参与志愿服务,践行社会主义核心价值观,大力弘扬奉献、友爱、互助、进步的志愿服务精神。要充分利用校内校外实践基地,通过激励引导,努力将广大青年学生吸引到实践育人中来。以志愿服务活动引领学生的专业实践,引导学生认同并积极践行志愿精神,实现个人梦、志愿梦、中国梦融入思想政治教育。坚持将志愿精神融入专业教育,以服务社会为教育目标,以志愿服务活动引领学生的专业实践,引导学生从专业学习的角度思考、认同志愿精神。促进大学生更广泛、更深入地承担社会责任,培养出更具社会责任感、更有生活目标、更主动追寻生命意义和价值的当代大学生,推动志愿服务工作健康有序、持久发展,促进高校校园文化建设。在具体的志愿服务时,通过多层次的组织架构、多元化的活动内容、多样化的服务对象、宽领域的服务范围等活动形式,取得专业能力的提升、现实的教育意义、显著的榜样示范作用、培养全面发展的人才等工作成效。同时,还要紧抓志愿服务的宣传教育,有效整合学校各种教学、学生工作资源,对内可以教育学生,提升学生素质,对外可以扩大学校社会影响,提高学校美誉度,可以起到纲举目张的作用。要制定推动志愿活动的相关制度,为学生定制志愿活动记录簿,志愿活动表现优秀的同学在评奖、评优、入党、保研等工作中给予优先考虑,推动志愿服务成为大学生的"必修课",让学生不断学习和成长,也为构建和谐社会贡献实践支撑。

3. 注重实践效果

高水平大学的成功建设,不仅在于重视学科水平,更重要的是全面提高人才实践能力,切实增强实践育人的工作成效。优化高校人才培养模式,从师资队伍看,行业类院校多吸纳企业兼职教师。落实以人为本的教育思想,根据个体的不同和差异性,如研究型(学习型)、工程应用型(实践型)、技能型等进行分类培养、因材施教。发扬创新精神,使实践育人工作更富有时代性。当前,青年学生的思想政治状况存在知行脱节现象,将青年学生的思想认知落实为践行能力是解决知行统一问题、提升思想政治素养的关键所在。继续拓展网络阵地,充分利用网站、微信、微博、微课、翻转课堂等有效载体,在思想政治、道德文化等方面,进行有成效的影响和引导。人才培养的目标是知识、能力、素质三位一体的复合型、应用型、创新型人才。特别是一些拔尖创新人才的标志就是培养学生的好奇心、想象力,在具备扎实的文化基础、方法论基础上,参与研究、发现问题,并愿意挑战权威,着力提高学生勇于探索的创新精神和善于解决问题的实践能力。受教化者只有积极参加各种实践活动,改造自己的主观世界,才能不断提高认识能力和思想觉悟,发展批判性思维和自主意识,提高基础层能力、求职层能力、发展层能力等综合能力素质。受"互联网+"影响,出现虚拟化、移动化、互联网、大数据、云计算、MOOC 等概念和理念,现代社会正逐步趋向于数字化、信息化、系统化、多元化,究竟如何探索有效的途径和方法,与社会实践相结合开展人才培养,是学界和教育界长期关注的话题。

四、激发自我教育

任何主流文化对民族成员的影响都需要通过关乎德性的教化来完成,通过教化把个人的本质都能彰显出来。二程善于调动民众的主体教育作用,践行儒家教化的积极性、主动性,形成凝聚力、同心力。对于二程思想中"自省"方法合理因素,要进行创新和发展。马克思主义认为,"道德的基础是人类精神的自律"[①];黑格尔认为,"通

---

① 　马克思恩格斯全集(第 1 卷),北京:人民出版社,2006:15.

过教化，人脱离了个体性而不断趋向普遍性，从'所是的人'发展成为'应是的人'。"①教化能使人的自我存在、道德价值得到一种关切、尊重与提升。自我教育与他人教育是相辅相成的关系，真正的教育是自我教育，着重培养人对于世界的认识及其内省的表达。余英时认为"大体而言，中国思想确是比较实际的、贴切于人生的，有内在系统而无外在系统的。"②所谓"内化"就是自我教育的过程。受教育者只有把教育者提出的教育要求变成了自我要求，并把它付诸实现，教育目的才能得以真正实现。自我教育就是通过自我认知、自我践行、自我评价来培养自信的品质、自省的习惯、自育的过程。

1. 自我认知培养自信

正确自我认知是正确的自我教育前提之一。真正的教育是破除传统灌输教育、权威教育的自我教育，内省对自我教育有现实意义和启示作用，因为它强调道德修养的自觉性和责任感，突出个体为善的主动性，调动起受教化者的主动性，努力寻求认知与内省能力之间的平衡方法。宏观地讲，内省是对整个教育体制、教育理念的反思。多元文化背景下，提升道德文化自觉，改革学校德育方法如"中国传统文化中有关人格的塑造和个人品行的养成以及慎独、修心、养性、内省等修炼人格的基本方法，这对于培养学生的民族自尊与自信是必不可少的营养。"③微观地讲，内省就是通过反思自身行为来实现自我认知、自我判断，是人进行自我完善、走向成功教育的内动力。内省作为最根本和最重要的力量，是确定人生自由度和人文高度的最

---

① ［德］黑格尔.精神现象学（下卷）［M］.贺麟，王玖兴译，北京：商务印书馆，2009：43.

② 何俊.余英时学术思想文选［M］.上海：上海古籍出版社，2010：211.

③ 刘燕楠.多元文化视域下学校道德教育的文化路向与价值选择［J］.教育研究，2015（9）：40 - 45.

确切表达。有明确坚定的价值观和处世做人的原则,人生的信仰从外部世界转向内心精神,具有超脱宁静的心态和立足点,人生中有真信念,事业上有真兴趣。

自信心是学习的源动力,是提高学习水平的最为基本的条件。自信可以帮助克服学习中的种种困难,可以最大限度地帮助挖掘自身的潜力,去完成学习任务。美国发展心理学家埃里克森将心理发展阶段按照自我的发展划分为八个阶段:婴幼儿期、童年期、学前期、学龄初期、青春期、青年期、成年期和老年期,他认为每个阶段都有重要的心理任务需要完成。每个阶段都有其要完成的任务。比如个体从 12 岁到 18 岁都要解决的问题是自我同一性,自我同一性是我们对于"我是谁"的感觉,涉及到我是否能了解自己喜欢什么、不喜欢什么,是否明确自己的长处和短处。所以,在学习上,不打击自尊心;在生活上,尊重独立性与自主性,多鼓励,即使发现问题也要注意方式方法,在肯定的前提下提出改进的建议。这个时期在统一自我评价和外在评价时会有很多困惑,需要多陪伴面对。自我同一性的建立需要学校、同伴、社会、家庭的共同作用,但目前青年学生在自我问题方面存在着弱小、脆弱、敏感、不自信、不够弹性、缺乏安全感、失控感、完美主义;自我界限不清,自信建立在别人身上,不能清楚地知道自己和他人的责任、权力范围等困惑。所谓的"空心病"就是没有自我,缺乏自信,按照外在的社会标准和期望生活,但是这和真实的内心是不一样的,如果内在没有觉醒,内心就会空虚,就"空心化"了,容易产生情绪问题。相反,一个人有自我意识,按照自己的想法生活,就会为自己的行为负责,遇到困难更要迎难而上。不只是解决了问题,更是得到了成长。在多元价值冲突、追求个性化的当代,年青人可能难以接受与自己不同的价值观和行为,很难理解"和而不同"这个概念,并容易导致人际冲突,频繁出现的人际冲突,也会让青年学生对自己产生负面评价,没有办法自我认同。这个年龄段的人尤其看重外界对自己的评价，这种不自信、不稳定的状态是这个年龄段特有的现象。

高校是塑造价值观、发现自我价值之地，能够提高自我意识、使自己变得更快乐、更自信是一件非常有意义之事。心理学中的萨提亚家庭治疗理论是从家庭、社会等系统方面着手，着重提高个人的自尊、改善沟通以及帮助人活得更"人性化"，最终目标是个人达到"身心整合，内外一致"。有时我们常常会把"表扬"和"鼓励"混为一谈，或认为这二者都是激励人积极向上不断前进的精神动力，但"表扬"与"鼓励"的结果大相径庭，表扬通常只针对结果和成效，鼓励通常是针对过程和态度的。心理学的内在动机，主要是指动机是出于活动者本人并且活动本身就能满足活动者的需要。不能过于注重灌输，用外在动机替代内在动机，这样容易变成不会学习，甚至不会思考的民族。工业时代的教育已经过去，现在是面向未来的教育。如今的知识经济时代，社会需要的是具有创造力、充满好奇心并能自我引导的终身学习者，需要他们有能力提出新颖的想法并付诸实施。教育自由也有其规范性尺度，是以约束为前提的自由，是以积极主动地承担责任之后才能得到的自由。

2. 自我践行培养自省

现代教育的内化方法具有自觉性、自律性等特点，肯定主体自觉，尊重人格价值与自主意识、自主精神。自我践行是自我教育中最关键的环节，强调道德践履，在自我监督、自我控制、自我调节等实践中不断提升自己的修养境界。教育者把一定的价值观念传递给受教育者，促使受教育者自省、自觉地理解、选择、吸收这些价值观念，修身养性、提升人生境界。从知行合一上下功夫，认同中华优秀传统文化，主动传承其有益的社会价值，通过不断的自我反思、正确认知、有针对性地改过迁善、积善成德，使得核心价值观内化为精神追求，并外化为自觉行动,勇于担当,增强公民道德实践能力。

当前,在思想意识、价值观日趋多元化和复杂化之时,要形成具有时代性的人生观、价值观,这是现代思想政治教育一项重要课题。随着青年主体性的成熟,自主意识、独立意识、竞争意识的增强,他们对社会思潮的涌入和渗透已经由传播逐渐走向选择。如果教育中没有教化内容,那最突出的特征就是教育的同质化,受过教育的人缺乏对终极价值的精神追求。道德理想的知、情、意要经过自觉修养,通过学校德育内容的转型与变革,着重培养学生的道德判断与道德选择能力。道德判断以知识为基础,让学生具备正确的是非观、荣辱观和价值观,培养学生的民族自尊与自信。道德选择是以能力为基础,从完善道德人格做起,超越"自然人""功利人"的局限,成长为有道德境界的"社会人"。在进行必要的道德认知教化的同时,应当加强道德情感的熏陶与培养,因为道德情感比道德认知具有更大的持久性。如果道德教化只能以理服人地传递知识,就不能获得人们自觉的普遍认同,无法激发起向善的积极性、主动性。因此,在开展道德教化时,要以情感人,让教化过程在示范、模仿的道德情境中相互作用。道德教化只有将道德知识变成感情时,才能真正引起内心深处的共鸣,变他律为自律,使受教化者具有高尚的道德理想人格。青年应该主动担当重任,兼顾主体的自主意识(知)与社会的实践伦理(行)两者关系,加强道德修养,注重道德实践,做人做事都需要崇德修身、德才兼备、以德为先。同时要特别注重加强学生学以致用的能力,加强他们的基本实践技能,不断提高学生运用自身掌握的知识来解决社会实际问题的能力。修身养性的最高境界,在于无论面对任何事都能不急不焦,保持内心的宁静。

内省是实现自我教育的关键,任何成功的教育都需要学生的主体参与、自省自励这个内因。学校通过人文关怀的民主管理,培养学生自我成长意识,从而达到自我教育的目的。内省不仅对学生有关键作用,也有利于教师人格的完善。教师源于对教育及职业责任感的认知,知识积累和学术水平上对自身提出更高的要求,时时自省、不断自励,注重学生内省意识和内在价值,在因材施教的教学原则基础上,采用启发引导、辩论法、问答法等教学方法。内省也是为人师者的立业之道,只有善于内省、发现不足、虚怀若谷,才能不断提高教师高尚的品格和人格魅力,无时无刻都在对学生起着文化熏陶和人生引领作用。人的一切行为都是在一定的思想活动的指导下的行为,一定要时时刻刻提醒自己树立自省意识,做到严以律己,不能有任何松懈、自我放松和侥幸心理,慎独慎微,勤于自省。当然,道德修养是一个长期的过程,要强调采取自律与他律相结合的自我教育方法,在两方面力量的交互作用下逐步形成,只有努力在他律的引导和约束下,由他律到自律,才能自觉地不断提高自身修养水平,由内省自然外推到责任的担当。

3. 自我评价培养自育

网络信息时代,教育的主客体关系在做调整、完善。自我教育与全员育人并不矛盾,是辩证统一的关系。网络环境丰富的信息和知识储存,青年学生掌握话语权后,通过线上线下的交流互动,使自我教育成为可能,达到自育育人的效果。在共同坚守育人的核心目标前提下,教师的作用要从主导性向引导性、辅导性转化,帮助受教育者形成审视其自身、专业实践及其存在价值的觉察力,"教化蕴含的人文、伦理与审美的力量可以深入学生的心灵,唤起学生的自尊、自信和自主性,也可激发教师反思并改变其对学生的态度,落实以学生为中心的教育理念。"①激发学生自我教育潜能作为教育创新发展的原动力,在自信、自省的基础上实现自育,完成内生动力从自发到自

---

① 　温明丽.“教化”建构诗意教育学之基础[J].教育学报,2013(6):10-20.

觉的转变。发现自身特点，更新自我结构，成为具有公民品格的"超我"。

　　现代思想政治教育的发展功能最重要的一方面就是塑造个体人格，肯定公民的主体自觉、尊重人格价值、培养自主人格。所谓道德人格是"人格概念在伦理学中的具体化，指人格的道德规定性，是人格主体的道德认识、道德情感、道德意志、道德信念和道德习惯的有机结合。"①个体心灵的卓越、行为习惯的改变都依赖于政治、文化的教化，个体接受思想政治教育的过程就是教化的过程。个人不再把利欲作为理想目标，而是想通过教化获得人格的超越。另一方面又要尊重自主权利，采取注重实效的方法因势利导。"慎独"就是在没有人监督情况下的自我监督和自我约束，强调在没有外在监督的情况下始终不渝、谨慎小心地坚持自己的道德理想，自觉按道德要求行事，不会由于无人监督而肆意妄行。慎独是自我完善的必修课，是修身律己的理想境界。在风险越来越大的社会环境中，要规避风险，必须提高信任机制，只有建立诚信的社会美德，做到有礼有德有信，才能创造社会繁荣。

　　总之，二程教化思想根植于中国优秀传统文化中，是珍贵的文化资源和精神财富，其教化思想在理论价值、实践意义两个层面获得完整建构。正确分析二程教化思想特征，重树文化自信，积极发挥教化思想的正面引导作用，解决与改变人伦道德价值观问题。以立德树人为根本，构建文化育人、实践育人、自我教育的全员育人模式，建设中华民族共有精神家园，构建社会主义和谐社会的政治生态环境，践行起引领方向、教化育人、治国理政的作用。

---

① 　郭广银. 伦理学原理[M]. 南京：南京大学出版社，1995：407.

参考文献

一、著作类：

（一）古代部分

[1]［宋］张载. 张载集[M]. 北京：中华书局，1978.

[2]［宋］周敦颐. 周敦颐集[M]. 北京：中华书局，2009.

[3]［宋］程颢，程颐. 二程集[M]. 北京：中华书局，1981.

[4]［宋］程颢，程颐. 二程集[M]. 北京：中华书局，2004.

[5]［宋］程颢、程颐. 二程集[M]. 上海：古籍出版社，1987.

[6]［宋］朱熹. 四书章句集注[M]. 北京：中华书局，1983.

[7]黎靖德辑. 朱子语类（14册）[M]. 北京：中华书局，1986.

[8]［清］黄宗羲. 宋元学案[M]. 北京：中华书局，1989.

（二）近、现、当代部分

[1]梁启超. 中国近三百年学术史[M]. 长沙：岳麓书社，2010.

[2]吕思勉. 中国文化思想史九种[M]. 上海：上海古籍出版社，2009.

[3]吕思勉. 理学纲要[M]. 北京：中国人民大学出版社，2009.

[4]熊十力. 体用论[M]. 北京：中华书局，1994.

[5]张君劢. 新儒家思想史[M]. 北京：中国人民大学出版社，2006.

[6]张君劢. 义理学十讲纲要[M]. 北京：中国人民大学出版社，2006.

[7]梁漱溟. 东西文化及其哲学[M]. 北京：商务印书馆，2009.

[8]梁漱溟. 中国文化的命运[M]. 北京：中信出版社，2010.

[9] 冯友兰. 中国哲学新编[M]. 北京：人民出版社，1982.

[10] 冯友兰. 中国哲学新编[M]. 北京：人民出版社，1986.

[11] 冯友兰. 中国哲学新编[M]. 北京：人民出版社，1999.

[12] 冯友兰. 中国哲学史[M]. 上海：华东师范大学出版社，2000.

[13] 冯友兰. 中国哲学简史[M]. 北京：新世界出版社，2004.

[14] 冯友兰. 中国哲学史[M]. 上海：华东师范大学出版社，2011.

[15] 钱穆. 国史大纲（修订本）[M]. 北京：商务印书馆，1996.

[16] 钱穆. 中国学术思想史论丛[M]. 北京：生活·读书·新知三联书店，2009.

[17] 钱穆. 宋明理学概述[M]. 北京：九州出版社，2010.

[18] 钱穆. 讲堂遗录—中国学术思想十八讲[M]. 北京：九州出版社，2010.

[19] 侯外庐、邱汉生、张岂之. 宋明理学史（第二版）[M]. 北京：人民出版社，
1997.

[20] 牟宗三. 政道与治道[M]. 台湾学生书局，1995.

[21] 牟宗三. 心体与性体[M]. 上海：古籍出版社，1999.

[22] 牟宗三. 中国哲学十九讲[M]. 上海：上海古籍出版社，2005.

[23] 牟宗三. 中国哲学的特质[M]. 长春：吉林出版集团公司，2010.

[24] 牟宗三. 宋明儒学的问题与发展[M]. 上海：华东师范大学出版社，2004.

[25] 唐君毅. 中国哲学原论·原性篇[M]. 北京：中国社会科学出版社，2005.

[26] 唐君毅. 中国哲学原论·原教篇[M]. 北京：中国社会科学出版社，2006.

[27] 张岱年. 儒家经典（中）[M]. 北京：团结出版社，1997.

[28] 张岱年. 中国哲学史[M]. 北京：中国大百科全书出版社，2010.

[29] 张岱年，方克立. 中国文化概论[M]. 北京：北京师范大学出版社，1994.

[30] 任继愈. 中国哲学史[M]. 北京：人民出版社，1963.

[31] 任继愈. 中国哲学史[M]. 北京：人民出版社，1979.

[32] 任继愈. 中国哲学史[M]. 北京：人民出版社，2003.

[33] 张岂之. 中国思想学说史（宋元卷）[M]. 桂林：广西师范大学出版社，2008.

[34] 李泽厚. 中国古代思想史论[M]. 北京：生活·读书·新知三联书店，2008.

[35] 李泽厚. 中国现代思想史论[M]. 北京：生活·读书·新知三联书店，2008.

[36] 张立文. 道[M]. 北京：中国人民大学出版社，1989.

[37] 张立文. 气[M]. 北京:中国人民大学出版社,1990.

[38] 张立文. 理[M]. 北京:中国人民大学出版社,1991.

[39] 张立文. 心[M]. 北京:中国人民大学出版社,1993.

[40] 张立文. 性[M]. 北京:中国人民大学出版社,1996.

[41] 张立文. 宋明理学研究[M]. 北京:人民出版社,2002.

[42] 陈来. 有无之境:王阳明哲学的精神[M]. 北京:生活·读书·新知三联书店,2009.

[43] 陈来. 宋元明哲学史教程[M]. 北京:生活·读书·新知三联书店,2010.

[44] 陈来. 宋明理学[M]. 北京:生活·读书·新知三联书店,2011.

[45] 陈来等. 中国儒学史·宋元卷[M]. 北京:北京大学出版社,2011.

[46] 何俊. 余英时学术思想文选[M]. 上海:古籍出版社,2010.

[47] 潘光旦. 儒家的社会思想[M]. 北京:北京大学出版社,2010.

[48] 庞绍堂,季芳桐. 中国社会思想史[M]. 武汉:华中科技大学出版社,2011.

[49] 张祥浩. 中国传统人才思想[M]. 南京:江苏人民出版社,2003.

[50] 张祥浩. 中国哲学思想史[M]. 南京:南京大学出版社,2015.

[51] 蔡元培. 讲演文稿[M]. 北京:中国画报出版社,2010.

[52] 钱玄同. 国学文稿[M]. 北京:中国画报出版社,2010.

[53] 邓广铭等. 宋史[M]. 北京:中国大百科全书出版社,2011.

[54] 陈钟凡. 两宋思想述评[M]. 北京:东方出版社,1996.

[55] 陈谷嘉. 宋代理学伦理思想研究[M]. 长沙:湖南大学出版社,2006.

[56] 潘富恩,徐余庆. 程颢程颐理学思想研究[M]. 上海:复旦大学出版社,1988.

[57] 蔡方鹿. 程颢程颐与中国文化[M]. 贵阳:贵州人民出版社,1996.

[58] 蔡方鹿. 宋明学心性论[M]. 成都:四川出版集团,2009.

[59] 卢连章. 程颢程颐评传[M]. 南京:南京大学出版社,2001.

[60] 裴高才. 理学双凤——程颢 程颐[M]. 北京:中国文史出版社,2007.

[61] 赵金昭. 二程洛学与实学研究[M]. 北京:学院出版社,2005.

[62] 李景林. 教化的哲学—儒学思想的一种新诠释[M]. 哈尔滨:黑龙江人民出版社,2006.

[63] 吴新颖. 儒学与中国传统文化[M]. 北京：中央民族大学出版社，2012.

[64] 卿希泰. 简明中国道教史[M]. 北京：中华书局，2013.

[65] 孔令宏. 宋代理学与道家、道教[M]. 北京：中华书局，2006.

[66] 李晓春. 宋代性二元论研究[M]. 北京：中国社会科学出版社，2006.

[67] 董根洪. 中华理性之光——宋明理学无神论思想研究[M]. 杭州：浙江人民出版社，2003.

[68] 向世陵. 理气性心之间——宋明理学的分系与四系[M]. 北京：人民出版社，2008.

[69] 向世陵. 易学与理学[M]. 长春：长春出版社，2011.

[70] 李煌明. 理学智慧与人生之乐[M]. 北京：人民出版社，2010.

[71] 张伯伟. 中国古代文学批评方法研究[M]. 北京：中华书局，2002.

[72] 郭绍虞. 中国文学批评史[M]. 北京：商务印书馆，2010.

[73] 陈万柏，张耀灿. 思想政治教育学原理（第二版）[M]. 北京：高等教育出版社，2007.

[74] 惠吉兴. 宋代礼学研究[M]. 保定：河北大学出版社，2011.

[75] 吴震，吾妻重二. 思想与文献——日本学者宋明儒学研究[M]. 上海：华东师范大学出版社，2010.

[76] [德]黑格尔. 精神现象学[M]. 贺麟，王玖兴译，北京：商务印书馆，2009.

[77] [英]葛瑞汉. 中国的两位哲学家：二程兄弟的新儒学[M]. 程德祥等译，郑州：大象出版社，2000.

二、博士学位论文类：

[1] 谢寒枫. 程颢哲学研究[D]. 北京：中国社会科学院，2002.

[2] 陈京伟. 程伊川易学思想研究[D]. 济南：山东大学，2005.

[3] 郑臣. 内圣外王之道——实践哲学视域内的二程[D]. 上海：复旦大学，2007.

[4] 姜海军. 程颐《易》学思想研究[D]. 北京：北京大学，2009.

[5] 王鹏英. 二程理学美学思想研究[D]. 济南：山东师范大学，2009.

[6] 郑建钟. 北宋仁学思想研究[D]. 西安：西北大学，2010.

[7] 张雪红. 传播与转型：走向生活世界的宋代社会教化研究[D]. 上海：华东师范大学,2010.

[8] 申绪璐. 两宋之际道学思想研究——以杨龟山为中心[D]. 上海：复旦大学,2011.

[9] 王晴. 从"教化"到"培育"——中国重教传统的演变及当代困境[D]. 上海：华东师范大学,2011.

[10] 洪梅. 二程生态伦理思想研究[D]. 长沙：中南大学,2012.

[11] 王绪琴. 气本与理本—张载与程颐易学哲学比较[D]. 天津：南开大学,2012.

[12] 敦鹏. 二程政治哲学研究[D]. 保定：河北大学,2013.

[13] 王司瑜. 中国古代教化思想及方式研究[D]. 哈尔滨：黑龙江大学,2013.

[14] 刘华荣. 儒家教化思想研究[D]. 兰州：兰州大学,2014.

[15] 邢丽芳. 儒家教化及其有效性研究——先秦至西汉时期[D]. 天津：南开大学,2014.

[16] 郑文宝. 中国传统政治伦理研究[D]. 哈尔滨：黑龙江大学,2016.

[17] 李永富. 易学视野下的二程理学构建[D]. 济南：山东大学,2017.

[18] 李学卫. 张载与程颐易学比较研究[D]. 西安：陕西师范大学,2018.

三、CSSCI 期刊论文类：

[1] 卢连章. 程颢程颐哲学思想异同论[J]. 中州学刊,1982(2)：54-59.

[2] 朱永新. 二程心理思想研究[J]. 心理学报,1982(4)：473-479.

[3] 徐仪明. 二程哲学思想研究的新进展[J]. 中州学刊,1984(1)：74-77.

[4] 徐远和. 略论二程的人性论思想[J]. 中州学刊,1985(1)：52-57.

[5] 朱永新. 二程关于"知"的心理思想[J]. 中州学刊,1985(1)：58-59.

[6] 潘富恩,徐余庆. 略论二程的教育思想[J]. 中州学刊,1985(4)：52-59.

[7] 叶玉殿. 二程的"德性之知"与"闻见之知"[J]. 中州学刊,1986(2)：55-58.

[8] 潘富恩,徐余庆. 论二程的刑治与教化思想[J]. 复旦学报(社会科学版),1987(1)：31-36.

[9] 潘富恩,徐余庆. 论二程的人才观[J]. 兰州大学学报(社会科学版),1987

(1):35 - 41.

[10] 卢连章. 程颐天理史观辨析[J]. 中州学刊,1987(1):53 - 56,61.

[11] 冯憬远. 二程的心性修养论[J]. 郑州大学学报(哲学社会科学版),1988(6):16 - 23.

[12] 李景林. 二程心性论之异同与儒学精神[J]. 中州学刊,1991(3):53 - 59.

[13] 蔡方鹿. 1949 年以来程颢、程颐研究评述[J]. 社会科学研究,1994(2):100 - 106.

[14] 蔡方鹿. 二程在中国文化史上的地位[J]. 孔子研究,1995(1):56 - 64.

[15] 刘燕芸. 以忧患之心,思忧患之故—程氏易学的为政之道[J]. 周易研究,2000(2):69 - 81.

[16] 何江南. 对程颐和苏轼争论的哲学分析[J]. 四川大学学报(哲学社会科学版),2000(2):121 - 123.

[17] 何静. 程颐天理论之构建及与佛学之关联[J]. 浙江学刊,2000(3):32 - 35.

[18] 屠承先. 程颢、程颐本体功夫思想之比较[J]. 浙江大学学报(人文社会科学版),2000(5):22 - 28.

[19] 安国楼. 嵩阳书院与二程理学[J]. 郑州大学学报(社会科学版),2000(5):123 - 128.

[20] 蔡方鹿. 朱熹对宋代易学的发展——兼论朱熹、程颐易学思想之异同[J]. 周易研究,2001(4):37 - 47.

[21] 章启辉. 程颢程颐与周敦颐的佛学思想[J]. 求索,2001(5):87 - 89.

[22] 范立舟. 论二程的历史哲学[J]. 史学月刊,2002(6):14 - 18.

[23] 卢连章. 洛学、新学、蜀学异同论[J]. 中州学刊,2002(6):130 - 136.

[24] 蔡世昌. 北宋道学的"中和"说——以程颐与其弟子"中和"之辩为中心[J]. 中国哲学史,2004(1):58 - 64.

[25] 卢连章. 二程理学与佛学思想[J]. 中州学刊,2004(1):125 - 130.

[26] 王利民. 二程诗辨伪[J]. 江海学刊,2004(2):137.

[27] 李晓春. 从天理与善恶关系的角度看程颢与程颐天理的异同[J]. 兰州大学学报(社会科学版),2004(4):16 - 22.

[28] 卢连章. 论洛学在南方的传承[J]. 中州学刊,2004(5):142 - 145.

[29] 陈京伟.试论程颐对今本《周易》古经分篇的义理阐释[J].周易研究,2004
    (6):40-44.

[30] 向世陵."生之谓性"与二程的"复性之路"[J].中州学刊,2005(1):138-
    142.

[31] 刘固盛.二程人性论的道家思想渊源[J].华中师范大学学报(人文社会科
    学版),2005(2):51-55.

[32] 曾凡朝.程颢易学思想管见[J].周易研究,2005(6):22-33.

[33] 黄忠天.《二程集》易说初探[J].周易研究,2005(6):65-71.

[34] 付长珍.仁者之乐——程颢境界哲学的主题审视[J].福建师范大学学报
    (哲学社会科学版),2006(5):47-51.

[35] 付长珍.程颐境界哲学的理性之维—兼论二程境界的不同取向[J].厦门大
    学学报(哲学社会科学版),2006(5):63-69.

[36] 王新春.仁与天理通而为一视域下的程颢易学[J].周易研究,2006(6):
    53-63.

[37] 叶云明,周建华.周程授受——"二程"南赣受学周子考论[J].江西社会科
    学,2006(7):124-127.

[38] 强昱.程颐论仁[J].孔子研究,2007(2):59-68.

[39] 王黎芳,刘聪.二程理学中的性格因素[J].青海社会科学,2007(3):95-
    97.

[40] 高建立.论佛教的佛性说对二程心性思想的影响[J].郑州大学学报(哲学
    社会科学版),2007(3):20-23.

[41] 杨立华.卦序与时义:程颐对王弼释《易》体例的超越[J].中国哲学史,2007
    (4):77-82.

[42] 彭耀光.近百年来二程哲学思想异同研究述评[J].哲学动态,2007(6):
    46-50.

[43] 杨翰卿.论二程洛学继承创新的理论特征[J].中州学刊,2007(6):145-
    149.

[44] 彭耀光.程颐"格物致知"思想新探[J].中国哲学史,2008(1):75-79.

[45] 孔涛.论苏轼与程颐在道论和性情论上的差别[J].齐鲁学刊,2008(6):

19 - 22.

[46] 付长珍.试论程颢境界进路中的直觉性特征[J].上海大学学报(社会科学版),2008(4):149 - 154.

[47] 姜海军.二程的尊孟及其孟学思想[J].孔子研究,2008(4):60 - 68.

[48] 李晓虹.理善、性善与程颐的成圣之道[J].郑州大学学报(哲学社会科学版),2008(5):18 - 22.

[49] 章伟文.程颐易学中的历史哲学思想探析[J].周易研究,2009(1):45 - 54.

[50] 张海英,张松辉.二程之鬼神观探析[J].齐鲁学刊,2009(2):15 - 18.

[51] 姜海军.二程对思孟学的推尊与诠释[J].中国哲学史,2009(2):72 - 78.

[52] 宋志明.二程与正统理学的奠基[J].河南社会科学,2009(3):18 - 20.

[53] 赵中国.程颐易学诠释方法研究[J].河南大学学报(社会科学版),2009(3):54 - 60.

[54] 田智忠.论鸣道本《二程语录》与《二程遗书》的渊源[J].中国哲学史,2009(4):79 - 87.

[55] 姜海军.苏轼与程颐易学思想之比较[J].周易研究,2009(5):61 - 68.

[56] 姜海军.程颐《易》学与《四书》学的互释与会通[J].中州学刊,2009(5):168 - 171.

[57] 张金兰.张载与二程的"穷理尽性以至于命"解析[J].中国社会科学院研究生院学报,2009(6):41 - 45.

[58] 高国希.二程理学与德性伦理[J].中州学刊,2009(6):162 - 166.

[59] 李会富.二程的仁学自然观及其现代诠释维度[J].天津大学学报(社会科学版),2009(6):546 - 550.

[60] 吴成瑞.论二程道德修养观[J].东南大学学报(哲学社会科学版),2009(11):25 - 27.

[61] 赵振.二程的生死关怀理论及对佛、道的批判[J].河南师范大学学报(哲学社会科学版),2010(1):28 - 32.

[62] 温海明.从认识论角度看宋明理学的哲学突破[J].中山大学学报(社会科学版),2010(2):145 - 156.

[63] 刘立夫,张玉姬.儒佛生死观的差异——以二程对佛教生死观的批判为中心

[J].孔子研究,2010(3):107-116.

[64] 乐爱国.朱熹"中庸"解的实学思想——兼与二程"中庸"解之比较[J].厦门大学学报(哲学社会科学版),2010(5):37-44.

[65] 唐纪宇.论《程氏易传》中"才"之观念—程颐对易学中阴阳观念的创新[J].周易研究,2011(1):24-29.

[66] 蒋鸿青,田汉云.精义为本,默识心通——论程颐《论语解》的理学特色[J].南京师大学报(社会科学版),2011(2):124-131.

[67] 朱汉民,曾小明.程颐《易》学中的卦才论[J].天津社会科学,2011(2):134-138.

[68] 文碧芳.程颢"识仁"之方辨析[J].中国哲学史,2011(3):54-71.

[69] 冯剑辉.二程家族与徽州关系考[J].史学月刊,2011(3):55-62.

[70] 吴静.北宋理学家"气以载性"思想研究[J].河北学刊,2011(3):226-229.

[71] 祝尚书.以道论诗与以诗言道:宋代理学家诗学观原论——兼论"洛学兴而文字坏"[J].四川大学学报(哲学社会科学版),2011(4):63-72.

[72] 陆敏珍.洛学传人与洛学学派的建构[J].暨南学报(哲学社会科学版),2011(4):138-144,164.

[73] 张巧霞.二程理学的基本观点在中医学中的体现[J].河北大学学报(哲学社会科学版),2011(5):136-141.

[74] 李建华,洪梅.论程颢的生态伦理思想[J].湘潭大学学报(哲学社会科学版),2011(5):138-142.

[75] 吴丹.王弼与二程易学本体思想的比较研究[J].福建论坛(人文社会科学版),2011(8):89-93.

[76] 彭耀光.从"体用一源,显微无间"看程颐理学的精神[J].东岳论丛,2011(8):45-49.

[77] 李晓虹.从"理·仁·礼"看二程的孝道思想[J].中州学刊,2012(1):119-123.

[78] 葛莱,田汉云.程颐《孟子》学探析[J].江苏社会科学,2012(1):233-240.

[79] 方旭东."安于义命":道学话语的实践之维——就二程及其门下的科举改革论而谈[J].现代哲学,2012(2):103-107.

[80] 魏义霞."安于义命":二程的性命哲学及其道德旨趣[J].齐鲁学刊,2012(3):15-19.

[81] 洪梅,李建华.寻"孔颜乐处"的生态价值取向——从周敦颐到程颢、程颐[J].齐鲁学刊,2012(4):17-21.

[82] 赵振.二程语录与宋代洛学传播述论[J].河南师范大学学报(哲学社会科学版),2012(4):28-31.

[83] 彭耀光.二程辟佛与理学建构[J].哲学动态,2012(11):41-48.

[84] 步蓬勃,枫叶.道、理、器的形上形下之辨——谈程颢哲学[J].河南社会科学,2012(12):12-16.

[85] 程刚.苏轼的易学与朋党论—兼与欧阳修、司马光、程颐"朋党"观比较[J].北方论丛,2013(1):63-68.

[86] 杨建祥.二程"熟仁"之辨[J].中州学刊,2013(1):122-126.

[87] 敦鹏.理想政治的道德承诺——兼论二程政治哲学的伦理之维[J].道德与文明,2013(2):106-112.

[88] 乐爱国.民国时期嵇文甫对朱熹与程颢思想异同之辨析——兼与冯友兰《中国哲学史》之比较[J].社会科学战线,2013(2):12-15.

[89] 刘乐恒.程颐性理说新诠——兼对牟宗三之程颐研究的省察[J].现代哲学,2013(2):107-113.

[90] 梅珍生.《二程遗书》中的易学问题[J].中国哲学,2013(4):55-62.

[91] 刘丰.宋代礼学的新发展——以二程的礼学思想为中心[J].中国哲学史,2013(4):79-90.

[92] 惠吉兴,敦鹏."二程"政治哲学的超越向度[J].西南民族大学学报(人文社科版),2013(6):89-93.

[93] 申绪璐.论二程"感而遂通"的思想——兼论斯洛特的"移情"概念[J].现代哲学,2013(6):118-123.

[94] 李晓虹.天理、仁性与程颢的修身之道[J].中州学刊,2013(9):107-111.

[95] 敦鹏,惠吉兴.王道的张力——兼论二程王道政治及其人文特质[J].社会科学战线,2013(12):34-41.

[96] 曾春海.二程理学对道家思想之出入[J].湖南大学学报(社会科学版),

2014(1):20-26.

[97] 梅珍生.论二程"主敬"工夫的易学思想资源[J].周易研究,2014(1):43-51.

[98] 肖群忠."礼义之邦"的礼义精神重建[J].江海学刊,2014(1):68-73.

[99] 赖尚清.程颢仁说思想研究[J].中国哲学史,2014(1):87-94.

[100] 蔡方鹿.二程的人性修养思想与价值观[J].道德与文明,2014(2):28-35.

[101] 赵振.二程理学思想异同说的文献学考察——二程语录中"二先生语"的辨析为中心[J].河南师范大学学报(哲学社会科学版),2014(2):92-97.

[102] 敦鹏."义利之辨"及其政治转向——兼论二程对义利之辨的再思考[J].河南师范大学学报(哲学社会科学版),2014(6):32-36.

[103] 李永富,王新春.论程颢仁学的生态意蕴[J].中国哲学史,2015(1):57-62,88.

[104] 张克宾.因象以明理:论程颐易学的"卦才"说[J].中国哲学史,2015(1):63-68.

[105] 林鹄.《经学理窟·宗法》与程颐语录——兼论卫湜《礼记集说》中的张载说[J].中国哲学史,2015(2):64-71.

[106] 向世陵.二程论仁与博爱[J].孔子研究,2015(2):73-79.

[107] 张金兰.张载、二程"京师论《易》"探析[J].陕西师范大学学报(哲学社会科学版),2015(2):99-103.

[108] 李敬峰.明体而达用与下学而上达——再论二程心性论思想的差异[J].陕西师范大学学报(哲学社会科学版),2015(2):104-109.

[109] 刘玉建.易学哲学视域下的程颐天理本体范畴的观念进学[J].周易研究,2015(4):30-35.

[110] 唐纪宇.从程氏《易传序》看程颐的易学观[J].周易研究,2015(4):54-63.

[111] 申冰冰.存在、价值、境界——二程"儒佛差异"之辨新探[J].西北大学学报(哲学社会科学版),2015(4):93-98.

[112] 赵振.二程语录与禅宗语录关系述论[J].河南师范大学学报(哲学社会科学版),2015(4):97-102.

[113] 唐琳. 朱熹易学的诠释特色——兼论朱熹对程颐的批评[J]. 孔子研究, 2015(6):24-31.

[114] 彭荣. 论程颐"冲漠无朕"句中的"理气""虚气"两种面向[J]. 孔子研究, 2015(6):49-54.

[115] 靖国平. 教育智慧伦理:教师职业道德新境界[J]. 上海师范大学学报(哲学社会科学版),2015(1):46-51.

[116] 陆树程,郁蓓蓓. 家风传承对培育和践行社会主义核心价值观的意义[J]. 苏州大学学报(哲学社会科学版),2015(3):14-20.

[117] 靳玉乐,李叶峰. 论教育自由的尺度及实现[J]. 高等教育研究,2015(4):21-26.

[118] 张家军. 论师德建设的教化、内化和制度化[J]. 课程·教材·教法,2015(7):108-114.

[119] 刘燕楠. 多元文化视域下学校道德教育的文化路向与价值选择[J]. 教育研究,2015(9):40-45.

[120] 敦鹏. 二程关于政治改革的构想与实践[J]. 现代哲学,2016(2):103-107.

[121] 张培高,詹石窗. 论王安石对《中庸》的诠释——兼论与二程诠释的异同[J]. 哲学研究,2016(2):54-60.

[122] 张晓昀. 加强青年学生优秀传统道德认同教育[J]. 中国高等教育,2016(10):55-56.

[123] 李永富. 引君当道致君尧舜——二程论格君心之非[J]. 东岳论丛,2016(11):68-72.

[124] 孙颖涛. 司马光儒门史学实践的内在冲突—兼论程颐、朱熹与司马光史观之差异[J]. 史学月刊,2016(11):114-123.

[125] 张斯珉. 学以致圣——程颐《颜子所好何学论》篇解析[J]. 人文杂志,2017(1):58-67.

[126] 徐红. 论北宋时期台谏对地方官的弹劾——以仁宗朝为中心[J]. 贵州社会科学,2017(2):64-70.

[127] 张培高. 伏羲、神农、黄帝纳入儒家道统谱系的由来、变迁及其原因[J]. 中国哲学史,2017(2):99-107.

[128] 庞明启. "空中楼阁"与"天挺人豪"——程朱眼中的邵雍[J]. 孔子研究, 2017(2):124-136.

[129] 范立舟. 范仲淹、张载思想授受关系的历史考察[J]. 人文杂志,2017(3): 1-8.

[130] 姜广辉,吴国龙. 王弼易学的除旧创新[J]. 周易研究,2017(3):5-12.

[131] 徐洪兴,陈华波. 德性实践与德性之知——论二程经学诠释的转向[J]. 哲学研究,2017(3):56-65.

[132] 刘玉建. 程颐关于《周易》道体的深度发明——以王弼、孔颖达道论为理论环节[J]. 周易研究,2017(4):35-45.

[133] 谢琰. "道喻"的日常化趣味及思想史意义——《二程遗书》的一种文学解读[J]. 北京师范大学学报(社会科学版),2017(4):52-61.

[134] 沈福顺. 论程朱理学之异同[J]. 中州学刊,2017(4):100-106.

[135] 陈立胜. 程颐说梦的双重意蕴[J]. 孔子研究,2017(5):80-89.

[136] 郑熊. 从伦理之道到本体之道——韩愈、二程道论与唐宋道学之发展[J]. 哲学研究,2017(6):46-55.

[137] 周兵. 二程"理"学思想新探[J]. 中州学刊,2017(7):94-99.

[138] 张邵炜. 阳明学的孔学及学孔[J]. 中州学刊,2017(10):105-111.

[139] 周建刚. 再论周程学统[J]. 求索,2017(11):191-198.

[140] 田智忠. 从"未发无不中"到"未发或有不中"——论理学对"未发之中"的讨论[J]. 吉林大学社会科学学报,2018(2):157-166.

[141] 吕威. 论北宋至明中期"主一"思想的演变[J]. 安徽大学学报(哲学社会科学版),2018(2):16-24.

[142] 赵清文. 道德准则的普遍性与情境的特殊性如何兼顾——论朱熹对程颐经权理论的继承与完善[J]. 海南大学学报(人文社会科学版),2018(2): 131-136.

[143] 曹树明. 吕大临的《大学》诠释——兼论其与张载、二程思想的关联[J]. 哲学动态,2018(7):55-61.

后　记

　　悠然千古韵，馥郁中国香。中国传统文化包含着千年来的国家韵律，包含着历史泛黄树叶的清香，展示了历史积淀下的精彩与宏伟。历经多年研究，我的这本关于二程儒家教化思想的专著终于画上了一个句号。这是我自己在该领域的一次认真探索和尝试，是江苏省社会科学基金项目、江苏省高校哲学社会科学基金项目、江苏省教育系统党建重点课题、学校思想政治教育重点规划项目的系列理论研究成果，更是为我今后进一步研究中国传统文化与思想政治教育打下基础。

　　历史由人创造，文化亦由人所成就。儒家教化思想是理论和实践、德性和德行相统一的思想体系，儒学家们通过前赴后继的不懈努力，将教化思想发扬光大，为中华民族传统文化的可持续发展提供了支持。程颢、程颐作为理学的奠基人，有着不同于其他大儒的独特性，在理学发展中起到承上启下的作用。二程教化思想根植于中国优秀传统文化中，是珍贵的文化资源和精神财富，他们的教化思想蕴藏着不少值得今人关注，且有一定研究价值的内容。他们主张人应该具备君子、贤人、圣人一样的仁者品德，要以自己的良知为社会的良风美俗尽一份力。他们更是以自己多年的教育行动承担起了为天下教化的责任，用才气、渊博、执着、信念，为建构光耀世界的民族精神，推动中国人文精神的进步做出了很大贡献。

　　人生一世,总是在追寻。回首这些年的研究之路,是我人生中一段难以忘怀的最好时光。困境中的拼搏、茫然中的苦思、治学中的艰辛,时刻铭记于心、启迪人生,我在努力成为具备思想、人格与知识的有教养的人。在这里我要感谢导师季芳桐教授,感谢张祥浩教授、程倩教授等各位恩师,他们仁德、严谨、深邃、宽厚,他们诲人不倦,一直在帮助我增进学业,让我如沐春风、获益匪浅。一路走来,需要感谢的人太多太多,限于篇幅不能一一列举,在此一并向所有关心过我的专家、领导、同仁们致以无尽的谢意!

　　一句"路漫漫其修远兮,吾将上下而求索",守卫着多少志者的追求。面向未来世界的变革重构,作为中国优秀传统文化的传承者、实践者,我们更应不忘初心、砥砺前行。可以肯定的是,我在学术上的努力探索不会止于此,因为追寻梦想的前路才刚刚开启。虽然这条道路上也许会伴随着失落和苦涩,但我会永远带着勇气和果敢更坚定地走下去,正如罗曼罗兰所说:"世界上只有一种真正的英雄主义,那就是在认清生活真相之后,依然热爱生活。"

丁静写于南京邮电大学

2018 年 12 月